本书系全国教育科学"十一五"规划 2006 年度教育部规划课题"科学课程设计与实施的过程研究"（课题批准号：FHB060361）的研究成果之一

STC
课程实验
——基于实践的课程研究

郁波　主编

教育科学出版社
·北京·

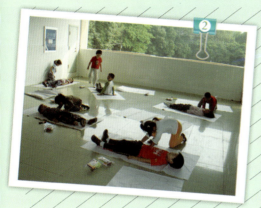

① 莉巴·塔克在进行"陆地和水"单元培训

② "比较与测量"单元课堂教学场景

③ "动物研究"单元课堂教学场景

④ 史密斯·浩特和布伦达·特里为"漂浮与下沉"单元培训组建材料中心

⑤ "植物的生长和发育"单元课堂教学场景

⑥ "陆地和水"单元课堂教学场景

① STC 课程实验课题组成员合影

② 课题组部分成员在美国阿拉巴马大学亨茨维尔分校
　AMSTI 研究中心与美国培训师合影

STC 课程实验研究学校名单

（按音序排列）

北京市北京小学

重庆市北碚区朝阳小学

广东省深圳市深圳小学

湖北省武汉市华中科技大学附属小学

江苏省吴江市吴江实验小学

辽宁省沈阳市和平区南京九校

天津市和平区万全道小学

浙江省慈溪市慈溪实验小学

浙江省杭州市崇文实验学校

浙江省温州市温州实验小学

STC 课程实验研究教师名单

北京市北京小学：

金　娜（2006.8—2012.8，实验全程）

刘艳明（2006.8—2009.8）

周大为（2009.9—2012.8）

重庆市北碚区朝阳小学：

李　健（2006.8—2012.8，实验全程）

张艳红（2006.8—2012.8，实验全程）

廖晓星（2006.8—2012.8，实验全程）

广东省深圳市深圳小学：

童海云（2006.8—2012.8，实验全程）

杨洁玲（2008.6—2012.8）

瞿能友（2006.8—2008.6）

方　芳（2010.9—2011.8）

湖北省武汉市华中科技大学附属小学：

朱映晖（2006.8—2012.8，实验全程）

王　芩（2006.8—2012.8，实验全程）

程　伟（2006.8—2012.8，实验全程）

易传发（2010.9—2012.8）

黄　欢（2006.8—2007.8）

江苏省吴江市吴江实验小学：

吴　雯（2006.8—2012.8，实验全程）

朱　琛（2006.8—2012.8，实验全程）

沈　芳（2010.3—2012.8）

辽宁省沈阳市和平区南京九校：

田　玥（2006.8—2012.8，实验全程）

杜　明（2011.3—2012.8）

张玉梅（2006.8—2011.3）

天津市和平区万全道小学：

刘树鑫（2006.8—2012.8，实验全程）

刘　悦（2006.8—2012.8，实验全程）

浙江省慈溪市慈溪实验小学：

孙风雷（2006.8—2012.8，实验全程）

吴旭聪（2008.9—2012.8）

陈雪姣（2009.9—2012.8）

陈　新（2006.8—2008.8）

浙江省杭州市崇文实验学校：

李家绪（2006.8—2012.8，实验全程）

周向鹏（2006.8—2012.8，实验全程）

浙江省温州市温州实验小学：

胡程怡（2006.8—2012.8，实验全程）

黄卫华（2009.9—2012.8）

施昌魏（2006.8—2009.8）

谢彬林（2012.1—2012.8）

致 谢

在这里，我们衷心地对为 STC 课程实验作出了特殊贡献的人们表示感谢。他们是时任美国国家科学资源中心主任的萨丽·舒勒（Sally Shuler）女士、高级科学顾问史密斯·浩特（Smith Holt）先生。是他们两次来华讲学，并于 2005 年与中央教育科学研究所联合召开了"探究式科学教育国际研讨会"；是他们无偿提供了 K—8 年级 STC 课程的全套教师教学用书，并在实验过程中给予我们许多实质性的帮助。

我们同时要感谢阿拉巴马大学亨茨维尔分校科学和数学研究中心，在 5 年中他们派出了该机构的大部分成员对参与课程实验的我国教师进行培训。他们是玛莉娅·扬（Maria Young）、罗莉娅·艾伦（Loria Allen）、艾伦·托马斯（Ellen Thompson）、莉巴·塔克（Reba Turk）、布伦达·特里（Brenda Terry）、卡罗琳·皮斯托瑞斯（Carolyn Pistorius）、卡罗·马勒（Carol Muller）、保罗·拉基（Paul Lackey）、朱莉安·雅各布斯（Julian Jacobs）、凯瑟琳·雅各布斯（Katherine Jacobs）。

另外还要感谢来自索普学区的道恩·斯巴克斯（Dawn Sparks）和米歇尔·拉朗尼（Mechelle Lalanne）。

我们还要感谢中央教育科学研究所，在 2007 年为该项研究拨付了专项科研经费。感谢教育科学出版社在整个实验过程中提供的持续性的经费支持。

最后，还要感谢中国科协信息中心前主任葛霆先生，是他在美国国家科学资源中心与我们之间搭建了学术交往的桥梁。感谢程姗、梁润婵等在此期间所作的出色的翻译。

序

现在呈现在大家面前的，是我们这个群体经过 6 年的课程实验所写下的文字和相关资料。

STC（Science and Technology for Children，儿童的科学和技术，简称 STC）是美国国家科学资源中心开发的中小学科学课程，在美国有很大的影响力，同时被国际科学家联盟列为全球最有代表性的五大探究性课程之一。在我国新一轮课程改革中，由于课程开发的需要和日趋开放的社会环境，我们选择了该课程作为研究对象，并展开了长达 6 年的课程实验研究。

实际运转起来以后，我们才深切体会到，这样一个在课堂上进行的、长周期的、具有不同文化背景的课程实验真正操作起来是多么的艰难。社会和同行的质疑，拷问着我们的判断力；观念和思维方式的差异，对我们形成了巨大的挑战。还有实验教师为研读文本、实施教学、观察记录、评价分析、搜集器材所付出的艰辛劳动。幸运的是，10 所实验学校的校长坚定不移地支持了这项实验；22 名实验教师中有 17 人坚持了下来，并最终完成了研究报告；实验班的 741 名学生用他们成长和变化的大量事实，展现了这一实验的效果。6 年来，在美国同行的参与下，我们成功地进行了 12 次实验教师的课程培训。回顾整个实验过程，我们没有理由不为中国优秀小学科学教师的奉献精神所感动，没有理由不对中国的科学教育改革充满信心。

回顾实验，我们更加坚定地认为，在课程改革的过程中，必须将基础性的研究工作放在第一位。在研究的过程中，我们不能停留在文本研究的层面，而应开展更为深入和具体的实践层面的解读和分析。在教学实践中，我们十分需要以国际化的视野，借鉴和学习发达国家成熟的教育改革经验，对现有的课堂教学进行改造。

科学课程的改革是一个不断探索的过程，我们深深感受到了这一过程的意义，也感受到了自身生命存在的意义和价值。我们深知，我们的研究还存在不足，愿得到广大同行的批评和指正。

目 录

第一章

STC 课程实验研究总报告[①]

从 2006 年 9 月起，我们组织辽宁、北京、天津、湖北、重庆、广东、江苏、浙江 8 个省市的 10 所小学进行了为期 6 年的美国 STC 课程实验。目前，这项实验已如期完成。课题组共在 20 个教学班的 741 名学生中进行了 STC 课程 1—6 年级 24 个单元的教学，对构成 STC 课程的众多要素进行了研究，并从 10 个方面整理了实验的研究成果，实现了为我国小学科学课程改革提供有益经验的预期目标。

一、问题的提出

2001 年，随着我国新一轮课程改革的启动，我国小学科学课程的改革也步入了新的发展阶段。在参与国家科学（3—6 年级）课程标准的研制，并承担了义务教育课程标准实验教科书小学科学的编写任务之后，我们深感开展课程开发基础研究的必要性。在当时的历史条件

---

① 本章为全国教育科学"十一五"规划 2006 年度教育部规划课题"科学课程设计与实施的过程研究"总报告，执笔者为郁波。

下，作为课程的编制者，知晓国际科学教育的发展理念不难做到，国外的教科书以及相应的参考出版物也较易获得。但是，作为一门新型的综合学科课程的开发者，只掌握科学教育的某些思想和发展动态显然是远远不够的。我们发现，在科学教育思想与科学课程之间存在着一个庞大的研究领域还有待于进一步开发，科学教育的思想必须经过多学科、多角度、多层次的充分研究才可能实现向科学课程的转化。这在我们研读了一系列国际科学教育的重要文献之后深有感触。在我们原有的思维模式中，似乎只要确定了课程的指导思想以及某些编写原则，课程的开发便可以着手进行了。因此，我们热衷于谈理念，忙于制订各种标准。但国外同行的关注点和我们十分不同，他们长期以来围绕着课程建设的各要素，组织了雄厚的研究力量，对一个一个问题进行解析并加以研究解决，已经构建并发展起了强大的科学课程开发体系，形成了一系列的理论和实施策略，将科学课程的建设推进到了一个崭新的高度。我们深切地感受到，要使我国的科学教育融入国际化的潮流，需要转变原有的思维模式和研究方式，围绕科学课程开发的具体过程展开深入细致的研究。

我们当时面临的困难是，国内的相关研究比较薄弱，对于课程的研究较多集中在宏观层面，学科课程建设方面的研究较少。小学科学课程的研究更侧重于经验的范畴而缺乏理论性和系统性。2001 年以前，在我国小学阶段开设的自然课，也不是严格意义上的科学课程，因此还面临着课程性质的重大转变。这使科学课程的开发面临着一系列新的基础性问题。例如，如何根据培养科学素养的新目标设计课程结构和选择教学内容，如何围绕核心概念设计科学探究活动，如何在科学概念的学科逻辑结构和儿童认知发展的心理结构之间找到结合点，如何将学习内容、学习态度和学习方法相互关联，等等。

除此之外，我们还面临着我国科学教育发展存在的特殊困难。2002 年对我国 21 个省市小学科学教师的问卷调查表明，我国小学科学教师的最大困难和问题是对科学性质的理解。同时，小学科学教师对科学课程和学生的认识也极大地影响着教师的教学实践，例如：如何在教学中实现知识、能力和价值观的协同发展；如何向学生有效提供理解性学习和科学探究的支架；如何组织儿童开展如科学家一样的科学探究；等等。相对落后的物质条件、匮乏的教学资源和师资力量也是我国科学课程开发中必须面对的几大问题。

面对上述种种问题，我们更加深刻地认识到开展深入的课程开发基础研究的重要性。我们认为，处于现代化和全球化的历史时期，由开放带来的知识扩展，已经成为我国经济发展的一个重要因素。国外成功的教育经验，毫无疑问应成为我们重要的知识来源。我们需要放弃传统的、单一的认识来源和思维模式，以多元认知和开放的姿态，努力了解迅速变化的国外教育，将发达国家的教育理论和实践，作为我们的研究对象和参照系，通过深入的了解和比较，对我国科学课程开发进行有价值的思考。

基于上述认识，我们决定对美国的 STC 科学课程展开全面的实验研究，将其作为课程开发基础研究的一部分。我们计划用 6 年的时间，在 20 个教学班完成 STC 课程 1—6 年级 24 个单元的全部教学。通过观察、比较和验证，发现构成 STC 课程的要素，了解一门现代科学课程在开发中要经历怎样的过程，在将科学思想融入课程内容和活动设计时需要做哪些方面的研究和解决什么样的问题，以及这样的课程会给儿童的发展带来怎样的影响。我们相信，这样的研究将会丰富我们的知识，拓展我们的视野，提高我们开发课程的能力。

二、研究背景

（一）文献综述

1.《人是如何学习的——大脑、心理、经验及学校》

近 20 年来，对世界科学教育改革产生深刻影响的是学习科学的进展。这方面的代表性研究成果来自美国国家研究理事会行为科学、社会科学和教育委员会学习科学开发项目委员会主持的"人是如何学习的"课题研究。这一课题由美国国家科学院和教育部基金资助，参与者有 16 位国际著名的来自美国 10 多所大学和研究机构的学习研究专家，他们对人类的学习进行了多维的研究，提出了新的学习概念。下面的内容是有关学习的新概念。

（1）知识的组织方式十分重要。事实对于思维和问题解决的确是很重要的，但"有用的知识"并不是对无关事实的简单罗列，而是围绕重要概念或"大观点"来联系和组织的。如果学习者具备概念性知识，他们就能更好地学习。

（2）人们是基于已有的知识去建构和理解新知识的。儿童缺乏知识和经验，但并不缺乏推理能力。儿童在很多方面有别于成人学习者，他们的早期经验在发展过程中具有很大的作用。

（3）学习者应对学习进行自我调控，将学习的过程作为元认知的过程。通过反思性的学习，评价自己的认识并改进自己的认识过程。

（4）专家的知识反映了应用的情境，知识是"条件化"的。学习者需要在一定的情境中学习，并将知识和技能拓展到最初学习的情境之外，运用于新的情境之中。

学习科学的这些新的学习概念，正在深刻地改变着各个学科的教育，对科学课程的改革同样产生了重大的影响，已成为近年来科学教育一系列研究成果的重要理论基础。

2.《把科学带入学校：K—8 年级科学的教与学》

该书是美国国家研究理事会发表的一篇重要报告。在回顾和分析了科学教育的过去和现在之后，报告提出了科学素养的四个方面：能够理解和运用对自然界的科学解释；能够概括和评价科学证据和科学解释；能够理解科学知识的本质和发展过程；能够积极参与科学实践和科学讨论。该报告认为，如果科学课程所提供的学习机会能够具备以上四个方面的内容，那么科学教育的作用将能得到最大程度的发挥，科学课程也应按照这四个方面来设计框架。

3.《准备，集合，科学！——K—8 年级的科学课堂研究》

该书是美国国家研究理事会发表的又一篇重要报告。该报告阐述了正确理解科学家是如何工作的重要性。报告指出应重新思考儿童的科学理解能力。儿童的知识储备和推理能力，比人们原先预想的要丰富得多。报告以大量的篇幅介绍了关于概念转变的最新研究成果。对如何围绕核心概念组织教学，从学习进程的角度做了分析，并从思维可视化的角度，讨论了交流和辩论、建立模型和运用数学思维在科学教育中的重要意义。

4.《科学教育框架草案》

该书是美国国家研究理事会 K—12 年级学校科学教育委员会的报告。该报告在美国科学促进会的早期研究成果《科学素养的基准》和《国家科学教育标准》的基础上，考察了最近的研究成果，提出了科学的核心要素，将科学素养的四个方面作为 K—12 年级科学和工程教育的发展目标。该报告是修改美国《国家科学教育标准》的指导性文件，同时用于指导课程的设计、评价、管理和实施。报告对美国的科学教育提出了"更少、更高、更清晰"的要求，主张从三个方面推动科学教育以更为连贯的方式向前发展。这三个方面是学科核心思想、跨学科内容和科学实践。

报告从生命科学、物质科学、地球与空间科学和工程与技术四个领域，分别概括了每一领域的学科核心思想，分述了每一核心思想的组成思想，并设计了有助于理解这些核心思想的相关问题。在学习进程部分，还详述了每一学科每一核心思想在 K—2 年级、3—5 年级、6—8 年级和 9—12 年级的发展顺序。

报告列出了 7 组概念，作为贯穿科学课程的跨学科概念，并指出了它们在解释事物、形成理论、观察和设计实验时的重要作用。

报告重申了科学教育的重点是培养学生科学思维的习惯，如批判精神、科学探究的方法以及进行科学推理。为了使学生能更深入地理解科学家是如何工作的，报告建议用"实践"一词代替"技能"一词，以强调在科学探究时要同时协调知识和技能两个方面，避免把科学探究解读成固定的步骤或方法。报告还提出了科学实践的八个方面：提出问题，界定难题；建立和使用模型；设计和进行探究；分析和解释数据；运用数学和计算思维；建构解释，设计解决方案；基于证据进行论证以及获取、评价和交流信息。报告逐一对每个方面从起始、形成、胜任到精通应达到的水平作了详细的描述。

5.《面向全体儿童的科学：改进小学科学教育的指南》

该书是美国国家科学资源中心和国家科学院史密森研究所共同撰写的改进小学科学教育的指南。书中阐述了在学区层面上进行基础科学教育改革的五个组成要素：以探究为中心的科学课程；教师的专业发展；科学材料支持中心；以探究为中心的科学评价以及行政和社区的支持。书中对每个要素的实施都进行了指导，并提供了相关的案例。

（二）实验背景

为了应对 21 世纪所面临的巨大变革，美国科学促进会联合美国科学院、联邦教育部于 1985 年启动了一项面向新世纪人才培养，致力于中小学课程改革的"2061 计划"。该计划代表着未来美国基础教育课程和教学改革的趋势，同时确立了科学、数学和技术教育在课程中的核心地位。在此背景下，美国国家科学资源中心开始实施一项名为《促进科学教育改革的指导和援助行动》计划。该计划提出了基础科学教育的模型，从学区、与企业合作、与大学科学家合作等方面推进美国的科学教育改革。

由于中国科协与美国国家科学资源中心的长期合作关系，2001 年 10 月，我们参加了当年的全美科学教师培训，并由此开始了与美国国家科学资源中心的学术交流活动。美国国家科学资源中心是美国国家科学院、国家工程院和史密森研究所共同运作的一个非营利性机构。多年来始终致力于倡导、推广和建设以探究为中心的学校科学教育。该机构近年来的一项工作成果，是在推行 LASER 计划的过程中，组织庞大的研究队伍成功开发了《儿童的科学和技术》课程。这门课程不仅成为在美国最有影响力的科学课程之一，而且已经扩展到瑞典、智利、巴西、墨西哥和马来西亚等许多国家。

经美国国家科学资源中心提议和在中央教育科学研究所立项，我们联合全国 8 个省市的 10 所小学，从 2006 年开始进行 STC 课程为期 6 年的教学实验。这项实验得到了教育部基础教育司的正式批准。在批准函件中教育部基础教育司指出，要"严格按照项目实验范围及要求组织实验工作，为我国小学科学教育改革积累经验"。

为了使项目组成员和实验教师适应教学实验研究的需要，我们邀请了美国阿拉巴马大学亨茨维尔分校科学与数学研究中心的研究人员为我们进行培训。阿拉巴马州亨茨维尔学区联盟与阿拉巴马大学联合推进科学教育的项目已进行了 23 年，是美国国家科学资源中心与大学科学家合作开展基础科学教育改革模式的代表。5 年中的 10 次来华培训，几乎动用了阿拉巴马大学亨茨维尔分校科学与数学研究中心的所有成员，这对我们全面研究 STC 课程，准确理解和实施 STC 课程的教学计划，深入了解美国科学课程的发展和美国科学文化的内涵，都起到了重要的作用。

三、研究方法和过程

（一）关于研究方法的思考

在课程开发中，对国外课程的文本研究历来是一项最基础的工作。我们认为，仅仅开展文本研究还不够，如果能同时开展课程实验，带着我们的疑问去观察国外的课程实例，深入细节地去了解课程设计的基本原理，经过亲身实践去解读文本资料，通过收集证据来形成自己的认识，将有助于我们研究国外科学教育中种种现象的本质。为此，我们选择了在美国 STC 课程的研究中采用课程实验的方法。实验教师要在接受培训和对课程文本研究之后进行教学，在教学过程中观察和收集来自课堂的各种信息，结合文本多次进行解读和分析，在证据的基础上形成自己的观点和看法。

实验伊始，我们确立了实验的基本原则——严格按照 STC 课程教师教学用书上的教学过程设计进行教学。这曾使部分实验教师感到困惑。他们担心 STC 课程的一些设计不符合中国的国情，担心这样实验的结果没有推广应用的价值。为此，我们进行了解释和说明，并将这一原则贯彻始终。我们认为，在实验研究中，如果不尊重研究的对象，就谈不上对研究对象的客观观察和分析。如果在研究过程中不恰当地加入了主观因素，就会干扰实验，无法收集到我们需要获得的证据和有关事实，也就失去了科学研究的意义。我们在给教育部基础教育司的申请函中明确说明，这项实验只是一项在极小范围内进行的学术研究，不滚动、不扩大，并且只承担从课程开发的角度进行研究的任务，不涉及如何本土化等问题。事实证明，正是坚持了上述原则，整个实验才获得了宝贵的第一手资料，具备了持续深入开展研究的可能，同时实验教师不断提高了教育科学研究的能力。

（二）证据的收集

课程实验是通过一定的人为设计而进行的课程观察。尊重事实、积累事实、基于事实进行分析、形成证据是课程实验的基本特点。

我们在实验的实施细则中明确规定了收集、积累、保存和研究的主要资料类型。

（1）课堂教学实录。

要求用摄像机记录课堂教学的全过程，这些有关教学过程和学生表现的记载是研究的重要内容和证据。

（2）班级记录单。

这是教师和学生在新闻纸上记录的班级讨论结果，能够反映学生在整个单元学习过程中的思维变化过程，是十分重要的分析依据。

（3）学生的记录单和科学日记。

学生记录单是学生观察、实验的原始记录，包含了对收集到的信息的处理。科学日记记录了学生的探索过程及个人观点，是解读和评价学生发展的主要证据来源。

（4）教师的教学日记。

从教学日记中能了解教学逸事、教师教学实践后的感悟和体验，是发现和形成观点的基础资料。

（5）各种评价信息。

该部分内容包括观察检核表、学生的自我评价表、终结性评价表、纸笔测验、各个时期的作品等，它们同学生记录单和科学日记一样都是分析和研究的主要资源。

上述资料在实验学校全部保留的同时，也要定期上交总课题组供研究和存档。在整个实验过程中，总课题组共收集到 STC 课程的课堂实录 290 节，班级记录单 1498 份，学生记录单 13818 份，科学日记 300 本，教师的教学日记（含汇报、专题交流）1188 份，各种评价资料 1580 份，这些资料为该项实验提供了应有的研究基础。

除上述类型的资料外，我们还采取了其他措施收集研究所需要的相关事实。

（1）召开每学期一次的实验工作交流会，通过汇报交流的形式呈现事实、共享发现。

（2）设计学生科学学习的发展指引和检核表，对学生进行有结构的追踪观察。

从 2011 年起，我们根据 STC 课程教师教学用书中的教学设计，编制了单元教学的学生发展指引和检核表，要求每个实验班确定 6 名学生作为持续观察的对象。教师每次聚焦在 1—2 个学生身上，利用 3—5 分钟的时间根据发展指引对他们进行行为观察并填写检核表，课后回顾学生所谈论的内容和行为表现，对他们的发展做出评价。

（3）开展个别化访谈。

为了弄清一些重要科学概念的形成过程和儿童进行科学探究的方式，实验教师对一些实验班的学生进行了个别访谈，以详细了解他们的真实意图、思维过程和认知特点。

（4）进行纸笔测验。

实验过程中，除实验学校分别对实验班的学生进行的阶段性测试外，总课题组于 2008 年 6 月编制了课程实验的中期测试题及评价标准，从科学知识、探究技能、概念理解、科学推理能力等多方面对实验班的学生进行了测查，并以学校为单位进行了测试结果分析。

（三）事实的整理和分析

STC 课程实验研究的目的，是为了寻找构成这一课程的主要影响因素，将它们从众多的其他因素中剥离出来，因此我们的实验过程经历了两个阶段。

第一个阶段：项目实施的早期和中期阶段（2006—2010 年）。这一阶段的主要任务是促进实验班的教学与 STC 课程的原有设计相符合。由于实验初期教师对 STC 课程还缺乏理解，需要帮助他们尽快熟悉和正确使用教师教学用书。另外，实验的早期阶段也不适合评价学生的学习成果，只有到了后期阶段，有证据表明学生有了学习体验，学到了预期的内容后，才值得这样做。因此，我们在这一阶段的关注点是：教师和学生所进行的课堂教学活动是否与 STC 的课程设计相一致？课堂教学内容是否与 STC 的课程设计相一致？课堂上师生互动及学生互动是否与 STC 的课程设计相一致？课堂交流的特点是否与 STC 的课程设计相一致？

第二个阶段：项目实施的后期阶段（2010—2012 年）。这一阶段的主要任务是对实验中收集到的事实进行整理和分析，将它们转变为证据，并最终形成自己的观点。在 4 年实验的基础上，我们概括了 STC 课程的十大要素，认为这些要素形成了 STC 课程的标志性特征，对小学生科学素养的发展发挥了有效的作用。它们分别是：

（1）建立在科学素养观基础上的课程组织结构；

（2）强调概念连贯把握和广泛性理解的设计倾向；

（3）指向全面的科学实践的教学活动方案；

（4）对发展学生科学论证能力的高度关注；

（5）情境化的教学策略；

（6）合作学习的组织方式；

（7）材料系统的建立；

（8）评价系统的构建；

（9）科学阅读的开展；

（10）科学记录的有效使用。

我们用两年时间（2010—2012 年）分别对上述要素进行了专题研究并形成了相关的研究报告。

四、研究发现

（一）课程的目标和开发过程

STC 课程的目标如下：

（1）使科学对所有学生都是适合的、有趣的和富有挑战性的；

（2）有助于学生对周围世界的概念性理解；

（3）帮助学生发展科学论证和解决问题的能力；

（4）促进学生科学态度的形成，如好奇心、尊重证据、灵活性和对生命的敬畏等。

为了实现上述目标并确保科学上的准确性和教学上的适应性，STC课程经历了一个严格的研究和开发过程。

2008 年，在我们访问美国国家科学资源中心总部时，负责人向我们介绍，每个STC单元模块都是由教师培训者、教育评价人员、科学编辑和插画作者共同撰写的。所有单元都在华盛顿特区的小学进行了先期实验，又在美国各类学校进行了大规模实验。来自实验学校师生的意见和独立评价人提供的建议都被融入了最后的文本。

STC 课程的编写团队由三个部分组成：单元管理者、单元建议者（学科专家）和专家建议团（科学家）。

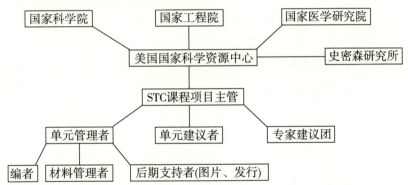

单元管理者需要具有科学专业的背景、课堂教学的经验，并具有教科书编写和实施的经历。

单元建议者是为单元设计提供具体建议的人，一般是大学教授和史密森研究所的研究人员。

专家建议团由 20 个专家组成，包括科学家、大学教授和教育专家。

STC 课程建设的流程如下图所示。

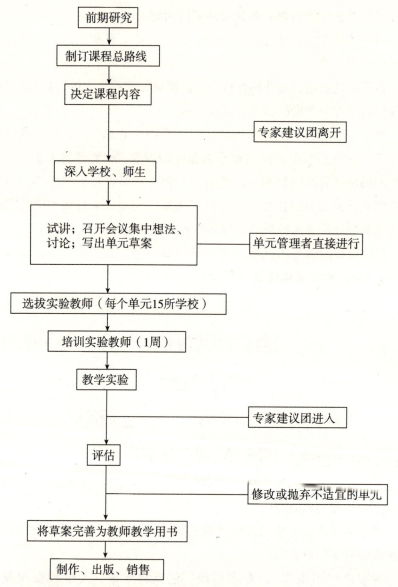

STC 课程一个单元的平均完成时间为 3 年。其中 9 个月前期调研，3 个月试讲，6 个月完成单元草案，再次进入课堂试讲 3 个月，12 个月修改，最后 3 个月完成正式文本（教师教学用书）。

随着科学教育改革的不断深入，STC 课程已进行过一次大的修订，充实了概念体系，修改了教学目标的表述方式和一些单元的教学设计，并开发了适合 1—6 年级学生阅读的科学读本。

通过 6 年的课程实验研究，我们发现 STC 课程的目标基本上都能在实验班的学生身上得以实现。

从 24 个单元后的学生自评中，我们看到学生通常都用"有趣""兴奋"或"有成功感"等词汇来形容他们对单元学习的体会和感受。

从记录单对事物或现象的大量解释中，我们看到学生们的概念性理解不仅仅是具象、生动和个性化的，随着单元教学和年级的推进，他们已经表现出层级发展、多维联结、富有逻辑和反思性等特征。

从 6 年的课堂实验中，我们不仅观察到大量的观点交互、以证据为依据的学生论证行为，还发现了学生在论证中已经存在并发展着的评价证据、重复检测、协调证据与观点的能力。我们从嵌入式评价活动中发现他们基本可以运用简单的科学原理综合或选择实验方法、对自己的学习过程进行监控。

20 个实验班大量的学生科学日记还告诉我们，经过 6 年的 STC 课程学习，学生们的好奇心、尊重证据的意识、思维的灵活性和对生命的敬畏等科学态度获得了充分的发展。这一切是在大量真实的科学实践活动中逐渐形成和强化的，同时又驱动着学生们持续而深入地开展科学实践活动。

（二）课程编制的理念

1. 科学教育的价值

让孩子们通过科学实践理解和学习"做"科学，是 STC 课程明确的价值取向。美国国家科学资源中心的主要出版物《面向全体儿童的科学：改进小学科学教育的指南》一书中，在分析传统课堂的局限性时指出，在科学课上，学生们骚动不安不想探究的原因之一，在于学生们没有"做"科学，即没有经历和体验科学实践活动。他们没有调查对象，没有观察现象，没有设计实验，没有收集数据，也没有讨论他们的观点，没有机会独立思考和解决问题，因此，"抽象的概念对他们来说从来都是无形的和无意义的，因为这些概念超出了他们所经历的世界，学生们根本不想对它们做进一步的探索"。

对学校环境中如何"做"科学，STC 课程有着自己的具体阐释。

（1）带领学生到真实的、能够产生问题的未知情境中去。

这是 STC 课程为学生在科学课程中必要的经历和体验所设立的第一原则。STC 课程小学阶段的 24 个教学单元的设计，无一例外都立足于真实的学习情境。不论是观察陆生动物、水生植物、饲养蝴蝶的幼虫，还是探索小车的运动或造纸的技术，学生们面对的总是真实的问题和解决问题的过程。设计者的理由是，今天的孩子在成长过程中，与前几代人不同，他们已经越来越远离自然界。感性体验的缺失不仅使他们缺少对世界进行感知的资源，更为重要的是，他们深深缺乏对世界的复杂性包括期望与现实的内在理解，这必然会影响他们认识世界和解决问题的能力。

这一观点向我们揭示了真实的学习情境在科学教育中的作用和意义。什么样的经历和体验对学生们来说是更有价值的呢？STC 课程认为，学生要与所学习的主题直接接触，而不是通过别人对这一主题的观点间接接触。由于感受到面临的问题是真实的，学生们自然能够被问题所吸引，从而产生探究的真正愿望和持久的学习动力。真实的学习情境同时可以使学生们有机会加深对科学在日常生活中重要性的理解，领悟知识对他们的意义，促进对科学的认识。坚持这一原则还意味着，课程需要克服把学科乃至整个世界"过度简单化"的倾向，保持学科和世界的复杂性。这会使学生们有机会凭借自己的理解能力来面对和研究复杂的事物，在解决问题的过程中促使他们有惊人的智力表现，并发展真正的理解。

（2）在真实的解决问题的过程中，让学生形成自己的问题和观点。

STC 课程主张给学生们提供的科学体验和经历，不但包含与周围世界的直接接触和动手操作活动，还强调在该过程中帮助学生们产生、遵循和发展他们自己的观念。

课程的设计者认为，"科学是发现世界是如何运转的过程"，是"一种思考的方法"。在这个意义上，对电池和灯泡进行实验的意义，是学生们在这一过程中进行了思考，形成了自己的观点，发展了推理的技能，提高了解决问题的能力。这一认识，已不是先前动手加动脑的概念，而是明确指向了科学教育更为本质的目的：帮助学生在原有观念的基础上产生新的、更精彩的观念。从这里，我们看到的是课程设计者的一种价值观，即科学教育的任务不是把所有的事实都教给学生，而是要使学生获得足够的核心知识，发展他们解释自己的主张和掌握证据的能力，也就是说形成自己对自然事物的看法，并在科学教育的影响下，逐步修正和完善这些看法，发展对科学各学科核心思想的深入理解。正是基于这一认识，STC课程将每个单元都用观点变化的线索串联起来，从展示原有认识的头脑风暴开始，到反思和梳理观点结束。在教学中，反复追问学生"你的看法是什么"，并要求他们在科学记录本上随时记录自己的观点。这使STC课程实验班的学生，在学习中逐渐学会了尊重自己对事物的看法，注意形成自己的观点，发展了独立思考以及解释事物的能力。

（3）让学生像科学家那样"做"和思考。

STC课程带领学生们经历和体验的科学实践是全面而丰富的，含有科学文化的关键要素。这主要表现在以下几个方面。

①课程始终将科学探究能力的培养与知识的学习紧密结合在一起，而不是彼此分离。设计者认为"思考的技能不能凭空产生，而是在人们解决感兴趣问题的过程中发展起来的"。为此，STC课程没有某一项技能的单独训练，而总是依据学习需要和学生的发展阶段适时和巧妙地推进学生探究技能的发展。因为学生"不能在抽象中推理，而必须对某件事情提问或进行推理，必须通过学科渗入问题解决或批判性思维的训练，而每个学科都能提供大量的推理材料和解决问题的材料"。

②课程始终将科学探究的能力视为一个整体，而不是人为地分割。设计者认为，既然研究表明儿童已经形成了关于世界以及世界如何运转的理论，可以且正在进行大量微妙的、复杂的推理过程，那么在低年级就应为儿童提供以研究为基础、以探究为中心的经历，使儿童开始构建他们的经验基础，尝试对各种自然现象进行解释。因此，STC课程不像人们通常认为的那样，在小学低年级关注描述，到中高年级才关注解释。而是在一年级的科学活动中就鼓励学生讨论诸如"为什么有些液体会下沉，而一些液体会漂浮""为什么在测量中使用相同的起始点和终点是非常重要的"这一类问题。

③课程为学生们所提供的经历和体验，充分体现了科学家从事科学活动的主要特征。这些经历和体验包括提出问题和明确问题、建立和使用模型、设计和实施调查、分析和解释数据、使用数学与计算思

维、建构解释、基于证据进行论证、评价和交流信息。这些经历和体验除了包含各学科科学家认识未知事物的共同做法外，还包含了科学的态度和价值观。例如，为了让学生建立牢固的证据意识，能够像科学家那样有依据地进行交流和思考，STC 课程从 1 年级起，在整个 6 年的科学教学中，精心设计了科学记录单，对各个年龄段学生应达到的水平做了严格的规定，并要求每个孩子都进行记录。目的是让学生意识到，科学记录是每个科学家每天都必须做的事情，是从事科学研究最基础的工作。

特别值得关注的是 STC 课程在发展学生科学论证能力方面所做的努力。课程不仅将发展学生的科学论证能力纳入了课程目标，而且为 K—8 年级学生制订了整体的培养计划。计划明确指出，K—1 年级，要强调学生通过观察和测量确定物体的不同属性；2—3 年级，要通过寻找证据识别变化的周期和模式；4—5 年级，要通过分析确定事物的因果关系；6—8 年级，要能够设计和进行控制变量的实验。不仅如此，课程在教学内容和教学策略方面也有明确的要求和精心的设计。例如，强化对证据的确认和评价，注意引导学生识别证据的真伪；将论证过程与概念的建构有机结合，要求学生在呈现、组织和阐述证据时，注重严密性和逻辑性，注重观点与证据的协调；等等。

上述做法体现了 STC 课程的设计者对科学和科学教育的深刻理解。在"视科学为论证和解释"的认识层面，课程启发我们，科学课堂上的科学论证不再是一般意义上的交流和研讨，而是寻找结论与证据之间关联的集体建构活动，是推动思维发展的理性交互过程。这对促进学生对科学的理解和发展学生的批判性思维都具有重大意义。

2. 儿童学习理论

学习科学是 STC 课程建构的理论基础。最为可贵的是，课程的设计者成功地运用了这些理论，形成了 STC 课程的编写原则、结构框架和内容体系，对我们正确处理学科逻辑结构和儿童心理结构的关系有许多启示。

（1）将已有的知识和观念作为新教学的起点。

学习科学的一个重要发现是，人们是基于已有的知识去建构和理解新知识的，儿童也是如此。他们不但是积极的学习者，而且会把自已的经验和观点带入学习的过程。这些经验和观点极大地影响着他们对学习内容和方法的理解，同时影响着他们获取新知识的能力。因此，课程必须重视学生们原有的经验和观点，并把教学中的每一步骤与他们先前观念融合在一起。STC 课程的设计者为此做了大量的努力。

①调查和呈现前概念。

STC 课程 24 个教学单元设计了大量调查和呈现前概念的活动。其中调查活动的方式、方法和策略有许多可借鉴之处。调查活动的内涵和教学组织原则更是值得深入分析和挖掘。

为了准确地了解儿童的前概念，STC 课程采用了头脑风暴、结论性访谈、情境再现、实物操作等方法，同时让学生运用短语、图画、图表等方式来呈现。不同年级不同学习主题采用的方法又有所不同。从实际教学效果中我们看到，学生在 6 年的实验中，都能轻松自然、积极主动地表达自己的当前想法，在进行想法交流后能产生认知对比和探究的需求。这一做法有效地将学生从被动的临床心理访谈状态上升到课程学习的主动状态，整个调查和呈现活动也成为科学探究活动的重要组成部分。

例如单元起始课的头脑风暴活动。设计者认为，这一活动在一个新的学习主题出现时，具有刺激性和产出功能，应作为主题学习的第一步。例如："电路"单元，教师应提问学生"你知道哪些关于电的知识"；在"蝴蝶的生命周期"单元，应提问学生"对于毛毛虫我们知道些什么"。在这里，STC 课程的设计者专门提示教师应当注意这一方法的教学组织原则：所有参与者（教师和学生）都应不加批判地接受所有意见；对他人的意见不做批评或不必要的评论；尽力把自己的观点与他人的观点结合起来。经过 24 个单元的不断重复，我们发现这一原则已经逐渐被所有实验班的学生接纳，并成为他们班级文化的重要组成部分。为了激活学生的原有经验和观点，使调查活动富有成效并为核心思想的理解做准备，课程还建议教师要提出一系列更为细致的问题促进学生思考，如"究竟什么是毛毛虫""你在哪里见过毛毛虫""它们当时都在做些什么事情""长大以后又会发生什么事情"。在调查策略上，考虑到小学生特别是低年级学生的语言表达能力，STC 课程了解学生前概念的方法也是多种多样的。例如，1 年级的"生物"

单元，是让学生在记录单上画一个有生命的物体，然后加上生命体正常生活的需要，标注各个部分，补充完整图画底部的句子"我画了一只＿＿＿＿"，"我认为它需要＿＿＿＿"，以了解学生对生命体的已有认识。

在前概念的呈现上，STC 课程主要采用了班级记录单和学生记录单两种方式。班级记录单汇集了全班学生的想法，学生记录单则保留了每一个学生的个人想法。班级记录单在单元的学习过程中始终悬挂在教室的墙上，并伴随着教学的进程而不断被使用。这两种方式，都为儿童概念的理解和转变起到了重要的支架作用。

②组织前概念。

组织前概念是指对调查活动中获得的前概念进行加工和改造，将片断的、零散的观点和问题组织起来以便使用。STC 课程的设计者采用引导全班学生把前概念提炼为单元层面的问题，并分解为具有基础作用的一系列问题的方法，促使学生对原有想法进行加工和内省，同时把教学一步步地引向深入。

在进行这项工作时，需要引入思维工具。例如在"固体和液体"单元的头脑风暴中，学生要观察和描述一个钢球与一个勺子。设计者采用了"比较"的思维工具，引导学生把注意力集中到"勺子与钢球有哪些相似之处"的问题上，并让学生进一步描述他们认为固体是什么样的。正是有了这样的基础，在第 2 课中提出了"固体的属性"的新概念，并在后续整个单元的教学中逐个开展对固体属性的专项研究。

又如"陆地和水"单元，设计者对前概念的组织采用的是"分类"的工具。在学生陈述了自己关于陆地和水的已有想法和观点后，要求他们将所有的观点和问题进行分类。通过分类，促使学生关注陆地和水的关系，回忆、探讨这方面的相关经验，引出整个单元"陆地和水是如何相互作用"的话题，并展开后续的一系列研究。

③使用前概念。

使用前概念指的是将学生的前概念作为新教学的起点。这需要在课程设计中真正尊重学生已有的知识和观点，并将它们作为前概念转变为科学概念。

STC 课程设计者在这方面的策略，首先是运用学生的原有概念支持将要学习的科学概念。例如"电路"单元，利用孩子们具有连接 1 节电池、1 个灯泡和 1 根导线使灯泡发光的经验，设计了使 1 个家用白炽灯泡发光的电路研究活动。在对家用灯泡结构的探索活动后，又设计了使用新装置组建完整电路的后续探究。又如"平衡与称重"单元，充分利用了孩子们从溜冰、骑自行车、玩滑板、玩跷跷板等活动中所获得的有关平衡的一些经验和知识，开展了平衡、比较和称重等一系列探究活动，拓展了学生对平衡与物体重量关系的理解。

通过提供新的经验，让学生发现矛盾的现象，认识到原有知识和观念的不足，产生改变原有观念的欲望，是 STC 课程设计者使用前概念的另一种策略。"漂浮与下沉"单元是这方面的典型例子。小学生对物体在水中漂浮或下沉的原因，一般解释为与物体的重量或大小有关。课程在第 2—5 课，让学生验证自己的想法，产生单独通过重量或大小无法解释实验现象的困惑。这种用 4 节课来推动学生改变一个原有概念的做法，体现了课程设计者的一个重要思想——在真实的解决问题的过程中，让学生形成自己的问题和观点。

通过教学实验我们看到，将前概念的调查、呈现、组织和使用这一系列活动纳入教学活动，学生才有机会真正成为学习的主人。这不仅是指他们能够轻松和积极地投入学习，而且包括获得重要的元认知体验——他们所有的想法都是有用的，但需要改变和修正。从教师日记中我们也发现，这些活动一旦进入课堂，也极大地改变了教师对课堂教学的理解。

（2）让学生学会控制自己的学习。

学习科学的一个重要观点是，学习的重担不应只落在教师的身上，只有学生把握学习的机会，教学才能取得最佳效果。因此，学生应该在学习的过程中学会自我监控，不断提高达成教学目标的能力。STC 课程在这方面进行了许多有益的尝试。

①用"元认知"理论支持学生认知发展。

STC 课程的每一个单元都从了解学生的前概念开始，以单元性的总结结束。单元性的总结被称为"分享我们所学到的知识"，设计者总是结合学习主题，让学生反复做这样几件事。

第一，回顾记录单上的信息，用几分钟时间在各自的科学记录本上写下自己的想法：对于学习主题知道了什么，还有什么问题，并与自己在第一课上做出的回答进行比较，寻找两次记录中发生变化部分的证据。

第二，展示班级记录单，找出现在可以确定是正确的说法，并且解释是什么经历使得自己可以肯定这些说法是正确的，找出哪些说法是应该修正或补充的，并利用学习过程中的经验加以说明。

第三，在班级记录单上增添通过学习所获得的新的信息和还需要进一步寻找答案的问题。

不仅在单元的始末，设计者把"元认知"理论也融入了整个单元的教学过程。例如，要求学生随时在科学笔记本上记录下自己观察到的现象和对这些现象的看法，作为反思的依据。许多单元在教学过程中安排了知识运用课作为嵌入式评价，让学生了解自己对知识的掌握情况。

上述这些设计联系在一起，让我们看到了一个建立在"元认知"基础上的清晰的单元结构。这种结构使学生能够不断地对自己的学习进行过程性反思直至形成习惯。反思使学生们能意识到新的知识是如何在新的证据面前产生的，习惯使学生们能够将这一思维模式运用到更多的情境中，并不断提高获取新知识的能力。这一过程中形成的认知发展又会推动学生展开持续性的、深入的科学探究，使他们有可能经历每个单元长达两个月的研究活动。

②用"学习周期"为学生搭建学习的框架。

让学生在证据面前坚持或修正他们已有的知识和观点，需要一个清晰的教学步骤。这个教学步骤要能够让学生体验科学家的日常工作，在教师的指导下经历新知识和新观点的构建过程。

STC 课程在自己的课程设计中引入了"学习周期"的方法，一个典型的学习周期包括四个阶段。

第一，集中阶段。学生描述和表达对一个话题的观点，交流有关本话题现有的所有知识，以及各自想进一步学习的内容。

第二，探索阶段。学生亲自参加并深入探究各种科学现象，形成合作学习小组，与本组及全班同学进行讨论。

第三，思考阶段。学生收集和整理他们的数据，交流他们的观点，对自己的结论进行分析和争辩。

第四，应用阶段。学生在新的情境中和现实生活中应用他们所学到的知识。

这四个阶段需要体现在一个完整的解决问题的情境中。有时是一节课，有时是几节课，有时是一个单元。实验证明，这一学习周期能使孩子理解学习的含义，知道学习的目标，知道学习要靠自己努力，知道自己为什么要这样做。在反复经历了这样的学习过程之后，STC课程实验班的学生已能自己开始新的话题学习，自觉地从前一个阶段进入后一个阶段，在寻找证据、构建解释、展开科学论争、进行逻辑推理、与他人合作等方面形成自然的链接。

有意义的是，STC课程的设计者在这里还提醒教师，在课堂上采用"学习周期"的方法，对许多学生来说，将是一项艰难的智力挑战。学生要面对并改变自己的错误概念，必然要经历内心的斗争。因此，教师要了解学生的内心斗争、忍耐过程及由此产生的痛苦。STC课程的具体建议是，在"课堂讨论"环节，教师要认识到问题提出的方式与等待回答的时间一样，对课堂讨论的质量有重大影响。在期望学生做出回答之前，一定要给予他们"等待时间"，在看似"慢"的设计中，给予学生概念转变的充足时间和机会。

③让学生了解学科的概念、理论和思维模式。

STC课程有效地尝试设计了适合小学生的、具有学科特色的"科学实践"，包括不同领域科学家解决问题的研究方法和思维方法，认为这有助于学生达到最佳的学习效果，更好地对自己的学习过程进行监控。

STC课程的物质科学领域是由"固体和液体""变化""化学实验""电路""食品化学"以及"磁铁和电动机"6个单元组成的。在这些能够引起小学生学习兴趣、适合他们探究的有限学习活动中，设计者仍然凸显了物质科学以实验为基础、逻辑推理和数学表达这些基本的特征。

上述6个单元共涉及了65个可在教室里进行的实验，使用的大多是非经典的实验材料。例如，用一次性杯子做支架，利用吸管、软磁铁、大头针和导线做电动机和发动机，用醋、碘酒和紫甘蓝汁测试未知固体物质，等等。但是严格遵守实验步骤、清晰标识实验材料、准确记录实验现象、重复实验以及归还和处理实验材料等都对学生进行了严格的要求。

在探究的过程中，对学生的逻辑思维也进行了很好的训练。例如，在2年级的"变化"单元，要求学生对固体和液体过一段时间会发生什么变化做出预测，并在后续一系列实验中对自己的预测进行验证。关于物体属性的教学是从1年级的"固体和液体"单元开始的。STC课程的设计者巧妙地使用维恩图，帮助孩子在对20个固体进行观察和实验的基础上，抽象概括出固体的基本属性。"化学实验"单元让学生们在10节课的时间里，对糖、明矾、滑石粉、碱面和淀粉五种未知物质进行包括感官观察、加热、溶解、使用酸碘溶液、生物指示剂在内的一系列测试，最终对它们做出鉴别。至于物质科学领域所集中反映的归纳、演绎、类比等思维方法，这6个单元也有很好的设计。例如"电路"单元，课程引导学生通过对两个物体的比较和分析，根据它们的部分属性相同，做出它们的其他属性可能相同的类比判断。

数学表达和运算思维的运用在物质科学的6个单元中，主要表现在用数字表示各种量及其关系方面。如2年级的"变化"单元，要求学生计算冰块融化的时间。在"磁铁和电动机"单元，要求学生用柱状图表示磁铁的数量与所吸到的垫圈数量间的关系、线圈的数量与所吸引的垫圈的关系。

与物质科学领域不同，地球与空间科学领域部分的内容显示了地质科学家进行研究工作的特有方式。例如1年级的"天气"单元，专门向学生介绍了什么是气象学家。在他们阅读"和气象学家观察天气"的材料后，讨论气象学家是如何用他们的感官观察天气以及预测天气情况的。整个单元还引导学生像气象学家那样对一个月的天气进行持续的观察。"岩石和矿物"单元，则引导学生像早期的地质学家一样，利用感官、放大镜、瓷片、钢钉等简单的工具观察矿物，从硬度、光泽等几方面鉴别矿物以及对它们进行分类。

STC课程对学科"科学实践"的重视启发我们，学生对科学的认识、学习能力的增长是与学科知识紧密结合在一起的。学科"科学实践"是"科学实践"教育目标的具体化、精细化。对这一问题的研究，将有利于学生对学科核心思想的理解，也有利于他们对自己的学习进行监控和评价。

（3）向学生提供有组织的信息。

学习科学的又一重要发现，是知识必须置于一个概念的框架中才能得到很好的理解。有用的知识不是事实的简单罗列，而是围绕重要概念或"大观点"联系和组织起来的，并且应该以连贯性的方式向前发展，对儿童来说也是如此。STC课程在内容组织方面遵循了这一原则。

①观念性框架。

STC课程采取的方法是每个单元都重点指向一个特定的学科概念，但同时会渗透其他相关的学科概念。例如"生物"单元指向的是生命体的特征，"蝴蝶的生命周期"单元指向的是生命体的生命周期，"动物研究"单元指向的是生命体与环境。但"生物""植物的生长和发育""动物研究"单元都对生命体的多样性与适应性进行了深入的探讨。这样，STC课程在小学阶段的生命科学领域建立起的学科观念性框架就涉及了生命科学的四个核心概念：生命体的结构和生命进程、遗传和变异、生态系统以及统一性与多样性。这为学生们的后续学习打下了全面的概念性基础。

为了使教师和学生准确地了解和把握课程的观念性框架，设计者为STC课程的每个单元都编制了一条概念发展线，呈现在教师教学用书最开始的部分。概念发展线包括统一概念、单元概念、分级概念和子概念四个部分。统一概念从跨学科的角度阐明了每个单元的教学目标；单元概念表述的是本单元所指向的具体学科观念；分级概念表明了这一学科观念的主要下位概念；子概念则是单元概念的一系列下位概念。在每一个子概念下方列出的是与之相关的每课的主题及学生参与的主要活动。这样一条概念发展线，清晰地呈现出整个单元的观念性框架结构，在每部分教学内容与学科观念之间建立了联系，并展示了学科观念逐级构建的逻辑线索。这些都为教学的正确走向起到了重要的保证作用。

②课程内容点阵图。

为了让参与教学的所有教师和学生明白课程的内容与教学目标的

关系以及内容之间的关系，STC 课程的设计者绘制了单元与美国《国家科学教育标准》的关系图。这是一张以单元题目为横轴，以美国《国家科学教育标准》内容标准的标题及其概念为纵轴的点阵图。格里的点标志着在单元每课或阅读材料中所涉及的标准内容。从图中我们可以看出，STC 课程的每一个单元几乎都与美国《国家科学教育标准》中的科学探究（进行科学探究必需的能力、对科学探究的理解）、科学与技术（对科学与技术的理解）、科学史与科学的本质（科学是人类的事业）、统一的概念与过程（系统、序列与组织、证据模型与解释、稳定变化与测量）相关。每个单元涉及的内容标准至少有 5 项。例如，"声音"单元就与科学探究、物质科学、生命科学、科学与技术、从个人和社会视角所见的科学、科学史与科学的本质、统一的概念和过程 7 项内容标准相关。物质科学概念组合中的重要概念——物体和材料的性质与 18 个单元相关，生命科学概念组合中的重要概念——生命体的特征与 9 个单元有关。地球与空间科学概念组合中的重要概念——地球材料的性质与 8 个单元有关。极其可贵的是，这种相关性不是仅仅呈现在点阵图里，而是深深蕴含在每个单元的具体设计中，成为课程设计者共同遵循的一条设计原则。

我们认为，从组织信息的角度来看，STC 课程内容的点阵图表达了一种新的结构模式。对于一个科学主题，不是简单地从知识的维度对其分类，而是将它与众多的科学教育目标建立联系。对于一个科学概念，不是将其置于一个教学情境和一个学科背景下进行构建，而是创设了一种综合理解和连贯把握的认知框架。点阵图看起来是二维的，但实际表达的是教学内容之间十分复杂的空间结构关系。它让教师和学生一看就能明白活动如何连贯成一堂课，又如何形成单元，而单元又如何合并成总体课程。它不是将教学目标仅仅看作是对各种主题所构成的概念的集合，而是把教学目标看作是对概念理解的不断提高。点阵图还揭示了是哪些科学事实和概念构成了某一特定目标，以及如何达成这些目标，并且将这一目标的邻近线索也用理性的方式串联在一起。这种以概念间的发展和相互作用组织教学内容的方式，彻底抛弃了将科学教育目标看成是各种信息和技能简单集合的传统思维，建立起一个内容丰富、技能和观点可以相互支撑的架构，这对学生科学素养的全面提高具有重要的意义。

（三）课程编制的策略

经过 6 年的教学实践，我们深切地感受到，STC 课程之所以能够在美国以及其他地区获得较高的评价，是与设计者采取的一系列行之有效的课程编制策略有关。设计者没有停留在课程建设的理论层面，而是下大力气将课程编制的基本思想，一项一项地物化为具体的、可操作的编写策略，一步一步地融进各个单元的活动设计。而这些策略，无一不体现出深厚的教育学、心理学研究水平。

1. 单元教学模块

STC 课程认为，课程内容是科学教育的"血与肉"，是真正要教给学生的东西，最有效的方法是用一系列科学"模块"（单元）来设计科学课程。

STC 课程为 1—6 年级的学生共提供了 24 个单元，这些单元是课程的基本组成部分。每个单元给学生提供了一个机会去直接探索科学现象，思考他们的观察，与同学分享发现，以及将学到的知识应用于新的情境。这些单元具有一些新的特质。

（1）较长时间的连续性探索。

与我国习惯的课程编制策略不同，STC 课程的单元模块一般包括 16 节课，需要用两个月左右的时间来完成。整个单元表现为对某一学习主题的连续性探索。有的呈线性结构，有的采用拼盘式，有的呈阶梯性发展。但不论采取何种形式，都具有一个富有逻辑的故事线索，表现出明显的活动连贯性。例如，1 年级的"生物"单元，共由 16 节课组成。第 1 课学生陈述有关生命体的前概念；第 2—3 课观察植物；第 4—5 课关注不同自然环境下生长的植物——对两种陆生植物和两种淡水植物的特征进行观察、讨论和比较；第 7—10 课向学生介绍两种陆生动物和两种淡水动物；第 11—12 课引导学生对生命体的生长和变化进行观察；第 13—15 课学生通过比较 8 种植物和动物的相同之处和不同之处，寻找生物的共同特征；第 16 课让学生通过图画和文字把自己同其他生物进行比较。这种大单元的设计，大大地丰富了学生建立一个科学概念所需的关键经验。从植物到动物、从陆生到水生，对 8

种生命体的观察，使学生对有生命的物体特征的归纳有了相对充足的证据。同时，这种设计创造了一种机会，使学生能够经历一个相对完整的思维过程，包括认识领域的扩大、研究方法的迁移、反复使用和不断丰富。更重要的是，这种在较长时间内保持一个概念指向的设计，使学生终于有机会在一种从容不迫的气氛中展开属于他们自己的研究。而这一切，在一个规模小的单元设计中是难以实现的。

（2）可进行年级浮动。

STC 课程的单元模块覆盖了四大领域：生命科学、物质科学、地球和空间科学以及设计与技术。这些单元在年级分配上是可变动的。教师可以根据特定需要将单元上下浮动一个年级。例如"蝴蝶的生命周期"单元，虽然设定在 2 年级，但也可以在 1 年级或 3 年级成功地进行教学。STC 课程的设计者认为，把每一年级的单元想象成一条跨越三个年级的带子是有好处的，因为我们需要鼓励教师在课程中灵活放置单元，并根据自己面对的实际情况做出合适的选择。鉴于这种考虑，STC 课程在单元设计中跨越了美国《国家科学教育标准》的年级段（K—2、3—4、5—8），涉及了相邻年级的标准要求。这体现了课程设计者对教学目标的灵活处理。

（3）清晰明确的过程设计。

STC 课程没有教师和学生共同使用的教科书，真正对教学产生影响的是教师教学用书学生活动用书、学生科学读本和工具箱。

教师教学用书的编写十分详尽，包括单元概念发展线、单元教学目标（观念、技能、态度）、内容概要、材料清单、单元教学建议、评价和每节课的教学指导。

教学指导中包含百字左右的概述和目标，十分简明地阐述了本节课的主要活动及要达到的目的。背景部分深受教师欢迎，在千字左右，详细地提供了与该节课有关的学科背景知识和有关建议；材料与教学准备部分列出了教学活动所需物品的清单及教师应做的准备工作；教学步骤和最后的活动部分刻画了教学的基本过程；拓展部分提出了与数学、阅读、写作、艺术教学进行联系的一些建议。评价部分则指出了可以作为评价依据的有关信息、这些信息的来源以及使用方法等。

教学步骤和最后的活动部分展现了课程的过程设计，是教师教学用书中最具实际意义和最有研究价值的部分。这一部分通常按照学习周期详细设计了每个教学步骤，包括如何聚焦学生的问题、如何指导学生收集证据、如何开展观察实验、如何使用记录单、如何呈现和组织数据、如何展开讨论和论证，以及如何进行交流等。教师教学用书不但一一列出了供学生讨论的关键性问题，而且提供了许多学生在活动中应当注意的细节。例如，"预测并验证常见物体的沉浮情况"一课，为了让学生顺利地使用水，要求教师必须向学生明确一些特殊的规则和程序。"化学实验"单元，关于正确拿取化学样品、正确进行滴水实验、加水混合实验和加醋实验为学生提供了详细的操作指南，并要求教师指导学生认真阅读和严格遵守操作程序。

实验初期，我们也曾担心，这样的设计是否会束缚教师的手脚，妨碍学生的主动探究。但不久我们就发现，这样做至少在小学阶段的科学教育中是十分必要的，同时并不影响教师和学生创造性的发挥。因为在这个问题上，STC课程设计者的一个明确观点是，只有开发一条合理的、符合教育规律的教学流程，才有利于学生对"做"科学的理解；只有遵守科学观察和实验的相关规则，才有利于学生获得准确有效的证据。为了实现科学教育的目标，课程设计者负有对教学过程进行设计的责任，为教师提供切实的和专业性帮助。

在这个问题上，STC课程设计者的另一个明确观点和做法是，严格区分科学探究的各个阶段。在获取证据的操作方法上强调细致的指导，而在证据转化为结论的阶段则给予学生最大的自由空间。例如"漂浮与下沉"单元中"食盐在水中的溶解"一课，教师教学用书建议教师在实施实验前组织学生进行一次有关如何成功倾倒、混合和测量的讨论。这样做可以将混合中出现混乱的可能性降到最低，并提出了用干的圆桶称量食盐，每次少量盛装以及在塑料托盘上进行操作等三点注意事项。而在接下来的活动中，仅仅建议让学生们比较观察到的内容，探讨测量结果出现不同的可能原因，最后将学生的观点一一列出。

STC课程正是基于以上观点，做到了课程的每个过程都很明确，同时又保持了科学探究的基本特点，使学生能够沿着教学目标，基于证据充分探究。这无疑对课程的有效实施发挥了重要作用。

2. 思维工具

为了培养学生科学思维的习惯，包括批判性思维、在科学背景下的推理和一系列科学探究的方法，STC 课程的设计中引入了思维工具。

（1）科学记录。

科学记录是 STC 课程采用的"工具"之一，包括班级记录单和学生的科学笔记。

班级记录单将学生关于学习主题的前概念记录贴出来，并在单元学习中不断补充。在单元学习结束时，让学生回忆整个单元的学习过程，以及现在关于学习主题知道了什么。然后对照班级记录单判断现在的想法是否更全面，该单元的什么体验可以证实自己的认识，是否需要改变原来的想法。最后要求学生在这个记录单上增添新的信息，写下还想继续研究的问题。这个记录单为学生提供了有效的载体，帮助他们对自己的学习进行反思，完成对学习的认识，是一种元认知思维工具。

学生的科学笔记发挥了另外的作用。在美国国家科学资源中心提供给我们的资料中，有对科学笔记的专门论述。关于科学笔记的功能，詹妮·费莉写道"写作是儿童科学学习的一种方式。当儿童用写作的方式来解释他们看到了什么和他们认为为什么会发生这样的现象时，他们必须理清思路，用其他人可以理解的方式组织他们的想法"。剑桥公共学校写道"科学笔记是用于探究的手段，让儿童将问题形成框架来寻找答案。笔记可以让学生用来对科学概念和先前的错误概念加以鉴别，并知道下一步应该做什么"。

STC 课程采用了以下具体的方法。

①用科学笔记帮助学生形成和确定问题。

要求学生把关于科学主题的问题记录在笔记本上，然后一句一句写成小条，在全班讨论并进行分类。一类是通过实验可以回答的问题，一类是需要向专家咨询（或查阅资料、上网搜索等）的问题。如果有不能确定的问题，教师还要帮助学生重新组织语言形成另外一种形式，再添加到上面两栏里。有了这种分类的意识之后，学生往往能在接下来的学习中自觉地整理问题，并开展独立研究。

②使用网状图建立知识间的联系。

STC 课程提倡学生在科学笔记上用网状图记录自己的想法。在网状图的中心标明主题，然后对这个主题做尽可能多的联想，或者在网状图的中心标明主要概念，再标出相关概念和这个概念的关系。网状图可以帮助学生意识到自己已知的知识，并引导他们尽可能地把有关概念联系起来。根据课或单元的不同需要，网状图常常还用来连接过程、功能、性质、分类、描述或呈现一个系统。通过确定图的主题中心，学生将会对网状图所表达的思想形成建立在分析基础上的理解。

③利用维恩图对信息进行比较。

从 1 年级开始，STC 课程就引导学生使用两个或多个交叉圆去选择、分类和比较所获得的信息。不属于共性部分的词语记录在分开的圆中，圆圈的交叉部分列出它们的共同特征或相同部分。这一工具被用于比较植物和动物的相同和不同、比较蒸发前和蒸发后的食盐晶体、比较固体和液体、比较在水中上浮和下沉的物体……正是通过这一方式，帮助学生找到了生命体的共同特征、食盐溶解的特性、固体和液体的不同属性等，这在学生建构概念的过程中发挥了重要的作用。

（2）科学词汇。

科学词汇是 STC 课程采用的另一种"工具"。

STC 课程的设计者为每个单元提供了相关的词汇表，明确说明不需要记住其中的术语或解释，但要求在交流和讨论中使用。这些词汇中有对自然界事物的解释性描述，如指南针、砾岩、硬度、破裂；有对探究方法的界定说明，如预测、观察、描点、公平实验、实地实验；也有涉及思维方法的用语，如对比、分类；等等。我们认为，这些词汇是作为智能"认知工具"被课程使用的。正是借助这些词汇，学生间的交流变得顺畅和高效；正是借助这些词汇，学生们进行科学的思考，学习科学思维的方式。这一点，在我们 6 年的课程实验中已经得到了证实。

3. 科学材料中心

STC 课程十分重视科学教学材料的设计与开发，认为是材料使学生开始接触科学，是材料将他们带进了科学家的世界，是材料使他们明白了科学家是如何工作的。

（1）储存与分发。

STC 课程要求教师在每个班级建立一个材料中心，指导学生以自助式的方法领取和归还材料。教师必须在课前将需要使用的材料进行分装并贴上标签，然后将它们有序排列。在材料领取前，要向学生充分交代安全注意事项，确定合作学习小组中的材料领取人。当有大量的材料需要领取时，为学生设定领取路线，并强调遵守秩序。在涉及水和化学药品的实验中，设计了托盘和海绵，防止溢出和外溅，并要求对上述物品回收和再利用。通过放置垃圾盒和纸巾，使学生最大限度地保持桌面整洁。这些细节的规定，使学生对科学家的工作方式有了更多的了解，并不断体验在收集证据的过程中理性态度的重要性。

（2）设计与使用。

材料的设计与学生科学概念的构建直接相关。STC 课程在开发中对材料的设计给予了大量的关注和投入。其中最为典型的是"漂浮与下沉"单元弹簧测力计的设计。在该单元，没有安排学生使用正规的弹簧测力计称重，而是利用塑料管、回形针和有机材料制成的特殊弹簧组装的弹簧测力计对物体进行称量。这一称量工具发挥了多方面的教学功能。学生在标注刻度、重新校准零点和修复弹簧测力计的过程中，对弹簧测力计的工作原理有了深刻的理解，对测量中误差存在的原因形成了自己的解释，同时该弹簧测力计还有效地避免了测量时盐水的侵蚀。

另一个典型的设计是"磁铁和电动机"单元的指南针和电动机模型。设计者指导学生用软磁铁、塑料吸管、金属导线、大头针和塑料杯子组装成吸管指南针，然后利用导线、塑料杯、电池、开关和橡皮筋组合的装置让吸管指南针在开关的控制下旋转。这一系列设计，使学生真正认识到是指南针指针的磁性使其指示方向，而不是指针上的标识，同时将指南针与电动机的构造原理有机地联系起来，形成了整个单元清晰的概念发展线。

（3）丰富与拓展。

STC 课程中使用的材料基本都来自学区的科学材料支持中心。值得注意的是，在配送的材料工具箱中还有与单元学习配套的供学生使用的科学读本。这些读本是 STC 课程的一个重要组成部分。在我们

2008年访问美国国家科学资源中心总部时，STC课程设计的负责人专门用一天的时间向我们介绍了这套产品的开发过程。他们认为，学生的科学学习不应局限于课堂上的探究活动，通过阅读进行学习也是科学学习的一种方式。STC课程的这一套科学读本可以帮助学生加强对各单元基本科学概念的理解，有助于科学课程与其他领域课程的结合，也有助于学生理解科学在不同领域和工作环境中的应用。

4.　合作学习小组

STC课程在教学中大量采取了学习共同体的形式。教师教学用书中明确指出"把学生分成小组是教授科学的最好方法之一。这样的组织有若干优点，它为学生表达自己的想法并得到回应提供了一个小的论坛，让他们通过交流去相互学习。参与合作学习小组的学生还可以发展重要的人际交流能力，这对他们人生的各个方面都会有益"。课程设计者对这种科学学习的组织方式有自己独特的理解和运用方法。

（1）用挑战性学习促进合作。

STC课程合作学习小组成员间进行的不是一般意义上的合作，而是共同面对挑战性的学习任务。设计者有意识地将探究活动设计得具有一定的难度，同时必须依靠小组伙伴的共同努力才可能完成。这种共同努力包括行为上的相互依赖，也包括智力上的共享，与科学家共同体在科学研究中所发挥的作用十分相似。这种通过有效组建的学习共同体完成具有挑战性学习任务的活动，能够提高学生的学习力，同时加强了团队协作的意识与合作的能力。单元设计中逐级、有序地呈现挑战任务，使学生间的合作关系不断得以维系和巩固的做法，也同样值得借鉴。

（2）将多种合作类型进行整合。

STC课程中的合作学习大致可分为正式的合作学习、非正式的合作学习以及基于合作的小组三种类型。在教学过程中依靠个人的力量有困难的时候，会组织合作学习。在单元学习进入高潮，需要全体学生都致力于"冲刺与挑战"的时候，也会组织合作学习。一些单元在教学中还会根据教学内容有机地将三种类型的合作学习进行整合。如"生态系统"单元，以基于合作的小组会面开始，首先开展在正式的合作学习小组中的学习，然后开展在非正式的合作学习小组中的学习和在人数更多的正式的合作学习小组中的学习，最后以基于合作的小组交流结束。

（3）对合作学习进行整体规划。

STC 课程中的合作学习不是随机安排的，而是从课程角度做了整体的规划与设计。班级记录单就是这种规划的一种表现。各单元的班级记录单传递了学生对某一特定问题认识的发展和变化，引导学生相互倾听、串联思考、追忆回味，营造出相互启发、深入思考、共同发展的学习氛围，为合作学习建立信息载体，并打下基础。

此外，STC 课程还对学生合作学习能力的培养进行了规划。在低、中、高年级，通过不同的指导方式提高学生做决定的能力；从表达和倾听两个方面对学生的交流能力进行分年段的培养；按照弄清分歧、协商和让步的原则，教给学生创造性解决矛盾的技能。这些都对增强学生的团队意识和提高他们的合作能力产生了良好的效果。

5．教学评价

教学评价是 STC 课程的特色之一。STC 课程中所有的评价活动都经过了来自麻省莱斯雷学院评估和研究项目组的研究人员的专业评估。STC 课程的评价标准与美国《国家科学教育标准》相一致，关注的是对于学生的学习最为重要的部分，例如在确定学生对科学概念的理解程度的同时来确定他们所发展的科学推理能力。STC 课程的评价策略表现出以下特点。

（1）与元认知学习相融合。

STC 课程的所有单元都将起始课和结束课设计为单元的前测和后测，采用自由讨论、绘画记录、完成概念图、纸笔测验等形式了解学生的前概念和对学习的期待。采用回顾反思和自由讨论的形式反映他们的学习成果和获取知识的过程。这种前后匹配的评价设计，使学生经历了完整的元认知学习，同时能使教师掌握学生对学习主题的已有知识和观点，确定教学的起点，明确教学的重点，改进自己的教学设计，更好地把握教学的进度。

（2）与教学过程相融合。

STC 课程将评价作为教学中一直进行的、完整的一部分，认为评价应很自然地在课堂活动中进行，学生应以与上课相同的方式被评价。

例如进行实验、记录观察结果、交流和辩论既是教学活动，也是评价途径。为此，STC课程的形成性评价是以嵌入的方式很自然地在单元教学中与学生的学习糅合在一起的。在STC课程中，教师既是教学的引导者，也是课堂的观察者。他们利用教师教学用书提供的观察评价量表对学生的行为进行观察、记录和评价，并在自己的观察日记中记录有价值的事件和自己的看法。

值得注意的是，STC课程设计者在教师教学用书的每节课都对这种形成性评价提出了明确的指导性意见，告诉教师需要评价学生学习的哪些方面，从哪些行为表现中可以获得有价值的信息，什么样的信息可以表明学生确实获得了发展。这对教师在教学中展开评价以及提高教学质量发挥了重要的作用。

（3）形成由多种评价方式构成的评价系统。

STC课程还提供了多样化的机会去评价学生的进步。例如，单元后的终结性评价，包括设计新的情境考查学生利用科学知识和所提供的材料解决新问题的能力、纸笔测验和对学生作品进行评析等。又如，学生的自我评价，通过回答问题的方式了解学生对自己学习的认同程度以及发展水平。正是这些辅助性的、多样化的评价方式，与诊断性评价和形成性评价一起，构成了STC课程的评价系统，有力地促进了学生的发展，并改善了科学课程的课堂教学。

五、分析和问题

在对美国STC课程6年的实验和文本研究的基础上，我们初步形成了以下认识。

（一）课程开发是专业化研究和理性推进的过程

从STC课程编制的基本思想和实施策略中，我们能够清晰地辨识出当代科学教育的核心理念和研究成果。这反映出美国科学教育理论建设长期以来重视历史继承和成果积累的优良传统，也反映出STC课程设计团队所具有的较强的理论转化能力。这启示我们，理论准备是课程开发必须具备的先决条件，课程开发者的理论修养对课程建设至关重要。

我们发现，从课程实验中提取的 STC 课程的十大要素，产生于各领域科学家、学科课程专家、课程论专家、心理学家、社会学家、教育评价工作者、工程技术人员和科学教师的集体智慧。这也启示我们，课程的开发过程是一个多学科、多领域人员共同参与的过程，开发团队需要具备较完整的人员知识结构，并进行合理化的分工协作，这样才可能完成课程开发的任务。

STC 课程的开发过程还启示我们，课程的建设不能一蹴而就，必须按照课程编制应遵循的规律，经过应有的设计程序、专家论证和教学实践检验，并在原有的基础上不断修改和完善。

通过对 STC 课程的全面研究，我们认为课程开发需要深入展开研究的要素主要包括以下几个方面：

（1）课程的整体框架和知识的组织方式；

（2）概念和技能发展的连贯性；

（3）适合于儿童的科学实践活动；

（4）情境化的教学设计；

（5）推理和集体论证能力的培养；

（6）元认知的学习过程；

（7）学习共同体的创建；

（8）教学评价系统；

（9）探究材料的设计和使用。

（二）学习和借鉴国外课程建设的成功经验是我们需要经历的阶段

由于我国科学教育研究的起步较晚，目前在课程各要素的研究方面还有待进一步深入。STC 课程的研究给我们提供了课程设计的丰富经验，可以使我们站在别人的肩膀上，不必重复别人走过的弯路。

STC 课程的价值取向，体现了课程设计者对科学的深刻理解，对于我国科学课程开发中方向性问题的把握具有借鉴意义。由于中华文化中缺少现代科学产生的实验思想和形式逻辑，对科学性质的理解至今是科学课程开发者面对的认识层面的问题。STC 课程不仅能够给予我们思想上的启迪，还能够从理论转化的角度提供操作性的经验。

在我国的科学课程开发中，目前对儿童的研究还相对薄弱，我们还常常习惯于站在成人的角度，用成人的思维和成人的方式去设计课程。我们从 STC 课程中，看到了学习科学、心理学是如何影响科学课程的设计，来帮助儿童完成从日常研究转向科学研究，从而使科学学习建立在儿童已有经验和儿童逻辑的基础上的。这对于建设我国科学课程具有重要的意义。

STC 课程的实施策略对于我国科学课程开发的借鉴意义更为直接。相对于国外的科学教育，我国同行对大班额限制、大量兼职教师和教学资源匮乏等问题表现出深深的担忧。毫无疑问，这是我国科学教育发展面临的障碍和有待解决的实际问题。但通过对 STC 课程的研究，我们发现可以从该课程的设计中汲取营养，提高我国科学教学的现有质量，例如对教学过程清晰而明确的设计。如果我们也能像 STC 课程那样，既提供给教师详尽的指导，又给课堂中学生的科学探究活动以充分的行动空间和思维空间，就能在一定程度上解决我国兼职教师过多、专业水平偏低的困难，减少课程在实施过程中的落差。STC 课程关于大单元设计、合作学习小组、评价系统、思维工具、材料建设等方面的成功经验，经过选择和改造同样可以移植到我国的科学课程中来。

（三）对发达国家科学课程的研究还需要进一步拓展和深入

虽然我们用 6 年的时间，对美国的 STC 课程进行了实验研究，获得了丰富的第一手资料并形成了一定的认识，但我们深深感到这仅仅是开始。对于 STC 课程这一研究对象，我们的认识只是初步的，我们对收集到的许多信息还没有来得及做深入的解读，一些要素也许还没有发现。尤其是课程实验的评价工具一直没有得到很好的解决。由于美国的教育是按州进行管理的，评价的理念和方式与我国有很大不同，我们一直无法得到 STC 课程的评价量表。我们的研究着重于对课堂个案的分析，所以对 STC 课程的研究还有待于进一步深入。同时我们也认为有必要对具有影响力的美国或其他国家的优秀科学课程展开研究，这对拓展我们的知识来源、丰富我们的认识都是十分必要的。

六、建议

通过对 STC 课程的实验研究，我们对深化我国的科学课程改革提出如下建议。

（一）深入开展国际科学教育的理论和实践研究，加速我国科学教育改革的步伐

随着科学技术的快速发展及其对人类社会与经济影响的日益增大，国际科学教育近年来的发展也大大加快，不断更新着人们对科学、科学教育以及学习本质的理解和认识。我们需要改变思维模式，以国际化的视野，促进科学课程的改革，以适应全球化的挑战。

（二）改变研究范式，对中外科学课程进行更为深入和细致的比较研究

目前我国在教育领域开展的比较研究，多采用文本研究的方式。对地域之间的差异做宏观陈述较多，而结合案例的深入分析较少。通过 STC 课程的实验研究，我们深切地感受到，建立在证据基础上的认识更为深刻和可靠。在我们的实验学校中，已有部分学校开展了第二轮的 STC 课程实验，我们也希望有更多的同行能够和我们一起以更为深入的方式展开科学教育的中外比较研究。

（三）以更为理性的方式进行科学课程的开发，进一步提升教科书的品质

我们希望在课程建设中给予编制人员更充分的研究时间和实验机会，包括所需要的经费和人员投入。课程开发要真正建立在科学研究的基础之上，课程编制人员也要不断提高自身的专业水平，以适应课程发展的需要。

（四）基于提升儿童的科学素养，改进科学教学

STC 课程的教学实验，让我们对科学教学有了一些新的认识和体会，包括教学中应提倡儿童做持续而真实的科学研究，让儿童主动、连续、广泛地建构科学概念，在科学实践活动中要坚持科学研究的基本规范、科学思维和多项能力的培养，同时还要关注教学支持系统的作用等。STC 课程实验也有利于我们反思我国的科学教学现状，从多个角度改进我国的科学课堂教学。

参考文献

约翰　D. 布兰思福特，等. 人是如何学习的——大脑、心理、经验及学校［M］. 程可拉，等，译. 上海：华东师范大学出版社，1999.

美国国家科学资源中心，国家科学院史密森研究所. 面向全体儿童的科学：改进小学科学教育的指南［M］. 程可拉，等，译. 北京：科学普及出版社，1997.

张红霞. 科学究竟是什么［M］. 北京：教育科学出版社，2003.

M. 苏珊娜·多诺万，等. 学生是如何学习的——课堂中的历史［M］. 张晓光，等，译. 桂林：广西师范大学出版社，2005.

M. 苏珊娜·多诺万，等. 学生是如何学习的——课堂中的科学［M］. 宋时春，译. 桂林：广西师范大学出版社，2005.

爱莉诺·达克沃斯. 精彩观念的诞生——达克沃斯教学论文集［M］. 张华，等，译. 北京：高等教育出版社，2005.

爱莉诺·达克沃斯. "多多益善"——倾听学习者解释［M］. 张华，等，译. 北京：高等教育出版社，2004.

美国科学促进协会. 科学素养的导航图［M］. 中国科学技术协会，译. 北京：科学普及出版社，2008.

Sarah Michaels, Andrew W. Shouse, Heidi A. Schweingruber, National Research Council. Ready, Set, Science！：Putting Research to Work in K‐8 Science Classrooms［M］. Washington, DC：National Academies Press, 2007.

Richard A. Duschl, Heidi A. Schweingruber, Andrew W. Shouse, Committee on Science Learning, Kindergarten through Eighth Grade, National Research Council. Taking Science to School：Learning and Teaching Science in Grades K‐8［M］. Washington, DC：National Academies Press, 2007.

Committee on a Conceptual Framework for the New K – 12 Science Education Standards, National Research Council. A Framework for K – 12 Science Education：Practices, Crosscutting Concepts, and Core Ideas ［EB/OL］. http：//www. nap. edu/catalog. php? record_ id = 13165, 2011.

第二章

STC课程的集体论证研究[①]

一、集体论证的内涵及其在科学教育中的作用

探究是科学工作者研究的基本方式，是儿童科学学习的中心环节，也是科学课堂教学的主要方法。科学探究是由多层面、多侧面的活动组成的，人们对科学探究在教学中的运用和作用的理解至今仍存在差异，对科学探究理解的代表性模式有：技能集合模式、逻辑策略模式、解决问题模式、概念建立模式。不同的模式有着不同的价值判断和追求，这些理解差异制约着教师们在教学中如何引导学生开展科学探究活动。同时，当人们将科学家的研究方式移植为教学方式时，自然而然地会重视探究过程中的活动模式——研究过程、研究方法和研究程序，却忽视了科学研究与教学之间的差异，特别是这两者之间"神"通的核心——社会性交互。

20世纪90年代以后，美国颁布了《国家科学教育标准》，指出了科学探究在强调重点上的改变，由以往的"获取答案""视科学为探索

---

① 本章为广东省深圳市深圳小学课题组子课题研究报告，执笔者为童海云。

和实验""提供有关科学内容之问题的答案"以及"以实验的结果作为探究最后的结论",演变为强调"使用证据和策略来发展或修正解释""视科学为论证和解释""沟通科学解释"以及"把实验的结果应用到科学的论证和解释"。由此可以看出,"论证"被提到了科学教育中相当重要的位置,它不仅可以发展儿童对科学探究的主动理解,也可以发展儿童对科学本质的深层理解。重视论证已成为国际科学教育研究领域的一种新的发展趋势和重要课题。

然而,人们对于论证的本质有不同的理解。从逻辑学领域来看,布莱克波恩认为论证是形式逻辑,需关注前提、推理形式、结论之间的相关性;从自然科学领域来看,希斯蒙都认为论证是基于证据说服同行或者其他人的一种活动;从认知心理学上来看,库恩认为论证是认知过程,各种不同的观点相互"交锋",产生认知冲突,促进思维的发展。论证、科学论证和集体论证也有着不同的内涵。从教学角度来看,我们需着力研究如何将论证转化为儿童的实践活动,将科学论证建立在儿童认知发展的层面上,所以集体论证因其实践性、认知发展和社会交互的属性而被引入了课堂教学之中。

简单地说,集体论证是一种基于社会情境的课堂学习法。它具有三个重要的特征。一是课堂情境下的社会交互,强调在教师组织下儿童对探究全程进行公开研讨。二是以论证促认知。以证据评价、逻辑推理和解决问题能力为主要标志,基于证据进行比较、评价、重组、观点的交流、分享和共建等。在帮助学生从证据上升到解释,从而实现从个体表征到集体建构的飞跃的过程中理解科学概念和科学本质。三是科学实践活动。在科学学习中,论证往往被视为探究的重要组成部分,使学生经历类似科学家的论证过程,促进其思维的发展。要准确地理解教学中的集体论证,应当明确如下两点:与对话、讨论等教学方式相比,集体论证更加重视论证,即注重证据和基于证据的推理,期待学生以提供理由的方式来互动交流,捍卫或批驳某个立场或观点,是一种充满"理性"的教学方式。与"形式化"和"逻辑化"的探究式教学相比,集体论证强调探究活动既是获取证据的重要途径,又是学生基于自己观点寻求证据进而发展自己观点的过程。它强调证据的获取不是一个线性的实证过程和个体行为,而是一个不断交互的理性过程和集体交互行为，更注重知识获取和思维发展的有效融合。

在科学教育中开展集体论证活动具有以下四个方面的功能。

（一）促进学生对科学概念的理解

论证在科学教育上的重要性在于"知识的对谈"，包括解释和论证，是表达概念理解的有效途径。学生在论证的过程中，必须在公开的环境下或自己的脑海中阐述自己的论点，使得其思考可见、可受公众评价，由此学习者对概念的理解可以再精致化。

（二）促进科学探究的深入开展

"以探究的过程来教科学"，若没有机会让学生进行论证、解释的建构和证据的评价，那将无法呈现科学本质的核心成分或提供一个发展学生理解的机会。当前学校中的科学探究实验仍然多半是食谱式的，学生只是对科学教材中的一些理论与现象进行验证，在进行实验之前，结果大多已经知道了。

（三）促进学生对科学本质的理解

当前学校中的科学，多半被描述成逻辑实证主义的观点，用来验证结论的证据未呈现出任何争议性，因此具有"绝对正确"的特性。但实际上，科学理论的形成并不如此单纯和唯一。在科学理论形成之际，它是可以不断被挑战和质疑的。如实验的设计、对证据的诠释、不同的理论假设等。科学家们的对谈、争论、辩论及冲突常能提供不同的观点。推论的过程可以给科学家提供机会去建构概念，包括展现和考虑证据的可行性、可信性，评价另有理论，解释文本，产生论证和评估该理论的可能性，而这一切都是科学的核心。

（四）促进学生推理能力与批判反思能力的发展

论证不仅是对自然现象成因的解释，它在科学学习上还扮演着向较高认知层级发展的角色。相关专家指出，被要求对一个物理问题所认同的另有解释（科学解释）进行论证的参与者，比那些没有进行论证的参与者呈现出更好的问题推理能力。有研究者认为，论证对科学教育的重要性，表现在它除了是一种着重科学解释与推理思考的过程，更重要的是它具有促进批判反思的功能。论证不仅是个人知识的外化，通过说明、澄清、组织和举例等方式向他人表达自己对事件的了解，还包括权衡与诠释证据、思考另有解释以及评价。

从当前的研究来看，图尔敏论证模式符合人类决策的"理性过程"，在科学教育中的应用较广泛。这个模式有基本模式和扩展模式之分，包含六个功能要素：主张、数据、凭证、支持、限定词和反驳。

集体论证，作为一种具有社会文化性的课堂学习法，国外已经有过一些实践研究。布朗等人对澳大利亚 10—11 岁儿童的研究表明，通过集体论证，儿童的言语交互水平明显高出控制班许多。同时，集体论证还使儿童显示出更多的澄清、证实和详细阐述其观点的需求。许多品质，如分享、坚持、耐心、对他人的尊重、同伴支持、诚实等逐渐构成儿童的价值规则。集体论证是一种基于社会情境的课堂学习法，它的要素包括：1. 对问题进行个人表征；2. 与班上其他人的表征进行对比；3. 对某些观点进行解释，以小组为单位进行观念的共同建构；4. 向全班呈现小组共同建构的结果；5. 引导学生在班级以外更广的社会情境中证实或验证已经接受的建构。

二、研究目标和方法

（一）研究目标

• 描述和分析 STC 课程有关集体论证的课程设计。

• 描述和分析 STC 课程实验中儿童论证行为表现和论证能力的发展变化。

• 提出在科学教育中开展儿童集体论证的建议。

（二）研究方法和相关的研究数据

1. 文本研究

主要针对 STC 课程设计的总体目标、教学模式、教学策略和 24 个教学单元开展文本研究，找出其中有关集体论证的设计特色和要求。每个教学单元都在执教前进行一次研究，执教结束后再做一次文本研究。

2. 班级授课的课堂实录

借助小型摄像机，将教学活动的整个过程完整地摄制下来。教学活动中的信息能够反映教师授课的主要内容，更重要的是可以从中发现学生在学习活动中的表现，以评估学生科学素养各个方面的发展，同时还可以窥视学生在学习过程中的认知发展状况。

6 年来，我们的班级课堂实录资料达到 220 节次，每节次约 40 分钟。

3. 探究记录和科学日记

学生在学习过程中往往需要物化学习成果。学生的探究记录和科学日记就是重要的手段。学生的探究记录不是简单地回答问题，它包含了学生对观察结果的记录、实验现象的记录、对收集到的信息进行的处理、对信息的分析和解释等。科学日记在不同侧面反映了儿童的研究过程及其有意义的看法。所以，探究记录和科学日记应当是儿童科学素养发展的最为重要的支持证据，而且是个性化的、鲜活的。

6 年来，我们收集了儿童科学记录和日记 1400 本左右，页数超过 20000 页。

4. 班级记录单

班级记录单反映的是学生在学习过程中对一些问题的思考和回答。教师将学生的语言交流情况客观地记录下来，有助于理解学生在一个集体学习环境下思维的发展、概念的理解程度等。这个表格将比较客观地反映儿童合作学习中的思维成果。

6 年来，我们收集的班级记录表达 320 页。

5. 行为观察

对儿童科学探究能力的评估，主要借助儿童学习中的行为表现，如合作中的操作水平、合作状态等。行为表现的观察可以在一定程度上弥补摄像实录的不足，教师可以有选择性地对一些儿童进行跟踪观察。

6 年来，我们对个别儿童的行为观察记录达 120 人次。

6. 微观观察

微观观察重点是以儿童科学素养发展的某个局部为重点，进行有结构的追踪观察。它的效度取决于教师对情境的细致化的纵向设计。通过微观观察，教师能够在较短时间内发现儿童发展变化的特征。

6 年来，我们共开展了 12 个主题的微观观察。

7. 个案研究

我们采用个案法，主要对一些在学习活动中表现较为异常的儿童展开个性化研究，这有助于理解儿童在科学素养发展中的特殊性。个案法不是我们研究的主要方法。

8. 结构访谈

结构访谈有助于我们了解学生认知发展的真实情况。我们针对一些重要的科学概念或探究过程，对一些儿童进行了访谈，以了解其真正的认知状态。

6 年来，我们共开展了 80 余人次的访谈。

9. 纸笔测试

在学期中和学期末，我们会对儿童进行必要的纸笔测试。测试的内容主要是儿童对一些科学概念的理解和他们对一些问题的基本看法，从测试结果中可以知道他们的科学态度发展状况。

6 年来，我们共开展了 50 次测试。

三、STC 课程有关集体论证的设计

（一）集体论证在课程总体目标、教学模式和教学策略上的设计

STC 将课程的总目标定为：①使科学活动对所有儿童都是适合的、有趣的和富有挑战的；②有助于儿童对周围世界形成概念性理解；③帮助儿童发展论证的能力；④促进儿童科学态度的形成，如好奇心、

尊重证据、灵活性和对生命的敏感性。在 STC 课程看来，目标①反映了以儿童中心为基点的教学活动设计要求。目标②反映了以学科中心为基础的教学活动的目标指向。目标③将科学探究能力的核心定位为论证能力，是十分重要的研究方法和基础学习方法。这一目标同时将论证过程视为沟通儿童中心和学科中心的有机桥梁，实现了儿童主体与科学实体之间的智慧交互，表达了在活动、概念、论证三者的有机结合中，促进科学态度生态生成的主张。

STC 课程的教学模式（或称为学习周期）中也有对集体论证的反映。STC 教学遵循"聚焦—探究—反馈—应用"模式，并详细阐述了这一模式各阶段的主要任务。聚焦阶段的主要任务是澄清学生对教学主题已有的知识；探究阶段是学生对客观事物和科学现象进行积极的调查研究的时段；反馈阶段鼓励学生讨论他们的探究结果，评价证据并调整他们先前的观点；应用阶段则帮助学生在新的情境下应用他们的新观点。在这个学习周期中，论证活动集中体现在反馈阶段，但实际上，论证活动体现在探究活动的全过程。它包括在聚焦环节对探究主题的论证选择，在探究阶段对调查研究活动的方法选择、行为监控、个体表征、策略运用等，在反馈阶段进行证据的评析和观点的协调，在应用阶段对基本观点的重新检视等。由此可见，论证活动不仅是一个证明活动，也是解决问题的实践行为，同时也是观点检视和建构概念的智力活动。

STC 课程主要提及了课堂讨论、头脑风暴、网络图、合作学习和学习中心五种教学策略，其中课堂讨论和头脑风暴集中反映了集体论证的具体要求。

关于课堂讨论，STC 课程提出：由教师引导的有效的课堂讨论是科学学习非常重要的途径。研究表明，提问的方式和给予思考的时间有助于提高讨论的质量。当学生提出不同类型的问题时，教师要考虑引起的讨论结果，把不同类型问题相互结合是一个很好的实践，鼓励学生更广泛地参与和做出更缜密的回答。STC 课程也对头脑风暴提出了相关的规则，头脑风暴法是学生提出自己关于某一观点或问题想法的一个全班性练习。头脑风暴需要遵循如下规则：不加批判地接受所有意见；对他人的意见不做批评或不必要的评论；尽力把自己的观点与他人的观点结合起来。

从上述教学策略中可以看出，STC 课程对于儿童进行论证活动有一些具体的要求：重视提问方式；给学生思考时间；积极鼓励学生参与到讨论中；学生之间不随意批判他人的观点而且要试着把自己的想法与他人的想法联系起来。这些具体要求有助于学生进行高质量的论证活动。

STC 课程从整体上对儿童的科学论证进行了规划，不仅有清晰的课程目标，而且在教学执行层面上也有明确的要求，要求教师将论证视为儿童学习周期中的重要构成要素，并在反馈环节中显性表现；要求教师在引导儿童进行研讨时，重视问题指向、保证时间等。这些设计在一定程度上保证了集体论证在 STC 课程中的整体实施效果。

（二）集体论证在教学内容方面的设计

根据具体教学单元的内容，STC 课程对集体论证的设计有许多不同。但从基于课程的总体规划、儿童发展的实际需求和认知状况等诸多因素，我们可以看出，STC 课程在集体论证设计中有两个重要的特征：一是强化对证据的确认和评价；二是将论证过程与概念建构和理解过程有机结合。

1. 强化对证据的确认和评价

对证据的确认和评价有两个基本过程，一是事实转化为证据的确认过程，二是对事实转化为证据过程的集体评价和认识过程，这是一个引导学生鉴别证据真伪的过程。这两个不同层面的活动是相互交织的。证据作为探究的产物之一，它的真实性受到多种因素的影响，要评价证据就必然要引导学生对证据真实性的多个方面进行评价。在如何引导儿童进行证据评价方面，STC 课程在设计上颇具匠心。

（1）以"问题链"的方式引导学生交流事实和确认证据。

"植物的生长和发育"单元中的一课——"稀植与移植"，在让学生观察植物的幼苗后，提出了以下一些问题引导学生开展班级讨论。

你们的幼苗都相同吗？

大小相同吗？颜色相同吗？

确切地说，都有什么不同？是叶子的形状或大小不同，还是茎的长度不同？

从上面的一个问题链可以看出，STC 课程要求教师一定要不断地让学生确认基本的事实。在确认基本事实的过程中，不断地让不同的学生进行评述和补充，这样才有可能让儿童了解事实的全部和具体的细节。

（2）用求同存异的方法来确认和评价证据。

我们看到 STC 课程在引导学生评价证据时，用得最多的问题是：

你的实验结果与其他同学的有哪些类似之处？有哪些不同之处？

我们很少看到 STC 课程要求学生找到正确的实验结果或正确的现象。

求同存异往往是处理复杂争端的一个妥协办法，而在 STC 课程的设计中，它变成了评价证据真伪的一种方法。不做对错区分是不是放任了学生的探究？不做真伪判断是不是否认了证据的客观性？是不是保护学生的自尊心比评价证据的真伪更加重要？

我们很难简单地对上述问题进行回答，还是让我们来看看实验班学生的实际情况吧。

下面是"对白糖进行加热"的两个学生的实验记录。

用维恩图将其中的一项实验记录表示出来，其结果如下所示。

A学生

熔化了、烤焦了、冒烟、冒泡、变色、变气味了、里面黑的东西像胡椒

B学生

熔化了、冒泡、冒烟、变气味了、烤焦了、没燃烧、粘在一起、发声了、变黑了

求同存异的结果如下所示。

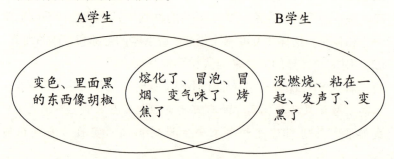

A学生　　　　　　　　　　　B学生

变色、里面黑的东西像胡椒　熔化了、冒泡、冒烟、变气味了、烤焦了　没燃烧、粘在一起、发声了、变黑了

　　求同的结果显示，白糖在相同的实验操作下，在同一方面呈现了相同的结果，这就是真实的证据。求同让学生明白了，证据是相同实验条件下的可重复的结果。这在一定程度上引导学生从本质上理解证据。证据的真伪不是简单的对错判断，而是以是否可重复获得为标准。

　　存异的结果显示，两位学生在一些特征的描述上存在差异。一个学生说变色了，一个学生说变黑了。这说明在描述的准确性上不同。B学生还指出白糖加热实验，没有发生燃烧现象，白糖会粘在一起，冒泡时还发出了声音，而A学生未能对这些特征进行描述。A学生是没有观察到这个现象，还是白糖加热没有出现这些现象，还是学生认为这些现象不重要没有必要进行表述，还是学生原有的概念体系中没有这样的概念，故无法做出这样的推理？我们现在很难找到答案。但在集体论证中，这些如果被交流出来，B学生一定可以根据他的实验情况做出判断。如果无法做出判断，则需要进行重复实验进行检验。所以，存异并不等于放任不做真伪判断，而是要求学生在存异中求同，在存异中进行识别和判断，在存异中寻找原因，在存异中寻找解决的办法。

　　（3）评价证据时，将证据与生成证据的探究方法相联系。

　　在事实转化为证据的过程中，我们一般不会对探究方法和证据之间进行联系，而STC课程却十分重视证据与探究方法之间的联系，不仅要学生说明证据是用什么方法获取的，还要学生比较不同的方法可能有什么相同或不同的结论。

　　比如"化学实验"单元，让学生对五种未知物滴加水后，再让学生进行集体讨论，它用了以下几个问题来加以组织和引导：

把水滴入贴有红色标识的未知物时产生了什么现象？（我们一般常这样提问：你观察到了什么现象？）

这个实验给你提供了有关未知物的什么信息？（让学生比较在同一种实验方法——滴水后五种未知物产生的现象。）

同样，在将五种未知物与水混合后，让学生进行集体论证时，仍然要求学生注意探究方法与证据的联系。STC 课程要求学生在实验后将注意力转向"加水混合实验记录表"，并这样设问：

未知物加水混合后，经过搅拌，它们在水中处于什么位置？你还能看见它们吗？（同样强调探究的方法——加水混合）

将混合后的杯子与大杯子中剩下的水比较，该混合物有变化吗？如果有，是什么？（将混合后的物体与混合前的水进行比较，不仅在实验结果上强化了差异，而且也有助于学生建立实验结果与实验方法之间的联系）

在我们看来，将证据与生成证据的探究方法相联系来评价证据，不仅有利于评价证据的真伪，而且有助于学生对探究方法和证据产生深层次的理解。学生可以逐渐明白，证据是特定研究方法下的一种结果，不同的探究方法或许会产生不同的结果。如果探究方法不能为证据的生成提供共变原因，那么这个证据就是不真实的。

仍以上面的实验为例，学生在多次实验后就会明白，某一未知物是在加水混合后溶解，加水混合是这个物质被溶解的共变原因。这就意味着，如果这一未知物不是加水混合，而是加入其他一些液体来混合，这个物质就不一定会产生与加水混合相同的结果。再有，如果学生将以上滴水后（加入少量的水）观察到的现象与加水混合后（加入大量的水）观察到的现象相比较，某一种物质（比如糖）滴水后不溶解，而加大量的水后就完全溶解了，学生就会明白，不能简单地判断某种物质是否溶解，还需要以加水量的多少来进行判断。

（4）重视反例研讨并引向深入探究。

一般而言，在以确定的证据或以标准答案为中心的课堂教学中，我们是不会对不支持标准答案的反例进行讨论的，甚至在教学中有意回避。但 STC 课程与之相反，不仅高度重视反例，而且还组织学生开展相关的讨论。

比如在"食品化学"单元中，让儿童用碘来测试食物样本之后：

● 向学生介绍"测试液体的班级记录表"，让每组选出一个成员来记录他们小组的实验结果。

● 当分别往每种液体里加入碘的时候，让学生详细描述每种液体有什么变化。

● 有些小组的结果可能与其他小组的结果不同，如果这样，让学生讨论是什么原因导致了这种情况的发生。

● 如果有不同的测试结果，给所有学生留出重新进行实验的时间，以便看一下能否得出相同的结果。让他们把第二次实验的结果填在第二个测试结果栏里，并且向学生说明科学家经常重复进行实验，以便检验他们所得的结果是否正确。

在上述例子中，我们可以看到一个事实确认为证据的过程，事实与方法的联系，对反例的处理；可能的原因分析和再次重复实验的建议。这两个看似简单的处理，却导向了一个根本性的转变：将验证实验变为探究实验。学生们需要重新反思探究的全过程，包括变量的识别和行为监探，以及如何改进实验操作来获取新事实。不是只有反例发生的小组需要重做实验，而是全部学生都需要重做实验，不视反例为异常。第二次实验结果要重新记录在新的测试栏里，而不是修改前一次的结果，反复比较是科学家的工作，也是科学思维的重要表现。

所以，反例研究是科学研究和科学态度的集中体现。让儿童的争执止于实验，无疑会将科学探究引向深入，同时也将极大地促进儿童对科学本质的理解。

2. 将论证过程与概念建构和理解过程有机结合

（1）将个体探究表征结果组织化，进行个体内部论证。

科学研究是一种充满理性的活动，在呈现、组织、阐述证据时，非常注重严密性和逻辑性。反观现实的科学课堂，学生表征证据时所表现出的无序化思维现象值得担忧。当然，这种能力并不是自然成熟的，需要教师在教学时给予特定的关注，培养学生利用科学用语、图表等表征方式使收集到的证据简明化、系统化和概念化。将个体探究结果进行组织化的过程，也是儿童进行内部论证的过程，这将有利于儿童开展研讨、建构和理解概念。

在我们看来，STC 课程的设计特别强调个体表征的组织化，主要体现在两个方面。

第一，结构化的科学记录单。每一节课都强调儿童需要将探究结果记录下来。记录单不是原始记录，而是经过精心设计的。科学记录单的设计有几个重要特征。一是表现在使用了大量的图表来凸显和组织重要信息。比如，1、2 年级强调学生观察到事实的不同属性，所以使用了大量的维恩图；3、4 年级要求学生识别变化的周期或模式，使用了突出变化特征的表格；5、6 年级要求学生分析其中的因果关系，使用了大量的数据和图表。二是利用结构化的问题外显儿童的思维过程。比如，记录单中一般都会让儿童对探究的结果进行预测，并说明预测的理由，在学生完成探究并记录下结果后，又让儿童进行对比分析：什么是预料之内的，什么又是预料之外的？也就是说，记录单要求学生把当前信息和已有的经验相比较，这有助于学生在解释相关内容时，联系原有的经验和知识，或强化已有的知识，或改变原有的一些看法。三是探究记录对长时探究的结果进行组织化。STC 课程的一些单元中有长达几周的连续探究活动，STC 课程提供了与长时探究相匹配的记录单，并将探究结果进行组织。比如"岩石和矿物"单元，学生需要对 12 种矿物进行鉴别，每节课只对矿物的一个属性进行探究。在连续开展了 8 节课的活动后，学生的记录单就演变成一本对 12 种矿物的鉴别本。"化学实验""食品化学"等单元都有这样的连续记录表格设计。学生们最终都会将他们系列化的探究结果有效地组织呈现。

结构化的科学记录单，保证了儿童的记录不仅是证据的简单识别与表征，而且是一个组织化的过程。教师应鼓励学生将自己的成果发表出来，与他人进行思维共享。

第二，多策略的信息加工。STC 课程中有多种策略来帮助学生对信息进行加工处理，如运用思维工具、标注重要信息、小组集体加工、不同小组间的信息交换等。此处只列举其中两个策略，来说明 STC 课程是如何帮助学生对信息进行加工的。

利用思维工具加工。在前面的论述中，我们已提及了科学记录单本身就是结构化的，有助于儿童将探究结果进行符号化表征。同时，该课程在有些课中还要求学生利用图表来揭示探究结果之间的关系，将它们转化为更为直观的统计图、分类表和柱状图等。

通过标注关键信息加工。STC 课程中，在学生连续长时间开展系列化探究活动后，都会设计一节课让学生对前面的探究结果进行回顾、分析和加工。其信息加工的方法很简单，就是让学生从众多的信息中标注出关键信息。如"化学实验"单元中的"回顾实验现象"一课，要求学生对此前通过滴水、加水溶解、加醋测试、加碘测试、加紫甘蓝汁测试和加热测试的结果进行对比分析，要求学生从所有的信息中找出他们认为显著有别于其他信息的重要信息。学生标注的结果，是可以发现有的现象是有些物质特有的。比如小苏打加醋后会大量冒泡等，学生会明白其发生了化学反应。又如，"岩石和矿物"单元的"鉴别矿物"一课，要求学生对通过各种观察方法观察到的矿物条痕的颜色、透光性、光泽、硬度、磁性、独特晶体外形等信息进行汇总，并把这些信息和地质学家给出的矿物信息进行比较，同时找出重要的特征。这样带有总结性质的课在每个单元都有。也就是说，STC 课程总会给学生提供机会让他们重新审视原来探究的信息，并学会处理众多的信息，找出其中关键的信息，这有利于学生理解科学探究和建构概念。

（2）在论证中强调观点与证据的协调。

对儿童而言，概念的理解过程就是观点的发表和共享的过程，但儿童的观点总会受到原有认知、信息加工能力、思维习惯等因素的影响，表现出自我中心、倾向性选择等特征。只有在论证过程中不断强化儿童的观点与证据的协调，儿童科学的逻辑推理能力才能显现，科学的概念才能被主动建构和理解。STC 课程在进行集体论证时，特别重视让儿童对自己的观点与证据进行协调，其设计表现在以下几个方面。

方面一：表达观点时要联系证据。儿童在发表自己的观点时，要求他们一定要陈述自己的证据，将证据和观点相联系。这是论证的最基本的要求，也是科学概念建构的最基本的要求。比如在"植物的生长和发育"单元中，在学生开展观察植物生长变化的活动后，再进行研讨，教材中提出了几个问题：

你所栽种的植物是什么时间进入生长高峰的？你有哪些证据？拿出你的证据来证实你的回答。

你所栽种的植物在生长高峰之前的高度是多少？当过了生长高峰之后的高度又是多少？

仔细看看你的图表，在 24 小时中你的植物生长变化最大的是什么？

你的预测和植物的真实生长情况相同吗？当你进行了一些预测之后，你预测的事情是不是慢慢变得准确了？还是你所栽种的植物是不可预测的？

从这几个问题中，我们不难发现，不仅要学生拿出证据，还希望学生认识到证据越多越充分，观点也就越具有说服力。

方面二：要分析证据与观点之间的逻辑关系。证据能证明观点，但证据和观点之间的证明力大小有所不同，证据是否清晰地指向所要理解的概念，这些就是诸多证据与观点的逻辑关系。我们仍以上述例子来加以分析。学生证明生长高峰的证据可能有手绘图、高度测量数据、文字观察记录等，这些都可以作为生长高峰的证据。但学生们不一定能将"生长高峰"和植物生长高度的变化相联系，也许会和叶的变化、花的生长相联系，而生长高峰应当与标志性的证据——相同时间内的高度变化相联系。所以，教材不仅要求学生计算生长高峰前后的数据值来确定生长高峰，还要求学生用图表来指明生长变化的最大标志。这样的反复分析，有利于学生不断处理证据，不断将证据与所要表达的观点进行联系，也就不断深化了学生的概念理解和建构。

方面三：鼓励学生对同一种证据进行主动解释。一果多因，不仅可以发散学生的思维，更重要的是有利于学生建立多个事实间的联系，发展更高层面的概念性理解。在 STC 课程中有大量的例子，不指向封闭的答案，也不期望获得集体共识，而是鼓励个性化的解释和观点，在观点的交流中互相启发，深化学生对科学本质的理解。

比如在"植物的生长和发育"单元中，要求学生记录植物的高度，并绘制一个全班的图表，表示植物的数量和植物的高度。接下来让学生解释为什么不是所有的植物高度都相同，即使它们的生长天数相同。将对植物高度的观点与植物的高度变化范围相联系，讨论植物正常的变异。

学生对生长高度不同原因的解释，会联系之前在种植植物过程中的多个经验，学生会再次深刻地理解植物的生长受到水、光、温度、自身等诸多因素的影响。同时，让学生讨论高度变化范围，又会让学生明白在环境条件基本相同的情况下，植物的生长有一个大致的高度，但也有例外存在，那就是种子的因素影响到的变异。这样的一个论证过程，有证据，有联系，有观点，有变化，有冲突，充分创造了理性思考的研究氛围。

方面四：开展长时探究，多次论证自己的观点。概念的理解和转化不是一蹴而就的，证据和概念关系的显现不是一目了然的，论证的过程也不是一帆风顺的。STC 课程在设计上，多次给学生机会评价自己的证据、审视和修正自己的观点。

STC 课程中经常会问学生这样一些问题：

有预料之外的结果吗？可能跟什么因素有关？

预测它们如何变化。如果让你再做一次，你会如何改进？

相同的有哪些？这些信息有什么相同点？

这些元认知领域的问题，不仅让学生对科学探究的过程有回顾与反思，也让学生对产生的原因进行探讨，还让学生对证据进行再次确认。这对学生的论证能力有极大的提升作用，它要求学生不断地对论证过程进行反思和检验，以促进学生理性思考，提高学生解决问题的能力。

STC 课程在每个单元的总结课中，也常会问这样一些问题：

指出班级记录单中你现在认为正确的观点（班级记录单中有学生前测时表达的观点），在这个单元中有哪些经历或证据证明了这些观点？

班级记录单中可能要修改、改进或删除的观点有哪些？探究中的什么证据支持你做出这样的提议？

（3）适时引入一些社会性科学议题来深化学生对科学的理解。

在 STC 课程中，有一些单元有大胆的设计，将一些两难、开放、存在价值冲突的社会性科学议题引入课程之中。所谓社会性科学议题，是指科学技术的发展与应用对社会产生冲击和影响的议题。它对社会所带来的影响具有争议性，其引发争议的原因来自人们彼此间对该议题所持立场不同而产生的价值观上的冲突，对于问题的解决方法人们可能有不同的主张、理由和证据，这一类议题可以为学生提供充分的论证空间。

比如在"造纸技术"单元中，要求学生制造一种再生纸的贺卡或明信片，并考虑在所有的限制条件中什么是最重要的。在"运动和设计"单元中，要求学生考虑小车性能时应重视各种配件的成本。在"动物研究"单元中，要求学生比较人与青蛙、蟹、蜗牛在适应环境方面的异同，让学生思考人身体的适应性结构有哪些。最典型的是"生态系统"单元，让学生分析一个实际的环境问题，由学生分小组扮演不同的角色：普通市民、养牛场的农夫、船夫、房产开发商、游客等，让他们从不同的角度和立场来分析可能对海湾产生的生态问题，并学着协调平衡多方的利益。

这些有争议或不可能完全协调的问题，有利于学生充分发表自己的观点，也有利于学生将自己的观点与证据相联系，而最终的处理结果是一个相对协调的产物。学生由此将科学与社会问题紧密结合，在论证中学生的社会责任意识、科学决策能力和科学理解力都有极大的发展。总之，在探究中强化学生的集体论证，有利于学生将探究结果和概念有机地联系起来，有利于学生将个人的探究与集体的认知结合起来，也有利于培养学生科学的研究习惯，促进学生科学精神的形成。

四、儿童集体论证行为和论证能力的发展变化

（一）儿童在集体论证中的行为表现发生了变化

1. 对集体论证规则由不适应到自觉遵守

STC课程中"头脑风暴"的三个原则是：不加批判地接受所有意见；对别人的意见不做批评或不必要的评论；尽量把自己的观点与他人的观点结合起来。我们把这三个原则也应用到集体论证过程中，希望学生做到三点：倾听接纳，不批不争，积极联系。

在低年级，由于在其他课程的学习中，强调学生的主动争论，所

以在科学课堂中学生表现出一些与集体论证不相符的行为特征：多采用批评的方式否定他人的观点；否定时不能给出客观的理由；不太关注他人的证据和观点；偏执地表现自己的观点……所以学生对集体论证规则不太接受。

到了中高年级时，学生对集体论证规则开始自觉遵守，主要表现为以下行为特征：注意倾听别人的意见；发表自己的观点时主动说出相关的事实或证据；常采用"我补充……"的方式来陈述观点或事实；常采用"我和某某同学相同的是……，不同的是……"等句式来平和地表达与他人观点或事实的异同……

2. 言语交互行为明显增多

学生的言语交互行为表现为话轮转换和反馈性话语。话轮转换指的是学生们对同一话题会主动发表自己的观点，参与的人数越多，话轮转换越多。在参与中对别人的言语进行反馈（"接茬"），"接茬"越多，反馈性话语也就越多。

我们可以用实验中两段集体研讨实录来加以说明。

时间：2010 年 10 月 8 日

班级：五（6）班

学校：深圳小学

执教教师：杨洁玲

课题：检测液体中的葡萄糖

记录：童海云

教学过程：

师：前面对淀粉进行了检测，这节课要对糖进行研究。你们对糖有什么了解？

陈冠：糖有许多种，比如淀粉。

余明晔：我补充一种，葡萄糖。

蔡樱：糖加热会熔化。

黄康：糖吃多会变胖。

柳佳：葡萄糖放入可乐加热会爆。

林浩：吃糖可以补充能量。

钟楚：葡萄糖会补充能量。

彭泽：吃糖可变饱。

……

上述例子中，在较短的时间内，有 8 个学生参与了有关"糖"的主动性发言，每次发言可视为话轮转换；其中余明晔和钟楚同学则是主动地联系他人的观点进行补充性发言，也就是提供了反馈性话语。

下面是另一班同一课题的课堂研讨实录。

时间：2010 年 10 月 8 日　第三节

班级：五（7）班

学校：深圳小学

执教教师：杨洁玲

课题：检测液体中的葡萄糖

记录：童海云

教学过程：

师：上节课用碘对淀粉进行了检测。这节课对葡萄糖进行研究。你们对糖了解了什么？

胡润泽：吃太多糖会变胖。

李知远：吃太多糖会得糖尿病。

方培：糖是甜的（学生们都笑了）。

许嘉倩：大部分水果中含有糖分，可以补充葡萄糖。

林楠泽：吃太多糖会得高血糖，会有蛀牙。

张丝：补充，营养过剩会得糖尿病。

吕鑫海：吃多了会得高血糖。

胡润泽：吃糖要适量。

师：有没有新的要补充的内容？

朱子昊：糖会熔化，温度比较高的时候就会。

吕鑫海：食物中如不含葡萄糖，会消耗人体的糖，会导致人没能量。

……

从这个例子中，我们可以看到有 5 个学生对"吃糖多"的话题进行反馈；同时，也可看出他们的发言都是补充、联系性质的，非批判性的。反馈性话语中最后一位学生胡润泽的"吃糖适量"，就可以看到明显的对他人观点的加工。

3. 越来越多地联系探究记录进行发言

一开始学生在参与集体论证发表自己的观点时，是不太重视自己的探究记录的，到了中后段，学生手持记录本发表自己观点的现象越来越多。

这一现象表明：学生们在发表自己的观点时已经开始重视利用符号化的证据来支持自己的观点；知道借助已经组织化了的书面语言可以更清晰地表达自己的观点；形成了关于如何改变自己的语言水平来增进集体学习的共识。

（二）儿童论证能力的发展

对于儿童论证能力的发展，我们主要从这样几个维度来加以评估。首先是儿童的批判意识。批判意识主要表现为对证据可靠性和观点合理性的批判质疑精神，既可对他人的证据和观点进行质疑，又能依据事实捍卫自己的观点或证据。其次是对证据的评价。儿童是否能从多个角度论证证据的可靠性，即评价证据是否全面、客观、准确，证据的产生过程是否可靠，能否寻找差异化结果的原因等。学生论证方法的发展变化是评估论证能力的又一重要指标。最后，综合解决问题的思维能力。比如，能否对探究结果进行外化表征和清晰组织，能否对证据进行权衡协调和理性加工，能否基于证据进行合理诠释和精细化解释等。

1. 证据批判意识的发展

证据意识不仅表现为儿童对事实、数据和证据的追究与认同，同时也表现为对一种观点和证据的逻辑关系的批判意识。"真的是这样吗"或"这样的解释可靠吗"，这是证据意识在事实和理论两个层面上的表达。同时，从集体论证的角度来看，证据批判意识还涉及主动对他人证据和观点的批判以及对自我观点和证据的捍卫。

儿童批判意识的发展主要表现为以下几个特征。

特征一：从事实交流为主到主动质疑证据。学生在探究过程中，一开始并不会对他人的探究结果进行主动质疑，他们主要用"我观察到的现象是这样的"来表达对事实的质疑，即用不同或有差异的事实来对他人的事实进行质疑和批判。比如，在1年级"天气"单元中，学生在测量气温时，一组学生说测量的结果是26摄氏度，另一组说是25摄氏度。在测量白纸和黑纸在阳光照射后的温度时，一组学生认为白纸的温度高，另一组学生则认为黑纸温度高。学生并没有说他人不对，而是陈述自己小组的探究事实。到了中高年级，学生在言语中开始主动质疑对方的证据或观点。比如，在4年级"岩石和矿物"单元中，学生对矿物的硬度进行观察后，一个小组汇报某种矿物的硬度时，另一小组与该小组的判断结果不一致，他们就用手举矿物并指着划痕来加以指正。学生们越来越熟练地进行探究并对他们的探究结果认同度增高时，他们才会主动地进行有根据的质疑，而非胡乱猜疑。

特征二：从接受权威信息到质疑权威信息。学生之间一开始就能用一种平等的态度对探究的结果进行质疑，然而他们对权威信息的质疑却表现得不突出。比如，在1年级"天气"单元中，学生将报纸上天气预报提供的信息和自己测量的信息相比较，一开始他们都怀疑自己的测量有错误。当教师表明天气预报仅是一种预测，预测就可能错误或存在偏差时，学生才理解并相信自己的测量。同样，对教师提供的阅读材料、信息资料以及教师的讲授等，学生很少质疑。随着学生们探究的深入，和对同伴探究结果的质疑一样，学生越来越多地质疑以教师为代表的权威信息。比如，5年级"微观世界"单元中，用显微镜观察赭纤虫的时候，学生实际上并没有观察到赭纤虫玫瑰色的颜色，全体学生便向老师发难，"老师，你提供的资料有错，我们看不到玫瑰色赭纤虫。不信你自己来看看。"这个观察结果，最终引发了学生对反射光线强弱与被观察微生物颜色问题的深入研究。

特征三：越来越重视用证据对他人的观点进行批判或捍卫自己的观点。下面是一段5年级"生态系统"单元的教学实录。在这个单元里，学生用两个上下套接的塑料瓶建立一个生态系统。在其中一课，学生分别用醋、食盐和过量的肥料作为三种污染物，做了模拟生态环境污染的实验。这种污染物会分别浇在上面瓶子中的"陆地环境"中，多余的含污染物的水会渗到下面瓶子中的"水生环境"中。这是在他们做了实验两天后，观察到植物的一定变化，而展开的一段"动物是否因此而死亡"的讨论。

第14课　"生态系统"单元　得出实验结论

时间：2011年6月24日　星期五　第二节

班级：五（7）班

教师：方芳

记录人：杨洁玲

教学过程：

师：你们认为污染物是不是对生态系统有影响？

生：有。

师：那我们预测一下污染物对动物有什么影响。

林楠泽：动物会死，它们会被酸雨害死。

生：我们测试了，水中和土中的酸性太高，动物会死。

唐加尼：我觉得不会死。因为我们小组用的是肥料，肥料对植物生长有好处，植物对动物有营养。我们小组原来只有两只潮虫，现在多了两只小潮虫。（注：这个小组是用过量的肥料来做实验，过量的肥料对陆生环境的动物不会有太大影响，但渗透到水中，水中藻类会过度繁殖从而影响水中鱼类的生长）

刘秀琳：潮虫变多了，是因为它繁殖了。植物虽然多了，但它们之间也没有太大关系。（对唐加尼的观点进行批判，并精细化发展）

胡润泽：水里的动物因空气和空间受污染而死掉。我们小组的水中的植物已开始死亡，所以水中的动物也会死亡。（注：这个小组模仿酸雨组，植物已经枯死了。这个小组用受污染植物枯死的事实来批判唐加尼小组的观点，但只强调水中的生物会死亡）

许嘉倩：动物还是会死。因为植物受污染了，潮虫吃植物也会死的。（承认唐加尼组的事实，但仍做了不利于该小组的推测）

唐加尼：陆地环境中的植物长得很茂盛，水中的植物也没有什么变化，我们测量的酸度也没有什么变化。生态瓶的环境没有什么变化，陆地中的动物没有死，所以水中的动物也不会死。（再次捍卫自己的观点，强调观察到的事实，同时用上了测量酸碱度这个新证据）

从上述例子可以看出，儿童不仅有主动批判的意识，而且越来越有意识地利用证据进行批判或捍卫自己的观点。基于证据对观点进行批判，说明学生已意识到如何进行有效的批判。

从以上事例可以看出，儿童批判意识的发展，是随着探究熟练程度的提高、收集证据能力的增强而逐渐发展起来的。同时，随着集体论证活动的深入开展，学生的证据意识也越来越强，会越来越理性地主动质疑并扩展质疑范围。

2. 基于证据的论证能力的发展

如前所述，儿童论证能力的发展，一个重要的指标是儿童如何评价证据，也就是论证证据的可靠性。儿童对证据的论证通常由两个方面的活动组成。一是个体论证并呈现证据的过程，另一个是集体对证据进行评议的过程。个体的论证和呈现过程，我们可以从儿童的探究记录中进行观察，发现他们如何记录观察结果，如何进行加工，又以何种合理的方式进行呈现。这些记录可以反映儿童是如何进行内部论证的。集体论证可通过班级记录单、对话实录等多种方法进行观察，从中可看出儿童对证据的确认、评议和可靠性的论证能力。

（1）个体论证能力的发展。

STC课程强调每个学生都需要独立地完成他们的探究记录，即使是在小组合作探究的过程中，独立的探究记录仍是必不可少的。给每个学生机会，并给予充分的尊重，学生才会完整、客观、独立地完成个体表征。同时让儿童独立对证据进行处理，就完成了一个证据的内部论证过程。经过实验我们看到，儿童的个体表征能力和内部论证能力都有了较大的发展，他们不仅能够较准确地记录结果，而且也能对之进行卓有成效的处理，还会根据情况用恰当的方式进行呈现。这一切都构成了集体论证的基础。

下面是1年级的学生完成的一项观察记录。

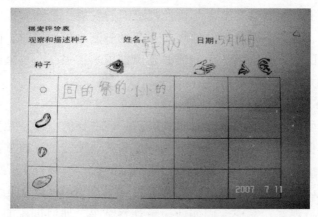

从表中可以看出，儿童完成个体表征和论证能力的差异很大。A
学生能够完整地完成记录，但 B 学生不能。个体在对不同观察对象进
行表征和论证时也会产生差异。从 A 学生表征的结果可以看出，她在
观察过程中，在使用同一感官对表征对象进行观察时发生了特征遗漏
现象。在观察豌豆时对"大小"的特征进行了描述，但对后面几个种
子进行观察时，却没有在"大小"这个特征上进行表征。这说明儿童
在表征过程中，并未持有一个标准且持续地使用。同时，这个学生还
发生了表征错位的情况。比如在用眼观察时，将"硬"的结果填写出
来了，而在用手观察的相应栏目中，未能填写出来。也就是儿童在内
部论证中并未对观察方式和观察结果进行匹配，并未细致地进行论证。
同时，还发生了表征紊乱的情况，比如在用手观察的结果中，学生将
南瓜子的观察结果表征为可以滚动，而其他几粒种子都是在比较硬度。
这不仅说明儿童没有采用同样的方法进行探究，还说明了儿童对如何
全面收集证据未能有效论证。

大量类似上图的记录单反映了儿童在证据收集和内部论证中的重
要特点：他们不仅不能全面地收集证据，会遗漏或调整探究方法，而
且也不能对已收集的证据进行有效的组织，会缺失或替换探究结果。
这说明他们在内部论证过程中，还不能较稳定地建立起探究方法和探
究结果之间的关联。同时，他们在探究结果的准确性，以及如何将探
究结果符号化的表达上存在较大的差异。

接下来，我们可以观察一下小学中年级段儿童内部论证能力的发展状况。下面是一个 3 年级学生的实验记录单。

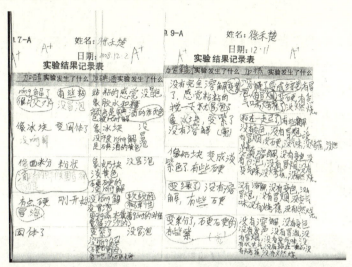

这是学生在学习"化学实验"单元过程中的记录。它是学生连续 4 节课进行化学实验的研究记录。在第 4 栏中，我们观察到一个显著的特征。他除了运用肯定的方式来描述所观察到的现象外，还使用了否定的方式，即用"没有发生什么"来描述观察结果，而且运用否定方式的次数还比较多。在加热爽身粉时，学生可以连续用十几个"没……"来描述他所看到的现象。借用皮亚杰的话来进行评论，即"早期认知发展水平的功能去平衡来源于个体对肯定值的偏重基于否定值……而最主要的原因可能是客体的积极特性与直接能感觉得到的因素有关；而否定则于先前的肯定有关，通常没有推理是不可能建立的。"也就是说，3 年级实验班的学生不仅能对观察到的具有积极特征的客观刺激进行表征，而且还能对非显著的或不积极的客观刺激进行表征。这说明儿童基于他们的认知概念体系进行了推理论证。上面这份记录，不仅反映了儿童的论证结果，也表现了他的论证过程和论证能力。与小学低年级相比，儿童论证能力的变化表现在这样几个方面：对显著现象和非显著现象都予以关注，以便进行证据的论证区分；对某些现象进行持续的关注和表征，对探究结果及实验方法进行可能的因果关联论证；对证据呈现进行有序的组织化排列，内部论证更为有序；对所列现象进行纵向和横向的比较，寻找关键证据以进行类属识别。

在 4 年级"岩石和矿物"单元中，我们可以从下面这份记录中观察到儿童论证能力发生了类似的变化。儿童基于他们所关注的岩石的性质对岩石进行观察，可以看出儿童对岩石已经有较多的关注点，说明他们对事物的表征有了更为广阔的视角，其中"声音和重量"等在成人眼中并不太重要的特征也成为他们的探究对象。我们可以看到儿童大多采用较为严谨的二分法进行记录，其内部论证的标准十分明晰；每一结果都无遗漏，说明他们的论证过程十分有序；其论证结果呈现的方式也清晰可见。

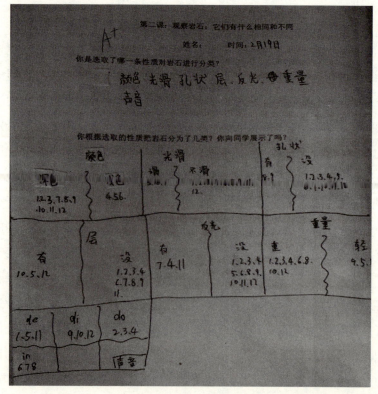

我们再来观察一下小学高年级段儿童个体内部论证能力的发展变化。下面是 6 年级学生在学习"测量时间"单元"设计并做一个沉没

水钟"一课时的记录单。

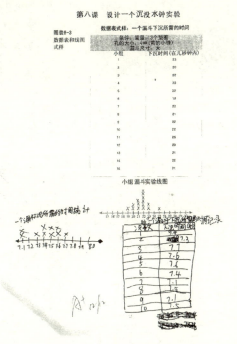

从这张记录单中，我们可以看到儿童内部论证能力的新特征：用更多次的实验来追求证据的可靠性，用了 10 次重复实验来论证一个漏斗制成的水钟的沉没时间。对证据进行组织化呈现，用一个柱形图进行了第二次加工呈现，说明在他的内部论证中已将证据的有效性和呈现方式进行了联系，他期望这样的图表在集体论证中能更为有效地获得他人的认同。

下图是一个 6 年级学生用显微镜观察微生物的记录。学生不仅自行设计了表格来记录，同时利用了简图和文字的组合来表征观察结果。细读其文字记录，可以看出他已能从颜色、大小、形状、内部结构、运动、变化多个角度来进行描述。也就是说，学生希望用更全面、更准确的证据来进行集体交流和研讨。

4月1日

1号神秘物

像冰块,银白色加墨灰色,很漂亮,部分是淡蓝色和透明。

2号神秘物

颗粒状,很细小,黄棕色,有些是黑色。像海滩上的沙砾。

3号神秘物

白色片状,周围是淡黄色。体积有大有小,有粗有细,还有些是粉状。

4号神秘物

小方块状,细小,透明和蓝灰色。细看时形状各异,晶状物体非常漂亮

张丝羽
4月13日　重新观察草履虫

我看到了很多的草履草。它是透明的,体内能看到有圆圈的,它移动地非常快

这是我们看到的正在分裂的草履草。当时分裂时是静止不动的,一分开又开始动。它们喜欢聚在干草旁,聚了很

观察的草履虫:4月11日

这是我们观察的草履虫。草履虫是透明的,像一个形状各异的泡泡。它们似乎有在运动,像是静止不动的图。我看到的不清晰,有些虫的图中有黑点,有些没有黑点。虽然确定这是不是草履虫,但是有能。

张丝羽　4月3日　观察斜生栅藻

这是我们观察两个组的栅藻。它们是绿色粉沫状,第一副图是透明的,只有细胞的轮 kuò,是小小的图形,粘在一团,第二副图全是一些绿色的小点⋯⋯

的小点,太细小了。第一副图的群体有4个,由8个细胞组成。第二副图看不到单细胞,只有几千个的绿色小点。

它的运动很轻微,是慢慢滑动,漂动,蠕动⋯⋯很奇特!

　　从儿童内部对证据的论证能力的发展上可以看出,他们在不断地向证据的可靠性、全面性、准确性等方向发展。同时,他们还较为重视个体论证结果在集体论证中如何发挥作用,从中可以看出儿童对证据的二次加工和组织化呈现的能力在发生变化。

　　(2)集体论证能力的发展。

　　个体反复论证的结果构成了集体论证的基础,同时也在一定程度上保证了论证的有效性。儿童在集体论证中对证据的论证能力又有哪些变化呢?

　　个体对证据的论证主要从证据的可靠性、全面性和准确性来进行,

同样，集体论证也是从这几个方面来进行的。经过多次评议，事实才能被论证为证据，如不能成为证据，则要论证如何才能导致这样的结果或分析差异的原因。这样做有助于儿童真正理解证据，真正理解证据的产生与探究方法的关系。

集体论证，由于参与人数众多，所以最有利于儿童进行证据的可靠性、全面性和准确性的论证。"是否观察到同样的事实"是论证证据的可靠性；"是否还观察到别的事实"是论证证据的全面性；"哪一种事实更准确一些呢"是论证证据的准确性。

从 1 年级开始，学生们在进行集体论证时，STC 课程会要求教师将每位学生的发言用短语的方式进行记录，形成班级记录单。班级记录单反映了儿童论证的结果，从中也可以看出儿童论证能力的发展。

下面是一张 1 年级"生物"单元的班级记录单，学生们用两节课观察了两种生物，然后进行比较，产生了下面的维恩图。

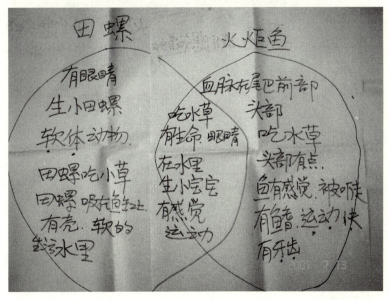

1 年级学生在进行集体论证时，更多地从证据补充的角度来进行，也就是说他们比较习惯于从证据的全面性来进行论证，而对证据的可靠性和准确性关注不多。

在小学中年级段，我们可以明显地看出儿童对证据可靠性和准确性的论证。下表是 3 年级学生在"化学实验"单元的一课中，学生对五种物质加入紫甘蓝汁的反应结果的记录。该表中括号内的字，表达了不同学生对证据的论证过程。表格第三栏的括号中有一个"亮"字，这是一个学生认为紫色不能准确描述反应结果而补充的。下一栏的括号中有"粉色"一词，这表明学生认为淡蓝色的结果不可靠，应当是粉色的。这个年级段的学生，已经可以用他们认为确定的事实来论证证据的可靠性，也能够对准确性进行论证。

到了小学中高年级，学生在论证证据的可靠性、准确性方面又向前发展了一步，主要表现在三个方面。

其一是重视证据来源是否可靠。学生认识到，由于某些条件无法保持相同，所以比较的结果可能并不公正。

我们来看一段 5 年级"生态系统"单元中一节课的实录。

时间：2011 年 6 月 24 日　星期五　第二节

班级：五（6）班

执教教师：方芳

教学过程：

郑琪方：我们小组的植物长高了，也变多了，枯枝变少，还长出新的小芽了。而下面瓶中的浮藻长满水面，但水中的蜗牛死了，瓶里长满了绿藻。（注：该小组用醋来模仿酸雨对生态系统的影响。实验要求两个实验小组每次滴的醋的滴数相同）

林浩：我们小组的结果有所不同，生态瓶中依乐藻变黄，上面瓶中饲养所的植物开始变黄，有些要死了。

师：两个小组观察结果不同，分析一下是什么原因。

余魏：可能酸雨滴数不同，土壤和水中的 pH 值也就不同。

石富文：第二小组滴的醋滴数多了，流入了水族箱。而第一小组滴的醋滴数少，就被土吸收了。所以瓶中的植物、动物和微生物生长情况就不同。

陈思陈：滴醋的条件改变了，无法比较。

蔡因燕：可能被水吸收了。

生：还有可能一个小组的土壤多一些，吸的水就多，土壤少的话吸水就少。

生：因为每天滴水的数量都不一样，这样的实验是不公平的。

在学生的论证过程中，学生对土壤的多少和滴醋的滴数多少两个变量进行了分析比较，认为这两个变量会影响生态瓶中生物的生长情况。

其二是对探究过程进行反思。

时间：2010 年 11 月 5 日　五（7）班

课题：检测食品中的蛋白质

执教教师：杨洁玲

记录：童海云

教学过程：学生在检测完一些食品中的蛋白质后，发现同一物体在试纸上显示的结果不同。

师：检测结果中，出现了不一样的结果。为什么会有不一样的结果呢？

郝莹欣：滴水多少不一样。

方一昕：没有将测试纸黄色部分浸在水中。

生：测试纸被污染了。

生：没搅拌。

师：我们怎样知道里面有没有蛋白质？

吕鑫海：再做一次实验。

学生对探究过程进行了全面反思，提出了一些可能影响测试结果的原因，这样的讨论有利于学生对探究实验的控制。

其三是质疑研究工具是否影响了证据的准确性。比如，在"测量时间"单元中，一些学生为了证明摆重对于摆的频率是有一点影响的，多次提出课堂上用的工具太过简单，而他们会在课后用其他工具和其他方法进行实验。

正如前面所述，证据的确认过程和评价过程就是相互交织的论证过程，是学生个体内部论证和集体论证相结合鉴别证据真伪的过程。在这个过程中，学生的论证不仅表现为具有证据批判意识，还表现为对证据的客观性、全面性和准确性的多层面和多角度的评价。从我们的研究可以看出，儿童在这个过程中不仅有理性的参与，而且还能评价证据与探究方法、工具、过程、变量控制等的关系，系统地论证证据的客观性、全面性、准确性。

3. 建构解释过程中论证能力的发展

科学家在对现象进行解释、运用新方法解决技术难题、对旧数据进行新的解释的过程中，都要运用推理和论证。他们所进行的论证可以是基于假设的演绎，可以是基于现有模式所做的归纳，也可以是基于最可行的解释进行的推论。在解决问题的过程中也需要论证，例如，最好的实验设计、最恰当的数据分析技术、对给定数据最好的解释等都需要论证。同样，儿童在建立自己的解释过程中也要进行论证，它可以反映儿童对证据的处理，对证据之间关系的认知和概括，对证据和已有经验或概念之间的协调处理。儿童建构解释可以从多个角度进行观察，比如，集体论证中的言语解释，记录单中的书面解释；前后概念之间的发展性解释；对同一现象进行解释的角度；对某一个问题的解决过程；对不同证据的逻辑加工过程等。本研究的侧重点是儿童在建构解释过程中对证据关系的逻辑处理，在发表观点过程中对证据的选择和推理过程，这些都反映了儿童的论证对解释建构能力的影响。

（1）对证据关系论证能力的发展。

儿童对证据关系论证能力的发展，主要表现在儿童对众多证据或事实的关系进行识别和处理方面。我们观察到儿童论证能力的变化呈现如下趋势：从众多事实或结果中辨识异同，寻找事物的共同特征或独有性质；对某类证据的变化模式或趋势进行辨识，寻找事物的发展变化；对关联证据的因变量和自变量的因果关系进行辨识，寻找事物发展变化的因果关系；对多个证据或事实进行协调处理，寻找对某一问题妥善的解决方案。

在 1 年级"生物"单元，儿童多次论证生物之间的异同，需要通过寻找相似之处来进行概括，从而找到生物体共有的基本特征和基本需求。在下面的维恩图中，我们可以看出儿童的论证过程，他们在相同的特征下面画线标注，保证了将处理结果无遗漏地填写在中间的集合中。

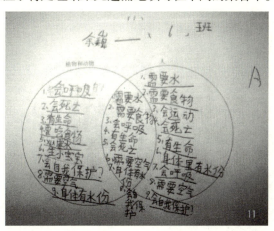

在 1 年级时，学生还运用统计的方法对相同的天气特征进行概括。统计的结果既有利于学生计算过去一段时间某类天气特征出现的次数，又有利于学生进行对比后对过去两个月的天气变化进行陈述。用数字来处理证据，有助于儿童进行更为有力的论证和更为精细化的解释。

在 3 年级时，学生开始对证据的变化模式进行识别和论证，从而建立自己的解释。

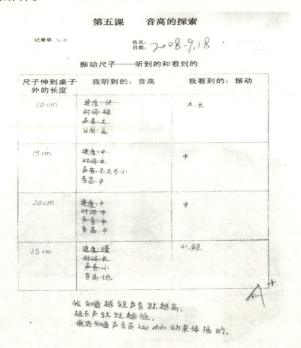

从上表中我们可以看出，儿童在听声音时，从多个角度来表征声

音的特征，包括音量、尺子振动的速度、时间的长短。最终，学生将一些他们认为无关或无规律的特征忽略了，对尺子的长度与音高的高低关系进行识别，并将这种关系表述在表格下面。

　　在高年级，学生开始对多个变量的关系进行论证，并自行采取图表的方式来处理。下图中，学生对相同体积的 6 个物体的重量进行了测量，并绘制了一个柱状图。这个柱状图中的柱子不仅按照由轻到重的关系有序排列，而且在每个柱子下面还有标注。学生用数字表示测量的重量，用"S"和"F"表示它们在水中的沉浮情况。这说明学生对证据的处理技能已发生了重要的变化，不仅追求证据的准确性，而且还重视其处理结果的可识别性，并陈述了其间的对比关系。这正是儿童在长期进行集体论证后，对论证本身的一种元认知。

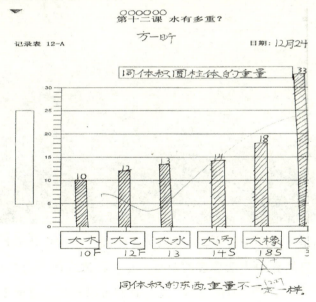

　　（2）协调解释与证据关系的论证能力的发展。

　　儿童的解释能力是建立在儿童对解释和证据关系的论证的基础上的，但解释的发生还与儿童的原有经验或观念以及推理能力相关。学生在进行解释时，会根据原有观念和推理能力对证据进行处理、妥协和选择，从而建立新的概念和观点。这个处理、妥协和选择的过程就是论证的过程。在集体论证中，儿童之间会分享这样的论证过程和发展性观点，这有利于学生通过论证进行建构、分享和相互促进。

在小学低年级，儿童对于观察到的事物或收集到的证据，并不都会主动地去进行解释，甚至连基本的假说都不愿主动发表。他们通常用"不知道为什么"来对现象进行说明。例如，下图就是一个学生所做的观察记录，在她的表述中我们就看到了两个"不知道"。

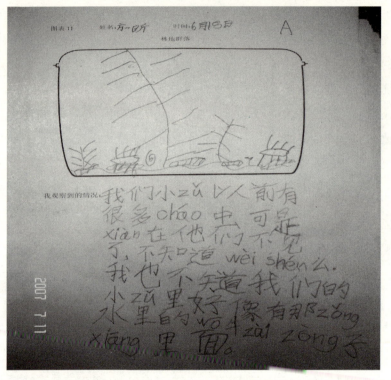

下图是一张班级记录单，反映了 2 年级学生在集体研讨中，对蝴蝶如何在自然界中生活发表的观点。儿童经过近两个月的饲养活动，观察并了解了蝴蝶的生长周期。从中我们可以看出儿童的观点大都与他们的饲养活动中的证据直接相关，也有些观点是基于自己的主观推断。"寻找食物"是因为"蝴蝶需要吃食物"，"找房子"是因为"蝴蝶需要一个生存空间"等，这是在和他们观察到的证据关联；而"孤独"和"找对象"，可发现他们以自我为中心的想法；"生宝宝"和"产卵"，则让我们看到了观点中的相互补充和纠正。

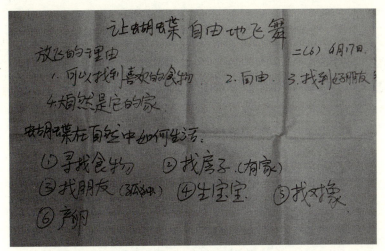

　　而到了小学中年级，我们明显观察到儿童在解释中，更多地是基于证据进行表达。同时，我们还可以看到证据关系的处理在解释中的外显。我们可以读一读一个 8 岁的学生对一个问题的解释。在他的记录中，运用了声音的两个基本属性——音高和音量，同时对弦的松紧、振动幅度的大小、振动的快慢也有客观的描述。更可贵的是，学生对它们之间的因果关系和变化趋势等复杂内容进行了准确的解释。这个学生还用图画的形式来优化他的解释。

琴桥是如何影响所产生的声音的？并用画图表现出来

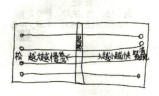

在集体论证中，学生还会寻找一些解决问题的方法。比如在"化学实验"单元中，学生经过大量的实验研究，掌握了一些鉴定常见物质的方法。学生会将实验方法和该方法可能产生的较为特殊的现象联系起来作为鉴别物质的方法，并将 7 种方法组合起来，形成一个较为完整的鉴定方案。

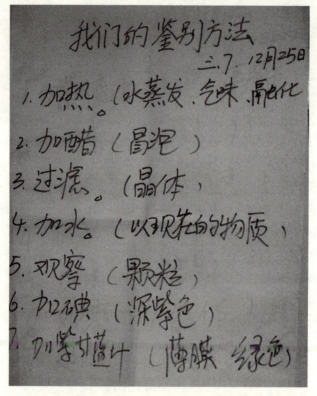

到了小学中高年级，我们可以观察到儿童在解释中推理的逻辑性明显增强，学生会基于证据进行合理推理并形成自己的观点。有几个重要现象可以说明这一点。

第一个现象：或然性结论比较多地出现在儿童的言语中。或然性结论，是现实和可能性协调的产物。如果儿童的经验或探究的证据已不能呈现清晰而简单的内在关系，其运算能力又不能处理当前的经验和证据，同时新的理论又未能建立，则或然性结论就得以产生。这种可能性可以看作是儿童从明显可知的现实领域向理论领域进行的一些可能的延伸。

我们可以看到，在集体研讨中，或然性结论大量出现。下例是 6 年级"漂浮与下沉"单元中的一节课。

时间：第六节

班级：五（6）班

学校：深圳小学

执教教师：童海云

课题：使一个下沉物上浮

教学过程：

师：先看看你们第一节课关于沉与浮的一些想法，再看看上节课大家称量结果的柱状图。现在把你们新的想法写在记录单的最后一页。

生：浮的东西不一定很轻，沉的物体不一定很重。

生：物体的重量不代表沉浮。

生：物体的沉浮与大小、轻重无关。

生：大的物体不一定下沉。

生：物体中有空气会浮，有水会沉。

生：物体的沉浮跟材料有关。

生：物体的沉浮在于水的多少，因为我上次做了实验……

生：有些物体看起来很重，却浮起来了，如上节课的聚乙烯。

师：你认为它为什么会浮起来？

生：可能是它本身的关系。

师：什么是本身的关系？

生：材料。

师：有些同学已经注意到了上节课有些物体很轻但会下沉，如铝螺母，你认为这是为什么呢？

生：金属类物体会下沉。

生：物体里有空气也会下沉。

生：只要物体里面的空气大于本身的材料，就不会下沉。

学生的发言中，有大量的"不一定""可能"等或然性结论，学生通过探究知道物体的沉浮与重量、大小、材料等无直接关联，但又无法对重量、大小、材料三者之间的逻辑关系进行处理，所以用了不确定的语句来加以表达。

第二个现象：假设演绎推理和经验归纳推理之间的摇摆现象。或然性结论是儿童基于现实条件所做的一种理论建构的尝试，而假设演绎推理和经验归纳推理，则是儿童逻辑思维的雏形。我们可以看到儿童在进行有关的思考时，会假设某个理论或解释可能是正确的，由此推论某一经验现象在逻辑上可能出现，这在一定程度上反映了儿童现有认知水平的一种自觉。

我们可以看看"漂浮与下沉"单元的一个有趣的例子。在第6课中，学生测量橡皮泥的重量，理解改变橡皮泥的形状时并没有改变它的重量。从相关资料中可以看出，儿童在7—8岁，其质量守恒的认知能力就已初步具备。教学中让儿童改变物体形状后再去测量，儿童又是如何表现的呢？

时间：第五节

班级：5（7）班

学校：深圳小学

执教教师：童海云

课题：使一个下沉物上浮

教学过程：

师：接下来我们做一个实验。有一块橡皮泥，我们可以改变它的形状，但要求做一件事，每次改变形状后都要称一称重量有没有发生改变。要称三次，记录在后面空白页的第一页。

学生分组实验。

师：谁来汇报？

生：我们小组，第一次球形是25，第二次环形是27，第三次也是27。（注：学生用自制测力计进行测量，"25"代表25个回形针的重量，后同。学生要测三次然后取众数。下面的数据仍是三次数据取众数的结果）

生：我们小组，第一次是25，第二次是25，第三次是25。

生：第一次是28，第二次是30，第三次是29。

师：测量橡皮泥重量的实验告诉我们，当我们改变它的形状后，它的重量会不会增加？

生：会，但只是一点点。（学生迟疑不决地补充）

师：你认为是什么原因让它增加了？

生：空心和实心。

师：是什么原因使空心或实心的物体改变了重量？

生：我认为可能会也可能不会。

生：我觉得会改变，可能因为改变了受力的面积。

生：因为空气有重量，进入了空气。

各组数据测量的结果是不完全一致的，这种基于经验的归纳推理使得他们得出重量增加一点的结论，同时其内在的守恒理论告诉他们这种结论可能是错误的，所以他们会基于其他的理论推理解释当前现象。

第三个现象：开始在不同命题间进行逻辑推理，并寻找其逻辑关系。儿童在处理命题的方式上，有一个发展的过程，形式运算期的儿童在考虑命题时，不再个别地考虑命题而做出个别论断，而是会看到命题之间的联系，推论两个命题间的逻辑关系。这种推论的结果在一定程度上具有抽象的成分。我们观察到儿童在集体论证中，开始寻找某些逻辑关系。

这是一段儿童对五个同样大的圆柱体所受浮力测量结果的分析。学生分别测量了圆柱体在空气中的重量、在水中浸没一半时的重量和完全浸没时的重量。学生测量完之后，用柱状图表示出来。

师：对于柱状图，上节课我们还来不及分析，我们在这节课来分析一下。

生：固体在空气中重量要重一些，在水中要轻一些。

生：部分浸入水中的重量比空气中的重量大概小 5，完全浸入水中时的重量比部分浸入水中的重量小 5。（注：分别都是指 5 个回形针重量）

师：他们已经发现了一个有趣的数字……这说明什么呢？

生：一个比一个重。

生：部分浸入水中的圆柱体的重量等于空气中的重量加上完全浸入水中的重量。对了，还要除以 2。

再看下面一段实录。

时间：2010 年 12 月 29 日　第四节

班级：5（6）班

学校：深圳小学

执教教师：童海云

记录：杨洁玲

课题：盐水和清水有什么不同

教学过程：

教师收集上节课的数据。

一小桶盐水：17、11、9、13、15、14、17、13。

一小桶水：16、9、13、13、10、11、12、13。

师：现在请大家看上面的数据，我们可以得出一个结论，这个结论是什么呢？

生：盐水比清水重。

师：这句话要有个前提条件。

生：同体积下，盐水比水重。

师：为什么盐水比水重呢？

生：水加了盐。

生：因为盐被水溶解了，变为水的一部分。

师：很好，我们都知道盐被水溶解了，变成清水的一部分，所以就重了一点。好了，我们这节课要来研究物体在盐水中的沉与浮。你们可以先做预测，可参考第3课的记录。因为我们这节课用的是盐水，那你的理由可以与第3课有所不同。

生做预测，后拿材料进行实验。

师：好了，我们有个惊奇的发现，是什么？

生：丙烯原来是沉的，现在是浮的。

生：为什么会这样呢？

生：水加了盐，密度大了。

生：它原来在水中就不是很重，有点要浮起来，而加了盐的水密度大了。

生：浮力是向上的，加了盐后，浮力就变大了。

生：它先沉了一半后浮上来了。

师：一小桶盐水的数据我们已经测过了，选哪个数据呢？

生：13，因为 13 是最多的。

生：17，因为 17 也有两个。

生：14，因为 14 是中间数。

师：看这边（14 种物体重量排列图），我们可以找到一个解决问题的办法。

生：选 17，因为水的重量已经是 13 了，它比水的重量大。

生：选 14，它比水的重量要大一些。

生：选 13，虽然它能让丙烯浮起来，但浮力也大不了多少。

师：不管它是 13、14、17，我们应该把它贴在哪个后面？

生：丙烯。

生：丙烯，因为它比水重，比盐水轻。

学生在集体论证如何处理盐水的重量时，有一个可喜的变化。学生自觉地一开始就按众数规则来处理，13 和 17 都是众数，都可以用来表示盐水的重量。这样一来就发生了规则冲突。另一个学生从另一规则来处理数据，用中间数原则来处理，认为 14 比较合理。我们可以看到儿童在处理数据时，不再是单纯地从一个规则出发，他们会在不同规则之间做一个精细化的调整。但这种调整还是儿童在同一命题下的处理，当儿童开始从另一命题来处理数据时，其意义就被放大了。学生从几个圆柱体在清水和盐水中的沉浮表现来处理数据，数据就不再只是孤立的数字，而更具抽象的意义。学生会细致地考虑几个圆柱体的重量和它在盐水中的沉浮情况，最终找到一个丙烯圆柱体，用它来论证同体积盐水的重量——盐水重量稍大于同体积丙烯的重量。学生在处理过程中，就已经脱离了小组的局限，将纯数字的处理规则蕴含在物体沉浮的关系之中，这就是逻辑关系。而这个逻辑关系，如果没有经过前后两次论证，如果没有经过学生的集体研讨，是很难被学生发现的。

（3）基于证据，形成自己的解释体系。

对证据间关系的论证加工和对证据与观点的协调论证，在一定程度上为儿童发展自己的解释体系奠定了基础。STC 课程在单元后测过程中，给学生提供了一个机会让他们重新反思自己的前概念，然后基于自己的研究重新发表观点。这是一个论证过程，同时也是一个集体梳理和建构概念体系的过程。

我们在大量的单元前、后测中，可以观察到学生在逐渐形成自己的解释体系及学生集体的解释体系。学生集体的解释体系的大致发展过程：从与具体情境或生活经历相联系到逐渐脱离情境而进行抽象概括；从自发联系到自觉辨识事物间的关系；从证据支撑较少到主动寻找证据联系；从自身逻辑混乱到有大致的逻辑结构；从大量主观性观点到大量的产生式结论。这样发展的结果就是逐渐形成了一定的解释体系。

以 5 年级"生态系统"单元为例，我们可以从单元后学生发表的 28 个观点来进行分析。对具体概念（涉及具体生物或非生物）和抽象概念（涉及较大类属概念）分别用"具"和"抽"来做标注，对在单元学习中是否有以探究作基础的结论用"有证"和"无证"来标注；对概念本身正确、错误或还需发展完善的用"正""误"和"发"来标注。

时间：2011 年 6 月 30 日　　　星期四

班级：五（7）班

学校：深圳小学

执教教师：童海云

课题："生态系统"单元后测

教学过程：

师：关于生态系统的学习，你们对生物之间相互依存的关系知道了哪些？

学生的观点如下：

①各种生物都相互依存；（抽、有证、正）

②空气和植物相互依存；（具、无证、正）

③一种生物的存亡会影响另一种生物；（抽、有证、正）

④鱼和藻是相互依存的；（具、有证、正）

⑤水和鱼相互依存；（具、有证、正）

⑥食物链互相影响；（抽、有证、正）

⑦植物的灭亡会影响其他生物；（抽、有证、正）

⑧水和生物是相互依存的；（抽、有证、正）

⑨每种生物都是依赖另一种生物生存的；（抽、有证、正）

⑩相互依存代表一种生态圈；（抽、无证、发）

⑪两种动物如有食物链关系，一种动物消失就会直接影响另一种

动物；（抽、有证、正）

⑫生物都需要土壤；（抽、有证、误）

⑬砍伐植物，森林面积减少就会影响到其他生物；（抽、无证、正）

⑭生物与非生物也相互依存；（抽、有证、正）

⑮阳光和动植物相互依存；（具、有证、正）

⑯空气和生物相互依存；（具、有证、正）

⑰水要靠生物来净化；（具、无证、发）

⑱微生物之间也是相互依存的，如草履虫和细菌；（抽、有证、正）

⑲每一种生物都是非常重要的；（抽、有证、正）

⑳生物与周围的环境相互依存；（抽、有证、正）

㉑如果没有非生物，地球上所有的生物都会灭绝；（抽、无证、正）

㉒生产者和消费者；（抽、有证、正）

㉓食物链是相互依存的一种形态；（抽、有证、正）

㉔动物合作狩猎提高生存的可能；（抽、无证、正）

㉕食物的多少影响动物的生存；（抽、无证、正）

㉖动物和人相互依存；（抽、有证、正）

㉗人类依赖植物、动物、非生物；（抽、无证、正）

㉘生存空间的大小决定生物的数量。（抽、有证、发）

从以上分析可以看出，学生的观点中，涉及抽象概念的有20个，占71%；以探究作为基础的观点有19个，占68%；正确概念有24个，占85%；提及"相互依存""信赖""影响"一类的涉及生态关系的概念有20个，占71%。在进行单元前测时，学生刚开始对相互依存的概念并不是很理解，事实证明，要学生掌握相互依存这个基本概念，他们必须具备以下知识：生物体间的各种关系，生物体必须依存于各种物质条件，生物体相互间及其与物质环境间相互作用产生的各种环境，以及这些系统的复杂性。而从课堂实录看，我们很明显地看到学生对相互依存这个概念有了清晰的逻辑结构，他们不仅知道生物之间存在食物链关系，还知道生物间以各种方式相互作用；同时还明白生物与非生物之间的关系，包括物质与能量的流动。相互依存这一生态系统的关键概念在学生大量的产生式的观点中大大升华了，也就建构了属于这个集体的概念体系。

（4）尝试在社会性问题中协调解决方案。

到了小学中高年级，学生在解释中的论证更加全面，他们可以从多个角度来进行分析论证，并考虑论证是否充分，证据之间、观点之间以及证据和观点之间是否需要进行协调处理。我们可以从学生对一些社会性问题的论证中进行观察。

这是学生在"生态系统"单元中的两张小组海报，代表不同利益关系小组对海湾问题进行处理的意见。在这两张海报中，我们可以看到学生一些解决问题的方案，他们对海湾和自身的影响进行了分析，较为理性又不失新意地提出了协调平衡的办法。

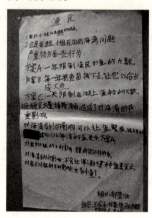

五、对我国小学科学教育的启示

在探究式教学的大背景下，我们进行了长达 6 年的集体论证的相关研究。我们深切地感受到，要如同科学家共同体那样，鼓励学生去开展不同主题的研究；鼓励学生在开展探究活动时收集各种证据，进行个体表征和初步整理加工；鼓励学生交换证据并对证据进行分析评价；鼓励学生提出自己的观点、主张、解释，并需要与同伴及教师进行多次讨论协商，以判断解释是否合理、证据是否充分全面，证据与解释、证据与研究方法是否匹配；等等。这样的过程不仅有利于学生科学素养的培养和各项能力的发展，同时也有利于学生养成理性思考问题、理智解决问题的习惯，使学生对科学本质有一定的领悟和理解。

STC 课程中集体论证对我国小学科学教育的启示有以下几个方面。

（一）强化集体论证，而不仅仅是研讨

在我国小学科学的现行课程标准里面，对儿童的科学探究活动有一些描述，将交流与表达、思考与结论作为科学探究的过程与方法之一，在具体对两者的解释中，并未对之进行翔实的说明。同时，我国小学科学受到兰本达"探究—研讨"教学法的影响较大，所以在教学实践中，这两者通常被合二为一地执行为研讨活动。科学教学中，"做"的探究被大家广泛重视，但"思"和"知"的探究并未得到重视。即便研讨中有认知和思考的要求，但往往流于形式，只要有学生说出或被教师诱导出所谓科学的结论，课堂教学就会戛然而止。也就是思考的过程，结论与证据的关联被忽略了，而论证活动恰好可弥补这一缺憾。论证是交流研讨中的一种，它的指向更加明确，通过论证，学生的证据意识更为凸显，科学思维更加明晰，对科学本质的理解更为深刻，所以论证比一般意义上的交流研讨更具科学课程的特色。同时，作为集体论证，它更强调学生作为科学学习共同体参与到科学探究活动中，学生在论证中都应发挥其各自的作用，集体论证的过程就是共同建构和社会化的过程。所以，无论在我们的小学科学课程标准中，还是在我们的教学实践中，都应当强化集体论证的内容而非简单地要求研讨。

（二）集体论证与个体论证相结合

儿童个体论证作为科学探究的一个重要实践活动，它对集体论证的质量有着重要的保证。儿童个体论证应当贯穿科学探究活动的始终。科学探究活动就是学生个体不断展现、检视、论证和发展个人观点的活动，所以个体论证活动实际上代表了科学学习中学生中心的一个重要指标。如果一开始就让儿童参与到论证自己的观点的活动中，学生在动手实验和理性思考中才会目标明确，而不再停留在动手做的过程和建构观点的无序或被动状态。有了个体在探究中更主动、更积极、更充分的论证，集体论证也就变得更为有效和高质量。

（三）更积极而敏感地支持儿童的论证活动

集体论证作为一种基于社会情境的学习方法，教师应当在学习活

动中给予支持。在支持儿童的论证活动时，课程设计或教材开发，应当在探究主题选择、探究内容开发、情境创设、材料选择、时间安排、学习共同体创建等多方面给予积极支持。对比我国的小学科学教材，学生持续深入地进行研究是一个最大的弱项。只有学生进行持续深入的研究，方能持续不断地发展自己的探究能力，才有可能在不断的论证中发展自己的解释和获得概念性理解。

同时，我们还应当在教学实施层面对儿童论证的言语活动给予敏感性支持。STC 课程告诉我们：论证的问题应当有一定的开放性且基于学生的已有认知；教师要通过记录单、科学日志等书面方式，让学生对证据或事实进行物化，并将证据的交换、评价和论证相结合；在发表观点时要学生联系已探究的证据，教师应当主动询问学生的证据；教师应当及时记录学生的观点，包括不同观点或冲突性观点；应当在连续的探究活动中给学生机会重新检视、修正、发展自己的观点。

（四）关注儿童论证能力的发展

论证能力是一种综合能力，它集中表现为知识的论证和问题的解决两大方面。在我们的研究中，知识的论证包括对证据真伪的评价，对证据的加工以呈现逻辑关系，对观点和证据的协调，观点的交流和评价。论证能力是儿童主动对知识产生过程进行检视并反复交互论证的综合能力。论证能力是认知发展的重要支撑性工具，是科学探究的基本实践能力，也是理解科学探究和科学本质最佳的途径。所以，我们应当在科学教学中发展儿童这方面的能力。STC 课程告诉我们：科学论证能力应从多个侧面进行支持，包括论证行为的支持和组织，论证方向的聚焦和维持等；科学论证能力和儿童的探究活动密切相关，应当在活动中自然而然地发生，而不能进行单独的能力训练；科学论证能力的发展和论证中认知的难度要相适应；科学论证能力与儿童科学思维能力也应协同发展。

集体论证的一些问题还有待继续研究，比如，在集体论证中如何提高学生参与的积极性，如何发挥小组的论证作用，如何使论证过程更加清晰化和明确化，对于这些问题我们还将开展相关的后续研究。

第三章

STC课程与科学概念的连贯把握和广泛理解[①]

一、概念建构的重要思想和实施策略

经过长达 6 年的研究，我们开始深入理解美国 STC 课程在设计和实施科学教育时的一些重要思想，这些思想引领着实施 STC 教育的教师进行各类教学实践活动和教育行为。同时，这些思想也成为 STC 课程下学生们科学素养发展的重要支撑。其中一个重要的核心思想是：对科学概念的连贯把握和广泛理解。

STC 课程认为促成学生对科学概念的掌握和理解，是实施科学教学的关键。学生们学习科学，是为了关注和解释自然界，并深刻理解人类对自然界中各类现象已经做出的科学解释，同时逐步拥有属于自己的独立思考和判断能力。学生们达成以上目标的基础，是对一个个核心科学概念的理解和掌握。学生们只有对解释、思考时运用到的这些核心科学概念进行长期的学习和建构，并深刻理解这些核心科学概

[①] 本章为浙江省杭州市崇文实验学校课题组子课题研究报告，执笔者为李家绪（现为浙江省杭州市上城区教育学院附属小学科学教师）。

念的内在联系，才能拥有足够的科学学科基础知识，才能发展自身的科学思维能力和基本的科学素养。

STC 课程强调围绕核心概念组织科学教学。在科学教学过程中，我们会接触到很多已经被科学家或科学研究者发现并证明了的科学概念，随着时间的推移，人类还将继续发现更多的科学概念，修正以往发现的某些科学概念，这是科学发展的重要特征。那么，这么多的科学概念，学生们都能在学生时代的有限时间里全部学习和掌握吗？不断进步的科学又让学生们如何去学习、如何去跟进科学概念的不断发展呢？到底让学生们掌握哪些科学概念才能更有利于学生在科学领域的终身发展呢？核心科学概念的提出，解决了这些问题。STC 课程的设计团队认为，核心科学概念指的是那些通过反复检验都成立、并且可以成为学科核心的概念，它们是架构整个科学学科领域的最基本、最关键的核心思想。例如：生命与环境（功能与结构）、生命特征（细胞、生命周期）、生物进化（遗传、自然选择、人工选择）等，被认为是科学学科在"生命领域"最基本的科学思想——生命领域的核心科学概念。同时，这些核心概念中的每一个概念都包含了很多相互联系的子概念、原理等，甚至其中某一个核心概念还是其他学科领域有关理论的基石。所以，对于这些核心科学概念的学习，被 STC 课程认为是组织科学课程的基础，核心科学概念将为学生今后的终身学习和形成独立观点提供一个组织思想的基本框架，并为学生更深入地进行科学学习和研究做好铺垫。

对概念的连贯把握和广泛理解，是 STC 课程促成学生们有效地掌握核心科学概念的重要教学策略。比如，围绕一些核心科学概念进行长达几年的教学；围绕一个核心科学概念进行长达几周、几个月甚至几年的教学；围绕一个核心科学概念进行诸多相关领域的探究学习；围绕一个核心科学概念为学生的学习提供多个长期而具体的学习情境；围绕一个核心科学概念提出和运用"头脑风暴、探究、解释、应用、评价"等课堂实践行为指导……这些策略都直接指向"STC 课程对科学概念的连贯把握和广泛理解"。

对概念的连贯把握是指：课程聚焦于为数不多的几个核心概念，让学生集中更多时间获得对某几个核心概念的深入理解，强调学习概念的过程是一个不断发展的、长期的、系统的学习进程，让学生在不同的学习阶段，反复理解和把握这几个核心概念的内涵和外延，使学生们对这几个核心科学概念进行越来越精细和深入的思考。

对概念的广泛理解是指：课程把聚焦的这几个核心概念之间用科学的方式联系在一起，用更多相关、相近和相交领域的具体研究全面获取对这一个或几个核心概念的逻辑实证，强调将概念学习和科学探究、工程设计所需的经历结合起来，并用更广泛的情境来促成学生对核心科学概念的深入理解和应用。

本文试图就 STC 课程对科学概念的连贯把握和广泛理解所做的设计进行深入剖析，以 STC 课程的生命科学内容为例，寻找 STC 课程为了让学生们更好地掌握和理解生命科学领域中的几个核心科学概念而采取的组织科学教学的有效策略，并对我国科学课程的设计和开发提供借鉴。

二、STC 课程拥有"对概念的连贯把握和广泛理解"的特征

（一）STC 课程设计的一个重要特征是强调对概念的连贯把握

STC 课程在设计之初就希望学生能通过相当长的一段时间（6 年、12 年乃至更长的时间）的学习，使学生在原有认知的基础上构建新的核心科学概念。这些重要的新概念贯穿于一系列课堂、一系列单元，甚至是好几个学年的学习过程。STC 课程设计了对概念的连贯把握，呈现出对科学课程设计的连贯性特征。

1. 科学学习不是各种科学概念的简单集合

学生在经历科学学习的过程中，会接触到多个科学概念，这些概念也许是他们已有的、也许是他们陌生的，但不管怎样，这些概念不应该是孤立的简单集合，而应该是相互联系的，是在原有基础上不断构建的，是具有生长性的，是建立在为数不多的几个核心概念基础上的，是连贯发展的。

以"生命科学"领域为例，STC 课程围绕生命与环境（功能与结构）、生命特征（细胞、生命周期）、生物进化（遗传、自然选择、人

工选择）等几个核心概念来组织教材。为了让学生们更好地理解这些核心概念，并能应用这些核心概念来解释自然界的一些生命现象，STC课程用了 6 年的时间对这些核心概念进行连贯性设计，使学生们能够深入地探究并深刻地理解。

1—6 年级"生命科学"领域相关科学概念的具体要求和分布

年级	单元	涉及的相关科学子概念	核心概念
1 年级	"生物"单元	①运用感官可以观察周围世界； ②生物有基本的生存需要：食物、水、空气、空间和自我保护； ③生物都有自己特有的需求； ④地球上生物种类繁多； ⑤生物会生长、变化，直至死亡； ⑥有些植物经历了：种子→长根→长茎叶的过程； ⑦植物能生长，一般都需要水、光、空间和空气； ⑧动物能运动，一般都需要食物、水、空间和自我保护； ⑨植物和动物都有基本的需求，都会生长、变化和死亡； ⑩人类和其他生物很相似。	生命特征（结构、行为、周期） 生命与环境（需求、适应） 生物进化（多样性、相似性）
2 年级	"蝴蝶的生命周期"单元	①蝴蝶的生命周期：卵→幼虫→毛虫→蝶蛹→成虫； ②毛虫的生长需要食物、空气和空间； ③毛虫长成蝶蛹，蝴蝶从蝶蛹中破茧而出； ④卵的孵化、蛹的生长需要一定的温度等条件； ⑤蝴蝶产卵，然后孵化成幼虫。	生命特征（生命周期） 生命与环境（合适的环境） 生物进化（遗传）
3 年级	"植物的生长和发育"单元	①许多植物经历的生命周期：种子→发芽→……结出种子； ②在植物的生命周期中，植物有截然不同的发展阶段； ③为了生存和生长，植物需要光、水和泥土中的养分； ④开花植物需要通过授粉来产生种子； ⑤许多植物通过蜜蜂来授粉； ⑥花儿的花粉粘在蜜蜂身上，当蜜蜂去另一朵花上采蜜时，会有花粉落在这一朵花上； ⑦一颗种子能长出一棵植物，一棵植物能结出许多种子。	生命特征（生命周期） 生命与环境（结构、功能） 生物进化（人工选择和自然选择）

年级	单元	涉及的相关科学子概念	核心概念
4年级	"动物研究"单元	①动物周围所有有生命及无生命的因素都影响动物的生活； ②科学家研究动物的一个方法是进行长期的仔细观察； ③栖息地即动物能生活的地方，如水、食物、避难地及空间都是动物生存和繁殖所必需的； ④每种动物都有特定的需要，如不同的食物、水量、温度等； ⑤一定的行为习惯以及身体结构能使动物在特定的生存环境中生存下去； ⑥人类是一种能在很大程度上改变自己的行为以便在各种地方生存的动物之一。	生命特征（运动、吃食、排泄、躲避等） 生命与环境（不同生物生活在不同的环境） 生物进化（变异）
5年级	"微观世界"单元	①为了能将物体放大，放大镜应是透明的以及有曲面的； ②放大倍数与弧度大小直接相关； ③高倍放大镜能观察标本的更小部分的更多细节； ④科学家设计并使用了早期显微镜来拓宽观察范围及研究各种设想； ⑤一些微生物太小，没有放大镜便不能被看到； ⑥所有微生物至少由一个细胞组成； ⑦当被放大时，所有细胞的结构都能被观察到； ⑧微生物在自然界中广泛存在着； ⑨细菌在有机物分解中起着一部分作用； ⑩一些细菌常被其他微生物吃掉； ⑪像所有生物一样，微生物也生长和繁殖； ⑫微生物有帮助其在特定环境下生存的结构； ⑬变化的环境条件促使一些微生物被淘汰，从而改变了地球上的微生物群。	生命特征（运动、细胞等） 生命与环境（不同环境的微生物结构） 生物进化（多样性、相似性）

续表

年级	单元	涉及的相关科学子概念	核心概念
6 年级	"植物实验"单元	①植物需要土壤中的营养物质、光照和水分；②营养物质、光照和水分的数量都会影响植物的生长；③通过控制变量，可以识别和探究这三种因素的作用；④为了结出果实，开花植物需要先进行授粉；⑤一粒种子可能长成一棵植物；⑥植物产生的果实数量受以下变量的影响：营养物质、光照、水分和授粉的程度；⑦植物的生长方向受地球引力和光照的影响。	生命特征（向阳性、向地性，花、果实）生命与环境（不同温度、光照、水分的影响）生物进化（遗传、变异）
合计	6 个单元	约 48 个科学子概念（96 课时）	3 个核心概念

从上表中我们可以看到，STC 课程在 6 年的时间里，以每个学年集中学习 2 个月的时间，约 16 课时的探究式教学内容，让学生对"生命科学"领域的三大核心概念、大约 48 个相关科学子概念，进行深入的探究和理解。

三大核心科学概念始终贯穿于每一个学习阶段，而 48 个子概念，既是对三大核心概念的深化，又相互联系和相互支撑，举例如下。

在 1 年级的学习中，子概念"植物生长的一般需求"和"动物生长的一般需求"完善了"生物的生长需求"这一概念。"生物的生长需求"进一步提出了"环境对生物的影响"，进而使刚接触生命科学的 1 年级的学生对"生命的特征""生命与环境的关系""生命的演化"有了一些基础的认识。

4 年级时，三大核心概念以"观察几种小动物的生活"为载体，深入探究"动物需要一个合适的栖息地""动物有各种有趣的生理行为""不同的动物对环境需求和相应的生理行为有很多不同之处""动物为了适应环境会有特殊的身体结构"。

到了 6 年级，三大核心概念逐渐发展为"植物发芽需要的条件""植物生长需要的条件""植物对水分的需求及相适应的身体结构特征""植物对阳光的需求及相适应的生理特性""与植物繁殖特性相适应的生理结构和功能"等相关子概念，学生们对三大核心科学概念有了更精细的掌握和理解。这样的连贯学习，使各个核心概念在学生的认知体系中得到不断的建构和变构，并逐渐清晰。

三大核心概念和 48 个科学子概念的学习并不是孤立的，也不是单一习得的，而是相互联系、经常反复、逐级提升、不断生长和连贯把握的一个整体。我们清晰地看到，"生命与环境、生命特征、生物进化"等几个核心概念被分散在各个学年的学习过程中，并以不同的表现形式反复出现。每次出现都是在前面学习基础上的发展，最终，6 年的科学学习使学生对这几个核心概念形成了逐步深入思考的连续的发展进程。然而，学习并没有终止，对这几个核心概念的探究与思考还将延续到以后的科学学习过程中。这集中的 12 个月的学习，近 96 课时的探究过程，是一个有着密切联系的、连贯的学习过程。这一过程将持续影响学生对这几个核心概念的更深入的探究和理解，核心概念的建构已经变成一个连贯、持久、不断生长的学习生命体。

2. 科学学习是学生对核心概念理解的不断深入

STC 课程对科学概念连贯把握的设计，是一个逐级连贯的学习过程。对 STC 课程的研究表明，围绕一个核心概念进行长达几年的教学是一种有效的科学教学方法。这一思想，不仅使学生对科学概念的理解更加深入和深刻，而且直接影响着 STC 课程下教师的教学行为。对于某一年级的概念把握，教师不仅要关注该年级学生相关概念的发展状况，将这一概念的教学放入一个相对较长（6 年甚至 8 到 12 年）的连续的学习情境中去考虑和设计，还要对学生们概念转变的发生采取积极的教学措施。

我们以"生命科学"领域的核心概念之一"生物进化"为例，介绍 STC 课程在不同年级安排的逐级学习的连贯性设计。

生命世界是非常吸引学生的教学内容之一。学生们会发现地球上的生物有着丰富多彩的差异性，但随着学习的深入，他们又会发现各种生物还有着越来越强的相似性。"生物进化（遗传、自然选择、人工选择、相似性、多样性）"这一核心概念，就是在这一基础上提出来的，它深刻地解释了生物多样性中存在的来自于共同祖先的相似性。生物进化的观点要求学生深入理解不同生物的相似性、差异性以及对特殊环境的适应性等，这显然不是学生们可以轻易理解的一个简单概念，STC 课程建议通过几年的、连贯的学习，使学生逐步对"生物进化"这一核心概念进行越来越深入、越来越精细的思考，为学生构建"生物进化"这一概念准备好足够的证据。那么 STC 课程是如何引导学生深入理解"生物进化"这一核心概念的呢？为了比较清晰地反映 STC 课程用"对概念的连贯把握"来组织"生物进化"这一核心概念的教学，我们把 6 年的相关学习用表格的形式进行梳理。

"生物进化"概念的连贯性设计

年级	单元	涉及的相关科学概念	核心概念的推进
1 年级	"生物"单元	①生物有基本的生存需要：食物、水、空气、空间和自我保护； ②生物都有自己特有的需求； ③地球上生物种类繁多； ④人类和其他生物很相似。	多样性 相似性 差异性
2 年级	"蝴蝶的生命周期"单元	①不同昆虫"卵的孵化、蛹的生长"需要特定的温度等条件； ②毛虫的生长需要食物、空气和空间。	遗传
3 年级	"植物的生长和发育"单元	①为了生存和生长，植物需要光、水和泥土中的养分； ②开花植物需要通过授粉来产生种子； ③许多植物通过蜜蜂来授粉； ④一颗种子能长出一棵植物，一棵植物能结出许多种子。	遗传 自然选择 人工选择
4 年级	"动物研究"单元	①动物周围所有有生命及无生命的因素都影响动物的生活； ②栖息地即动物能生活的地方，如水、食物、避难地及空间都是动物生存和繁殖所必需的； ③每种动物都有特定的需要，如不同的食物、水量、温度等； ④一定的行为习惯以及身体结构能使动物在特定的生存环境中生存下去； ⑤人类是一种能在很大程度上改变自己的行为以便在各种地方生存的动物之一。	适应性 变异 适者生存

续表

年级	单元	涉及的相关科学概念	核心概念的推进
5 年级	"微观世界"单元	①微生物有帮助其在特定环境下生存的结构； ②变化的环境条件促使一些微生物被淘汰，从而改变了地球上的微生物群。	遗传 多样性 相似性
6 年级	"植物实验"单元	①植物需要土壤中的营养物质、光照和水分； ②营养物质、光照和水分的数量都会影响植物生长； ③植物产生的果实数量受以下变量的影响：营养物质、光照、水分和授粉的程度； ④植物的生长方向受地球引力和光照的影响。	遗传 变异
合计	6 个单元	约 21 个科学概念（42 课时）	生物进化

上表是 STC 课程为了让孩子建构"生物进化"这一核心概念的具体课程设计，通过 6 年的学习，STC 课程使学生对"生物进化"的概念产生了越来越深入和精细的思考，这是"对概念连贯把握"的具体应用。

比如，"生命有基本的生存需要：食物、水、空气、空间和自我保护"是建构"生物进化——适者生存"核心概念的基础子概念，从上表中我们可以看到，6 个年级每一个单元的学习中，它反复出现，并不断完善和深入。

1 年级："生物有基本的生存需要：食物、水、空气、空间和自我保护"；

2 年级："毛虫的生长需要食物、空气和空间"；

3 年级："为了生存和生长，植物需要光、水和泥土中的养分"；

4 年级："栖息地即动物能生活的地方，如水、食物、避难地及空间都是动物生存和繁殖所必需的"；

5 年级："微生物有帮助其在特定环境下生存的结构"；

6 年级："植物需要土壤中的营养物质、光照和水分"。

再如，作为"生物进化"这一核心概念的重要子概念——"物种多样性"，从 1 年级开始出现，一直到 6 年级，不断地通过不同的角度逐级发展。

1 年级："地球上生物种类繁多""生物都有自己特有的需求"；

2 年级："不同昆虫'卵的孵化、蛹的生长'需要特定的温度等条件"；

3 年级："开花植物需要通过授粉来产生种子"；

4 年级："动物周围所有有生命及无生命的因素都影响动物的生活""每种动物都有特定的需要，如不同的食物、水量、温度等""一定的行为习惯以及身体结构能使动物在特定的生存环境中生存下去"；

5 年级："变化的环境条件促使一些微生物被淘汰，从而改变了地球上的微生物群"；

6 年级："植物的生长方向受地球引力和光照的影响"。

上面是以"生物进化"为例所做的简单分析，在一定程度上诠释了 STC 课程对核心概念教学的基本策略。同样，对于诸如"生命与环境""生命特征"等核心概念的教学，STC 课程也采取了通过几年时间的持续学习，用联系的、反复的、逐级的、生长的、连贯的概念教学策略，使学习变成一个不断解读概念、不断深入探究、不断思考转化的过程。这样的学习不是把概念记住，而是将概念融入自身的思想体系，并持续影响更深、更远的学习和探究过程。

我们也可以看到科学核心概念的构建不是一条向上的线段，抑或是一条螺旋上升的曲线，而是一个复杂的、有时会反复的、始终连贯的、没有终端的有生命的网。

3. "对概念的连贯把握"是围绕核心概念组织课程的基本要求

具有连贯性的课程，把学生的学习目标看作是对某一概念理解的不断深入，它不再是一个由几个主题构成的多个概念的集合，也不仅仅是一个学习阶段的相关内容，它产生的是对学生新概念建构长期的、生长性的持续影响。

以"对概念的连贯把握"为思想的课程有以下两个基本特征。

特征一：强调组织课程必须聚焦于为数不多的几个核心概念，以便有更多的时间深入探索每一个概念所蕴含的具体思想，获得对某一核心概念的深入理解。

这一点在本章第一节第三段中有详细说明，我们还可以通过对 STC 课程"生命科学"领域的分析来发现这一特征。

"生命科学"领域核心概念在1—6年级的连贯性设置

核心概念	年级和内容	1年级 生物	2年级 蝴蝶的生命周期	3年级 植物的生长和发育	4年级 动物研究	5年级 微观世界	6年级 植物实验
生命特征	生物的特征	★	★	★	★	★	★
	生命周期		★	★		★	★
	生命系统调控行为				★	★	★
生命与环境	结构与功能		★	★	★	★	★
	生物与环境	★			★	★	★
生物进化	繁殖与遗传		★	★		★	★
	多样性与适应性	★			★	★	★

上表具体呈现了"生命科学"领域三大核心概念在一个相对较长（6年）的学习进程中的具体安排。我们发现，STC 课程将核心概念按学生年龄特点进行了逐级连贯的安排。

根据1年级学生的大脑发育特点，感知是这个年龄阶段主要的认识方式。课程在三大核心概念中，分别选择了"生命外部特征""生物的一般环境特征""生物的多样性特征"等，让学生们有能力去自主建构相关子概念。

到了2年级和3年级，学生们开始有了联系的思考能力，于是"生物一生的变化""生物身体结构和相关功能""生物的繁殖"等开始在学生的学习中出现，并为学生们所理解，三大核心概念得到了第二次发展。

到了4年级、5年级和6年级，虽然感性思维还是主导，但是学生们的理性思维有了较大程度地开发，于是"生物为了适应环境而产生的生理变化""生物遗传和变异的特征""生物各种自我协调的功能"等开始成为学生们进一步理解"生命科学"的支撑。

研究发现，这样逐级连贯的安排，是以学生大脑的发展为基础的。

这一安排以三大核心概念中相关子概念的连贯性为依据，建构各个阶段不同主题的学习进程，使课程中的不同内容形成彼此有联系、有发展、相互完善、连贯的整体。

特征二：强调学习核心概念是一个不断发展的进程。通过学习进程的设计，不断使学生建构、完善相关的知识和能力，加深对概念获得及运用的理解。

把学习置身在一个逐级连贯的概念理解过程中，用大量的时间深入探究并持续若干个年龄阶段，使学生对概念的把握始终处于一个发展和深刻思考的过程中，这样的设计有以下几个优点。

（1）促使学生开始对某一领域的几个为数不多的概念进行反复的认真的思考。

（2）促使学生参与一些对其终身学习有意义的探究和学习。

（3）在不同的阶段引入更适合学生发展需求的相关核心概念。

（4）促使教育者思考某一领域为数不多的概念在各个年龄阶段呈现的方式以及逐级建立的依据和相互支撑的联系。

（5）课程建设者可以更科学地根据学生的学习活动来研究和确定课程的范围与顺序。

STC 课程对概念的连贯把握，将学生对科学概念的探究和理解置于一个相当长的学习周期中，让学生有足够的时间认真、精细地思考。学生将有机会重组、新建、转变和理解这些科学概念。教育者有机会在不同年级设置对学生核心概念建构产生意义的逐级目标，并将该目标置于一个大的连贯的系统中，使学生有不断完善和不断建构概念的机会和能力，并对概念的获得产生深刻的理解。

（二） STC 课程设计的另一个重要特征是强调概念的广泛理解

STC 课程在设计一个核心概念教学的时候，不仅是让学生理解单个概念，而且希望学生在几个重要概念之间寻找相互联系。这些联系体现在一系列课程内容的开放化格局上，包括探究、技能、设计、历史以及各种实践经历等。

1. 科学概念不是孤立成长的

对一个概念的理解需要对很多相关概念的辅助理解，一个新概念的构建需要从很多角度、很多材料来加以支撑，这是 STC 课程"对概念的广泛理解"思想的进一步说明。关于"生命科学"领域的核心概念"生命与环境、生命特征、生物进化"，STC 课程是将它们与物质科学、设计与技术等广泛地联系在一起进行教学的。

从物质与能量的角度来看，构成生命的物质会通过环境进行循环，从一个生物体传递到另一个生物体。在生物体与非生物体之间也存在着物质和能量的传递和转化。动物以植物为食，植物将光、水分和动物呼出的二氧化碳转化成自己需要的营养物质，等等。这就将"生命科学"领域的概念和"物质科学"领域的能量概念联系了起来。

从设计与技术的角度来看，细胞和发育揭示了遗传基因在生物发育过程中表现出的一些特征和蛋白质合成之间的关系，这在农业技术和医学技术等领域也得到了深入研究。

那么，STC 课程在 1—6 年级的课程设计中是如何让概念不成为孤立的个体的呢？为了清晰地呈现 STC 课程将"生命科学"领域与其他各个领域之间建立的广泛联系，我们以表格的方式，做一个较为具体的梳理。

"生命科学"领域三大核心概念在 1—6 年级 24 个单元中的分布

年级	单元	生命与环境	生命特征	生物进化
1 年级	"生物"单元	★	★	★
	"天气"单元	★		
	"固体和液体"单元	★		
	"比较与测量"单元			
2 年级	"蝴蝶的生命周期"单元	★	★	★
	"土壤"单元	★	★	
	"变化"单元		★	
	"平衡与称重"单元			
3 年级	"植物的生长和发育"单元	★	★	★
	"岩石和矿物"单元			★
	"化学实验"单元			
	"声音"单元	★	★	

年级	单元	生命与环境	生命特征	生物进化
4 年级	"动物研究"单元	★	★	★
	"陆地和水"单元	★	★	
	"电路"单元			
	"运动和设计"单元			
5 年级	"微观世界"单元	★	★	★
	"生态系统"单元	★	★	★
	"食品化学"单元			
	"漂浮与下沉"单元			
6 年级	"植物实验"单元	★	★	★
	"测量时间"单元			
	"磁铁和电动机"单元		★	
	"造纸技术"单元	★		

上表让我们看到"生命科学"领域在 STC 课程中，不是单一线性分布的。在不同阶段的学习中，"生命科学"领域的三大核心概念，都广泛分布在不同主题的学习内容之中，并相互间建立了联系。

"生命与环境"这一核心概念，在 1—6 年级都有重点地安排在"生命科学"领域的各个单元：1 年级"生物"、2 年级"蝴蝶的生命周期"、3 年级"植物的生长和发育"、4 年级"动物研究"、5 年级"微观世界"、6 年级"植物实验"。

在"物质科学"领域、"设计与技术"领域的单元中，也有关于"生命与环境"核心概念发展的要求，如 1 年级"天气"和"固体和液体"、2 年级"土壤"、3 年级"声音"、4 年级"陆地和水"、5 年级"生态系统"、6 年级"造纸技术"。

同样，"生命科学"领域的其他两个核心概念"生命特征"和"生物进化"也有着类似的分布。

这样的课程设计，使得学生不仅在每个年级段都有相对独立和彼此联系的单元去探究，而且在同一个年级段，在进行不同领域的学习时也能与"生命科学"领域中的各个核心概念联系起来，使学生对这些核心概念的理解处于一个相当大的情境中，在建构核心概念的时候有着相当广泛的认知和能力基础。"知道的越多，了解相关的联系越深刻"，意味着在孩子的认知体系中拥有了组成概念的更多有价值的基础，拥有了更多界定核心概念关系和特征的依据，进而对核心概念的理解更接近科学。

2. 科学概念是在多个情境中被不断提取的

STC 课程不仅把一个核心概念置于 6 年的各个单元中以寻求广泛理解，而且在每一个单元中也充分体现了这一思想。

3 年级"植物的生长和发育"单元，学生形成的概念包括"植物的结构和功能""植物的生长周期""遗传""人工选择""自然选择"等。但是课程并不是仅仅设置了对这些内容的探究，还包括了"播种的技术""间苗和移植的技术""测量的技术""蜜蜂的身体结构和功能""蜜蜂的习性""蜜蜂模型的制作技能""人工授粉的技术""收获种子的技术"等一系列与物质科学、设计与技术相关的探究内容。STC课程认为，这些内容与"生命科学"领域的核心概念的发展是相互依赖和相互促进的，它们同时影响着学生对"生命科学"领域各个概念的理解和探究兴趣。

"植物的生长和发育"单元对概念的广泛理解

概念领域	相关概念	"植物的生长和发育"单元
探究科学	进行科学探究必需的能力	★
	对科学探究的理解	★
生命科学	生命特征	★
	生物的生命周期	★
	生物与环境	★
地球与空间科学	地球材料的性质	★
	天空中的物体	
	地球与天空的变化	
科学技术	技术设计能力	★
	对科学与技术的理解	★
	区分天然和人造物体的能力	★

概念领域	相关概念	"植物的生长和发育"单元
与个人和社会密切相关的科学	个人健康	
	人口特征与变化	
	资源种类	★
	环境变化	
	地方问题中的科学和技术	★
科学史和科学本质	科学是人类的事业	★
统一的概念和过程	系统、序列与组织	★
	证据、模型与解释	★
	稳定、变化与测量	★
	演变与平衡	
	形式与功能	★

上表呈现的关于"植物的生长和发育"单元中相关概念的分布，让我们感到惊讶和鼓舞。STC 课程在设计概念教学的时候，将概念置于一个多模块的情境中，试图让学生尽可能地了解事实的全部，并从相关联的每一个切口出发，让学生对概念的外延有一个尽可能全面的认识，然后再逐渐形成自己的判断和观点。

"植物的生长和发育"单元的第 4 课"间苗和移植"，作为"设计与技术"领域中农业技能的一个教学角度，课程进行了详细的技术指导。

材料准备：

一根牙签、一把剪刀、一把镊子、一把手持放大镜、花槽、小容器等。

建议：

A. 间苗——紧贴地面摘枝或紧贴地面剪枝。

B. 移植——将植株、根系全部拔起，并带些土壤，移植到另一个区域中。

步骤：

A. 用放大镜观察植物，根据幼苗的大小、颜色，叶子的形状不同，选择间苗（或移植）哪株植物，最终使花槽中 4 个格子每格只有一株植物。

B. 间苗（或移植）前，先用牙签轻轻地松松土壤。

C. 将弱小、叶黄的幼苗贴地剪掉（或者将这些幼苗连根拔起后移植）。

D. 为间苗和移植后的幼苗松土、施肥和浇水。

学生在进行一项看似非常精密的农业技能训练，了解间苗和移植的不同与方法，同时也亲历了这一过程。实际上，这项技能反过来也影响了学生对"生命科学"领域概念的深刻理解。间苗和移植的目的是让幼苗拥有足够的空间、阳光、食物、水分和空气循环，如果不这样做，那么幼苗可能发育不良或死亡，这是对"生物与环境"核心概念的思考。间苗和移植后，大部分植株得到了一个良好的生存环境，植物会苗壮成长并在收获的季节产生更多优质的种子。反之，因为营养不良等因素，种子产量和质量就会降低，影响后续的繁殖，这是对"遗传、进化"核心概念的思考；间苗要注意剪枝的位置，移植要将植株和根系一起拔起并带些土壤，这是对"生命特征"核心概念的进一步理解；人工间苗和移植，将使植株有选择地、更好地生长，这是对"人工选择、自然选择"概念的思考。所以，让学生全面认识事实的全部，是 STC 课程对概念广泛理解的一种思考，只有让学生广泛地关注概念的各个角度，通过对相关联的各个领域进行探究，对概念的理解才会更深入、更深刻和更科学。

3."广泛理解"是核心概念得到全面解释和深刻理解的保障

把概念置于一个多角度、多领域、多模块的广泛理解过程中，用大量的事实和多种经历设置概念形成所需的多种情境，让学生对概念的理解建立在多种信息的提取与鉴别过程中，最后形成自己的认识和思考，使学生对概念的理解处于多重事实证据之中，这样的设计有以下几个优点。

（1）学生对概念的理解是全面而深入的。

（2）学生参与了多个模块的探究，拥有自己的鉴别和思考机会。

（3）在不同概念领域中，学生能主动寻找彼此间的联系并产生真正的理解。

（4）教育者需要将概念置于一个更大的应用范围内，并联系同一年级的相关概念，使学生有机会了解事实的全部。

（5）课程设计者需要将多个领域之间的联系进行科学的安排。

STC 课程对概念的广泛理解，不是停留在多学科、跨学科这样一个宏观的范畴里，而是将概念学习变成一个复杂的工程，将学生们对科学概念的理解作为一个庞大的生命系统，让学生有足够的机会去接触和探究不同领域的事实，让学生有机会用联系的观点去关注每一次亲身经历的实践，使学生对概念的理解有更多的信息支撑并有明确的界定依据，这些都建立在 STC 课程对概念"广泛理解"的思想中。

三、STC 课程促进科学概念的逐级建构

6 年的实践研究，让我们清晰地看到了 STC 课程在科学概念的教学中，有着非常重要的设计策略，不仅能将学生们带入到深入的探究和深刻的理解中，而且还不断激发教育者的探究欲望。这种持续而深入的探究特征正是 STC 课程"对概念的连贯把握和广泛理解"带给参与者的一种强大激励，以下用几个实例从不同的角度说明这一点。

（一）学生有了独立思考的机会和形成自己观念的可能

在 STC 课程中，学生是怎样学习的？2 年级时，笔者和学生们一起经历了一次终生难忘的学习过程。那是一个神奇的旅程——"蝴蝶的生命周期"。该单元是 STC 课程设置的第二次集中研究"生命科学"领域的内容。

学生们在 1 年级"生物"单元首次从真正意义上开始了"生命科学"领域的探究，知道了动物和植物的基本特征、基本的生长需求，并种植了一些植物（小青菜、水草）和饲养了一些动物（孔雀鱼、水蜗牛）。在这个过程中，学生们对"生物需要一定的环境"也有了一个初步的认识。2 年级的"蝴蝶的生命周期"单元，学生们全程参与一种动物"诞生→生长→蜕变→成虫→繁殖"的过程，了解生物"形态和习性的改变"是它们生命周期的一个部分。生物只有在满足其基本需求的环境中才能生存和延续，生命体是具有周期性生长特征的，是有着生长、繁殖、死亡这样一个自然规律的。这一单元指向的核心科

学概念是：蝴蝶具有一个特殊的生命周期（生命特征）；蝴蝶生活在一个能满足自身基本需求的环境中（生物与环境）；蝴蝶会进行繁殖，并将一些特征遗传下来（生物进化）。

那么，"蝴蝶的生命周期"单元的学习历时两个月，STC 课程是怎么引导学生们深入理解概念的呢？

那是 2008 年的春天，笔者的父亲特地种植了大量卷心菜作为培育菜青虫的基地，然后就有了笔者和学生们一起关注菜粉蝶"卵→幼虫→蛹→成虫"的过程（笔者人生第一次真切地看到了生命的神奇蜕变——菜粉蝶成蛹、化蝶的过程）。在那两个月里，笔者和学生们（包括笔者的父亲）拥有了一生都为之感动的神奇而深刻的经历。

"蝴蝶的生命周期"单元设计

课序	课题	目标	主要活动	匹配的检测
第1课	为毛毛虫做准备	①让学生产生期望；②让学生用语言和图画表达对毛毛虫和蝴蝶的了解。	①画毛毛虫；②画毛毛虫生长发育的过程。	关于毛毛虫及其变化的图片（前测）。
第2课	照顾这些毛毛虫	①学习如何照顾毛毛虫。②记录第一次观察毛毛虫的结果；③学习如何使用放大镜。	①用放大镜观察毛毛虫；②学习蝴蝶的养殖技术。	①毛毛虫食物记录单；②能有效使用放大镜。
第3课	了解有关毛毛虫的更多内容	①毛毛虫的共同特征；②毛毛虫生存需要什么；③毛毛虫的特殊需要；④观察毛毛虫的生长与变化。	①爱护毛毛虫；②关注毛毛虫如何吃食、喝水、呼吸等。	①毛毛虫喂养记录单；②明确生物需要食物。
第4课	观察蝴蝶的幼虫：毛毛虫	①观察毛毛虫的身体结构和活动行为；②预测毛毛虫接下来将发生的变化。	①观察毛毛虫的身体结构和活动行为；②做毛毛虫模型。	①毛毛虫观察记录单；②观察毛毛虫的生长、变化和行为，坚持写观察日记。

续表

课序	课题	目标	主要活动	匹配的检测
第5课	观察毛毛虫的变化：成长与蜕皮	①将毛毛虫的生长与它的变化关联起来；②注意变化：皮肤、进食等。	①记录毛毛虫的生长、变化，并画图记录；②一个关于成长的故事；③用动作演绎毛毛虫蜕皮。	①"毛毛虫和我"的记录单；②蜕皮过程记录单；③理解为什么蜕皮；④收集毛毛虫变化的证据：壳、头盖壳等。
第6课	吐丝	①观察毛毛虫吐出来的丝；②理解毛毛虫是如何运用它的丝的。	①观察毛毛虫吐丝的动作；②观察丝并描述；③关于中国和丝绸的故事。	毛毛虫及其丝的记录单。
第7课	从毛毛虫到蝴蝶蛹	①观察毛毛虫"J"型阶段；②加深对毛毛虫身体结构的了解。	①目睹结蛹过程，画出毛毛虫的身体结构；②给毛毛虫等子，阅读预测故事。	①毛毛虫变蛹的记录单；②毛毛虫的详细图画；③"J"型阶段的观察。
第8课	观察蝴蝶蛹	①观察表面平静的蛹；②知道蛹将会发生变化。	①观察表面平静的蛹；②预测蛹会发生什么变化。	观察蝶蛹记录单。
第9课	蝴蝶的出现	①亲历蝴蝶破蛹的过程；②描述蝴蝶的身体。	①观察蝴蝶和空的蛹；②观察破蛹的蝴蝶。	观察蛹和蝴蝶的记录单。

续表

课序	课题	目标	主要活动	匹配的检测
第10课	喂养蝴蝶	①发现蝴蝶和毛毛虫进食的区别； ②认识蝴蝶进食的器官。	①喂养蝴蝶，观察蝴蝶进食方式； ②画蝴蝶，为蝴蝶写诗。	蝴蝶需要的食物记录单。
第11课	蝴蝶的身体	①认识蝴蝶身体的各个部分； ②了解蝴蝶身体的结构和功能。	①研究蝴蝶的各个部分； ②做一只简易蝴蝶风筝。	①"我和我的蝴蝶"记录单； ②绘制蝴蝶的两对翅膀、六条足、两只触角、口器和眼睛。
第12课	让蝴蝶自由地飞舞	①意识到蝴蝶需要自由空间； ②计划放飞蝴蝶的时间和场地。	①邀请朋友参加放飞仪式； ②追寻蝴蝶的踪迹； ③观看蝴蝶生命周期录像； ④绘制蝴蝶生命周期图。	①绘制蝴蝶生命周期图——由毛毛虫到蝴蝶； ②用绘图语言来说明。
第13课	运用我们的数据	①知道蝴蝶各阶段生长的时间； ②各阶段蝴蝶的身体结构。	①整理数据； ②完成蝴蝶周期数据表。	①完善蝴蝶生命周期图； ②进行正确排序。
第14课	发现：蝴蝶原来是昆虫	①学习蝴蝶原来是一种昆虫 ②发现所有昆虫共同的特征。	①交流我们的蝴蝶肖像画； ②讨论蝴蝶的结构特征； ③和蚂蚁、蜘蛛画像对比。	①蝴蝶的主要结构特征记录单； ②区分昆虫和非昆虫。

续表

课序	课题	目标	主要活动	匹配的检测
第15课	其他生物的生命周期	①知道每一种生物都有一定的生命周期； ②生物的生命周期是循环的。	①交流某一种植物的生命周期； ②讨论另一种动物的生命周期； ③画另一种生物的生命周期。	绘制另一种生物的生命周期图。
附录	①一个中国的传说和丝绸的历史； ②如何制作方便而价格低廉的蝴蝶巢； ③饲养蝴蝶的第二代。			

在这个单元中，笔者和学生们一起经历了很多感动的故事。

故事一：我们这次饲养的是菜粉蝶，是江南一带的自然生态物种，不存在破坏生态环境的风险。由于2007年底的一场大雪，2008年初春，我父亲为我种植的卷心菜上一直没有出现虫卵。终于在4月初，父亲在电话里兴奋地告诉我，卷心菜上出现青虫了。我连忙赶回老家，和父亲一起去了菜地，把几株有虫卵和幼虫的卷心菜带回了杭州。当我把小青虫带到办公室的时候，老师们（包括男老师）都感到有点麻麻的。小青虫那扭动的身躯确实会让一些人感觉不舒服，学生们是不是也会因为害怕而不参与这次探究活动呢？我有点担心，特别是担心那些2年级的女生。开始上课了，因为知道今天的课堂上会有"客人"要来，而且这批"客人"是我们等了几个星期的贵客，学生们正襟危坐，急切等待着这神圣的一刻。

"请毛毛虫来到我们的实验室"，我将课题打在大屏幕上，学生们开始窃窃私语："会是什么样子的呢？""什么颜色的？""会不会咬人？""好不好玩？""我有没有机会领养？"……当粘着虫卵的卷心菜和小青虫出现在学生们眼前的时候，大家欢呼了，每一个学生都小心翼翼地从我的手中领走了属于自己的小青虫，甚至屏住呼吸，生怕吓坏了小青虫。大家开始安静地观察、记录，不敢大声交流，更没有一个人表现出害怕或排斥。

一个学生焦急地来到我身边，轻声说："老师，快点，不好了，小青虫要逃了。"原来，他们小组的小青虫爬出了观察范围，而且他们不敢去触碰小青虫的身体，不是因为害怕，而是担心用力过大伤害了这个柔弱的小生命。一个女生发出的笑声吸引了我，我过去一看，原来是小青虫爬上了这个学生的手背，其他孩子都羡慕地把手伸过去，希望小青虫也能挨个爬到他们的手上。还有些学生开始和小青虫说话，童趣弥漫着整个教室。35 分钟的课堂过得有点快，铃声响了一会儿了，我也催促了好几次，可是学生们久久不愿离开。最后向我千叮咛万嘱咐，一定要看好他们的小小饲养所（因为教室不能放置，会影响学习，所以统一用一次性杯子饲养，并放在实验室里）："不要让它爬出来！""不要忘了喂食物！""不要碰到水！""不要让它太孤独！""不要把它们闷死了！""不要……"课间、中午，只要一有时间，学生们就会跑来关注这些小生命，在他们眼中，小青虫很漂亮、很可爱，学生们会和小青虫说悄悄话。有一个女生，每次心情不好的时候就会来和小青虫说话，直到开心地离开。有一天，有一条小青虫变黄了（死了），这个女生伤心地大哭起来，因为菜地上的小青虫越来越多，所以我就给她补了两条，她更加认真地关注着小青虫的变化（6 年级的时候大家回忆起这件事情，依然觉得很温馨，这个女生更是对这件事情念念不忘）。

故事二：该单元第 4 课时是让学生们做一个小青虫的模型。这对我们来说，竟然变得那么简单和有趣，因为我们太了解小青虫的身体结构了，也太爱这些小青虫了。所以，我和学生们利用双休日回家准备了大量的材料：鸡蛋纸板箱、珠子、小球等，每一个学生都动手制作由 13 节身体和一个头组成的小青虫模型（唯一的遗憾是小青虫模型的灵活度不是很好，活动性欠缺了点）。过了一周，一个学生的爷爷用木头做了一个活动自如、形态逼真的小青虫模型。原来这位爷爷被我们的饲养活动感染了，他说："这辈子也没有养过小青虫，这次算是补回来了。"

故事三：大概过了 2 个星期，小青虫开始变成了蛹，所有的学生好像都知道即将要发生的事情，他们知道平静的表象下面孕育着神奇的事情。所以，这段时间，学生们来实验室的次数更多了。他们都会找到自己的小

小饲养所，仔细盯着自己饲养的小生命，一动不动地观察，偶尔会有学生突然大叫："动了！动了！我的蛹扭动了一下。""我的也在动，真的会动的。"那种感觉，简直就像是发现了外星人，于是其他学生会蜂拥而至，大家围着蛹，期待着它下一次的蠕动。

故事四：最让我和学生们激动的，莫过于我们一起看到菜粉蝶破蛹而出的时刻。因为我们无时无刻不惦记着这些小生命，终于在一个下午，我们发现有一个蛹开始发生了变化，慢慢地咬破蛹的顶部，从里面爬了出来。它的翅膀有点湿，耷拉着垂了下

来。在5—6分钟后翅片伸展完成，又隔了20分钟左右，翅膀开始振动。那扇动的样子美极了，我们大家都不由自主地轻轻赞叹。当蝴蝶翅膀变干扑闪着的时候，大家欢呼了，这时菜粉蝶完全有了飞翔的能力，它在教室里来回飞舞，孩子们来回跟着。

故事五：该单元第12课"让蝴蝶自由地飞舞"中，我和学生们经历了一次最神奇最感人的仪式——亲手放飞我们饲养的每一只菜粉蝶。第一次，我们只有5只蝴蝶破蛹成功，已经在教室里观察了几天，如果再不放飞就会让蝴蝶失去难得的自由空间（成虫一般只有1—2周的生命力），那么谁能成为第一次放飞蝴蝶的幸运儿呢？学生们经过慎重的选择，把机会让给学习最认真、探究活动中表现最突出、科学课外知识最广博、平时科学学习兴趣最浓厚的同学。那天学生们庄重地排好队伍，走到学校的小树林，围成一圈，每人都对蝴蝶说一句话："小蝴蝶，你自由地飞吧！""小蝴蝶，大自然是你的家，希望你每天快乐！""小蝴蝶，我会想你的，你也要想我哦！"……当蝴蝶展翅飞翔在天空中的时候，所有人开始欢呼，开始追着蝴蝶一起奔跑。有的学生早就准备了数码相机，像个摄影师一样抓拍着美丽的蝴蝶；有的学生拿来了记录本，开始用幼稚的图案描绘这些小生命。我们还举行了一次大型放飞活动。和大队部协商，我们在周一升国旗仪式后，在1200多名师生面前，完成了一次集体放飞仪式。当一大群菜粉蝶从学生们的手中飞向空中的时候，全校师生的掌声、欢呼声和菜粉蝶一起展翅

飞向天空，而我的学生静静地看着，那是一种不舍、一种自豪、一种别人无法体会的情感。更值得感动的是，每年一到有菜粉蝶的季节，我的学生就会来告诉我："李老师，我们养的菜粉蝶又回来啦！"

　　故事六：该单元最后几课中，我们需要整理相关的数据和记录单。学生们发现，菜粉蝶的一生是那么的短暂，但又是那么的神奇。从一个菜叶上不起眼的卵，到可爱的小青虫，到变成蛹，再到破蛹而出，我们看到了小青虫截然不同的两种生命形态。在整个单元的学习中学生眼睛里都是闪着光亮的。因为课题研究需要，我会收集学生们的记录本，可是自从 2 年级饲养菜粉蝶之后，学生们的记录本都舍不得上交，大家公平公正地选择了几本作为资料留存，其余的由学生自己保管，因为小小的记录本里面有着他们每一次的真实经历。在"蝴蝶的生命周期"单元的探究过程中，我们也看到了幼虫的死亡，蛹没有变蝶而变黄的夭折，蝴蝶羽化失败后的殒命，学生们第一次如此近距离地接触生命的最后篇章——死亡。这没有让学生们感到恐惧，反而让学生们发自内心地感觉到：生命太美丽了，生命太可贵了，我们要尊重生命，珍爱生命。

　　故事七：该单元的很多课都会让学生们把生物画下来，从一开始的毛毛虫，到蛹、成虫（菜粉蝶），直至最后一课，画出蝴蝶一生的周期。绘制菜粉蝶身体结构的活动，有趣而快乐。我没有看到一个学生会像 1 年级时那样画卡通蝴蝶了，他们所有的图案都是真实的素描，也许不是那么精致，但是那么的真切：触角、口器、眼、六条足、两对翅膀、头、胸、腹、翅膀上的图案等。在画蝴蝶一生的时候，他们自觉地画出了一个循环。有一个孩子这样问："李老师，以前肯定没有蝴蝶的，蝴蝶是什么生物变过来的呢？以后它还会变成其他什么样子的生物呢？"

　　故事八：该单元的最后是一篇科学阅读"一个中国的传说和丝绸的历史"。这一课，学生们发生了激烈的争论：为什么要把蚕蛹弄死？人类为了自己能拥有丝绸，就要让蚕付出生命的代价吗？学生大多认为不应该杀害蚕，也有学生从人类利用自然养殖蚕来解释，最后没有结果。那一场讨论让我记忆深刻，也许这就是孩子的天性，也许长大以后他们会明白自然界和人类之间的一些规则。但是，我们不应该在他们 2 年级的时候用成人的要求去遏制他们对生命的尊重。我尊重学生们的每一个观点，因为这些都是他们在前期大量实践后形成的独立思考。

故事九：感谢我的父亲，一直支持着我和我的学生们。因为父亲管理得好，菜青虫越来越多，于是，我开始允许有需要的学生把菜青虫带回家去饲养，而这变成了学生们收到的最宝贵、最开心的礼物。甚至是有些家长，特别是年轻的妈妈们也很欢迎，没有觉得放在家里不舒服。一个学生的家长这样和我讲："李老师，太有意思了，那天傍晚的时候，我家孩子养的菜青虫从茧里要出来了，我用摄像机录下了整个过程，太兴奋了。当我看到孩子回家的时候，我在窗口就大喊孩子的名字，告诉他快来看我们家的蝴蝶，因为这个时候蝴蝶就在我家天花板上。"另一个家长更有意思："蝴蝶就养在我的汽车里面，这个双休日早上，我带孩子去郊游，一打开车门，几只蝴蝶飞了出来，我和孩子追了好长一段路，直到看着它们飞进小树林，太有趣了。"还有家长这样说："我其实很怕身体软软的小虫，可是这段时间，我和孩子一起看到了菜青虫化蝶的过程，我觉得它们很美。"

在这两个月的探究学习过程中，我和学生们不仅知道了蝴蝶的生命周期，看到了昆虫一生的几个阶段，亲历了生命的生长和死亡，而且还意识到，生命有脆弱的一面也有顽强和美丽的一面；环境是影响生命的重要因素；生物有相似性和多样性；不同生物的身体结构差异和环境有关；生物吃的食物和身体结构有关；生命各阶段的特征不同；让生命回归自然才是和谐之举；人类利用自然有两面性；观察和记录是研究的重要手段；模型的制作和要求是建立在观察和思考的基础上的；数据的整理、记录单的整理对研究很重要……这是一个令人兴奋的学习过程，这既是一次对科学概念的探究，也是一次生命科学的奇妙之旅，更是一次生命意义和价值的教育。STC 课程强调对概念的广泛理解，正是为了让学生置身于一个多情境的模块中不断产生自己的理解、判断和思考，最后形成自己的观点。

（二）学生对科学概念有了足够的时间进行深入的探究和理解

在学生们经历了 6 年的学习之后，STC 课程使学生建构了怎样的科学概念体系呢？

　　还是以"生命科学"领域的学习为线索，我们用学生各个时间段的作品来展示学生对"生命科学"领域的某些概念的建构和转变。下面的这些作品，会让你觉得学生的探究是多么令人叹服。

　　我们看到学生们从 1 年级对生命科学的似懂非懂、信口开河、虚无善变，到 6 年级对生命科学的强大自信、字斟句酌、言必有据，这是一个逐级发展和良性生长的学习过程，这是在 STC 课程对概念广泛理解背景下学生达到的程度。

STC 课程中学生在"生命科学"领域的概念发展

年级	单元	学生作品	说明
1 年级	生物	①单元第 1 课时的记录单，"你知道的动植物"和"你还想知道关于动植物的什么？" ②本单元有饲养孔雀鱼的活动，这是一位学生的一次观察记录。 	①由于识字有限，学生们用了图和拼音来辅助表述； ②在"你知道的植物"一栏中（左上），画了一株向日葵和一棵树，其中向日葵有叶和花盘，树有树干和树冠； ③在"你知道的动物"一栏中（右上），画了一只蝙蝠和一只小鸟，其中蝙蝠有手、脚，小鸟没有足； ④在"你还想知道关于植物的什么"一栏中（左下），提问：植物是怎么呼吸的呢？ ⑤在"你还想知道关于动物的什么"一栏中（右下），提问：蝙蝠是不是晚上出来？ ①画中有鱼、水草、水蜗牛、氧气珠； ②写了一句话：我有空就来看小鱼，我看见小鱼快乐地在鱼缸中游来游去。

续表

年级	单元	学生作品	说明
3 年级	植物的生长和发育	③学生观察一粒种子的记录。 	①种子有两粒：干的和浸泡以后的； ②记录单提示了 5 项记录：颜色、形状、质地、气味、大小，该作品附加了一张纸条，上面写有长、宽、光滑度、纹理； ③作品中认为颜色、光滑度、软硬、大小、气味都发生了一定的改变； ④右边是一株发育后的植株，学生补充了种子的结构并和发育后的各个部分进行连线。
4 年级	动物研究	④饲养彩蛙、螃蟹、蜗牛三种动物以后学生画的维恩图。 	①作品从俯视和仰视两个角度对蜗牛进行了一次仔细的观察，并标出了眼、短触角、长触角、呼吸孔、排泄孔、外套膜、壳顶、螺纹、头、足等部位； ②这是一张持续修改的维恩图，饲养彩蛙的时候是一个圈，饲养螃蟹的时候加了一个圈，请蜗牛进教室以后变成了三个圈。其中共同点有：空气、水、食物、产卵、排泄、繁殖、运动、栖息地。

续表

年级	单元	学生作品	说明
5 年级	生态系统	⑤学生利用可乐罐营造"陆地生态系统"和"池塘生态系统",并进行观察和记录。 	这是 STC 课程中"生态系统"单元的一份记录,虽然将该单元放在"地球科学"领域,但是它和"生命科学"领域有着紧密的联系,我们可以从记录中看出学生的一些想法。 ①左边是一个可乐瓶上半部分做成的饲养所,作品描述:黑麦草长得最高,而且最细长,上面绿下面有点白,根部伸到土里;芥菜长得第二高,只有叶子是青绿色的,根全部是白色的;苜蓿草最矮,叶深绿色,根上有淡淡的绿色。其中黑麦草16厘米,芥菜9厘米,苜蓿6厘米。 ②右边是一个可乐瓶下半部分做成的水族箱,描述:我们的水族箱里有两只金蟾,眼睛是红红的,前爪有3个脚趾,后爪有4个脚趾,肚子是白色的,其余是淡黄色的,会在水中窜来窜去;里面还有白色的蛤蜊,上面有条纹,有黑斑;还有水蜗牛,把整个身子都伸了出来,有的吸在瓶壁上;有一次我看到水蜗牛把一条小孔雀鱼给吃了。

续表

年级	单元	学生作品	说明
6 年级	植物研究	⑥"生命科学"领域最后一个单元学习前的班级讨论：关于生命世界我们知道些什么？ 	①适者生存； ②人类某些行为破坏了生物需要的环境； ③生物需要一定的环境； ④生态系统是和谐的，会自我调节； ⑤存在食物链，要保护生命； ⑥不同的生物生存能力不一样； ⑦人类能适应环境，但不能改变自然规律，要尊重自然规律； ⑧人类尊重生物的选择，让生物有自由； ⑨自然选择人类，人类也可以改造自然； ⑩人类一无是处，在破坏环境。这时班级里发生了激烈争辩，最后决定补充：视野应该更加开阔，事物都具有两面性； ⑪生命是美的； ⑫生命的生存有规律的； ⑬生物存在变异； ⑭生命是平等的，尊重每一样生命。

　　上表所呈现的这些作品，是学生们 6 年来"生命科学"领域学习的一些例子，我们看到学生在经历了"生命科学"领域 6 年连贯的学习之后，发生了巨大的改变，呈现出令人欣喜的概念转变。"生命科学"领域的三大核心概念在这些学生的思想中已经变得牢固而深刻，也许还不够完善，但是这已经足够震撼我们了。

1. 关于"生命特征"核心概念的理解

　　我们发现 1 年级的学生，关注的是能看到的部分（比如向日葵没有画根），还有童话故事的部分（比如蝙蝠有手和脚，在那里站着，像一个超人）。

而到了3年级，学生们开始用解剖的方式关注种子的内部结构，用科学的推测关注种子和植株之间的内在联系。

到了4年级，学生开始用持续的观察、用对比研究的方式关注几种生物的结构特征，并和它们生活的环境联系起来。

到了6年级，学生们认为生物的生命周期是一种自然规律的体现，不同生命具有各种不同而神奇的特征，而这些特征都是为了适应周围复杂的环境以及应对环境的变化，生命是美丽而值得敬畏的。

2. 关于"生命与环境"核心概念的理解

1年级的学生还没有这方面的认识。

3年级的学生开始关注阳光、水、空气、空间等对植物生长的影响。

4年级的学生开始关注不同环境中生存的生物之间身体结构的不同和生理行为的不同，并关注到环境的变化会引起生物某些特性的改变。

5年级的学生对于非生物和生物之间的联系有了较深刻的认识。

6年级的学生逐渐可以概括出"适者生存"，并开始理解这个概念，进而提出：生命都需要一定的环境，环境可以选择生命形式，人类应该保护环境，生命是平等的等观点。

3. 关于"生物进化"核心概念的理解

学生在1年级的时候，还没有这样的概念，但他们意识到地球生物种类很多；到了3年级，学生开始认识到开花植物和不开花植物的不同，对动植物的共同点逐渐清晰起来；4年级研究了彩蛙、螃蟹、蜗牛之后，学生开始对物种的多样性、生命的共性，以及生命体随着环境改变相应的身体结构有了认识；5年级学生关注到环境的不断变化，使生命在整个进化历程中变得丰富多彩；6年级学生认为生物存在变异，自然选择是地球生物多样性的主要原因，生物的多样性和生物的相似性同样重要和值得研究，遗传和变异是同时存在的，人工选择可以改变自然规律，人类活动具有两面性等。

4. 学生的描述性语言发生着变化

在概念理解的过程中，学生们始终用自己的语言进行表述，这也是 STC 课程中学生学习科学概念的一个重要特征。

STC 课程不是要求学生们必须在短期内有一个明确的概念，而是强调让学生们在 6 年的学习中不断积累广泛的证据，然后逐级推进概念的螺旋发展和用连贯的逻辑使概念完整化、完善化。所以，STC 课程认为学生自己的真实表述才是最有价值的。

从学生们的作品中我们发现，从 1 年级的简单图文，到 3 年级和 4 年级的细致求证，到 5 年级和 6 年级的独立思考，学生在对"生命科学"领域概念持续探究的同时，其语言和思维也在连贯概念的探究中逐级发展。最让我们感到欣慰的是，学生能用自己的思考和判断来组织对概念理解的各种陈述，这就是 STC 课程对概念的连贯性把握和广泛理解给学生在学习过程中带来的直接影响。它让学生对自己的学习有着坚定的认识，牢不可破的坚持，让学生对概念的界定有着独到的思考，让学生在认知的同时不断认可自己对概念的理解和解释。

四、研究的现实意义和价值

（一）围绕核心概念组织科学课程

组织科学课程的思路有很多种，国内现有的教科书有按照知识层次组织的，有根据探究方法组织的，有平衡科学各领域的具体需要来组织的，等等。然而，这些科学课程在设置时，并没有深刻考虑各个主题彼此间有意义的联系和不同年级间的逐级推进、预设，往往各个主题单元之间是不连贯的、孤立的，每个单元主题的地位显得同等重要。这样的课程，会让学生的学习变得繁重且具有间歇性，概念的掌握变得繁多而零碎。

作为义务教育阶段的小学科学课程，我们无法让学生知道科学的全部，但我们可以让学生知道科学最核心、最有价值的部分，并让这一部分成为学生今后继续学习新的科学的基础，继续探究各种事实的依据，进行科学解释和形成独立观点的有用的架构材料，成为学生思想体系的重要组成部分，成为其终身学习科学的基础框架。所以，选择为数不多的核心概念作为科学课程的架构，让学生在有限的时间里，动用足够的时间集中思考、反复探究、深入理解核心概念所能涵盖的各个方面，将之贯穿于学生整个学习历程中，这样的设计具有重大意义。对STC课程的研究，让我们看到了围绕核心概念组织科学课程的可能和实施的价值。我们要让学生深刻理解科学最核心的概念，发展学生获取证据、提出自己主张和进行解释的能力。

（二）逐级构建连贯的核心概念学习进程

学习核心概念，不是一堂课或一周的学习就可以做到的，因为核心概念是一个庞大科学思想体系中最精华的部分，所以要用几个月甚至几年的时间，让学生有机会反复接触、反复探究、反复思考、反复判断和反复进行越来越精细的思考，这样学生对概念的理解和把握才会深刻。

对于学生来说，从1年级开始，已经具有了一些自发的概念和简单的推理能力，在这个基础上，让学生用6年的时间去理解若干个科学核心概念和进行一些科学的探究思考，是需要一种有效策略的。持续的、连贯的、逐级的相关主题学习，将更有利于学生发展概念和实现概念转变。学生学习概念最困难的部分是无法删除或改变自己原有的不科学的自发概念，而用较长时间以及不断的科学证据加以刺激，可以逐渐动摇或修正这些原有的概念体系。对STC课程的研究，使我们清晰地看到了学生在这样一个概念学习进程中，是如何深刻而自由地掌握核心概念的。

（三）形成广泛理解的单元组织架构

确立了核心概念后，如何让学生在一个主题单元中收获扎实的、有助于概念形成的信息？这是课程设计要解决的一个重要问题。STC课程认为掌握一个概念的外延越多，那么对内涵的解释就越充分，而这必须建立在对概念的广泛理解基础上。

学生不是一张白纸，在学习核心概念之前，学生会有自己的理解和解释。如何让这些原有概念逐渐趋向科学并成为建构核心概念的有价值的信息？让学生对概念拥有广泛的理解是一个有效策略。一个概念往往不是单向的，特别是一个核心概念，它既是该领域中的精华，又是其他领域基本思想体系的一部分。比如关于生物进化，显然它和"生命科学"各个领域有着密切关系，其实它还和"物质科学"领域有着密切关系，它和"地球科学"领域也有着密切关系（因为地球的运动、环境的变化，使得生物为了适应改变的环境而不断遗传优质基因，改变不能适应的基因），同时它和"科学技术"领域也有着密切关系（转基因、医学技术、农业科学技术等）。

对概念的广泛理解可以让学生尽可能地了解事实的全部，是学生深刻理解概念和建构新概念的前提。

（四）开展精细化的教师培训

围绕核心概念组织科学课程，对概念进行连贯性把握和广泛理解，这样的课程也对科学教师提出了更高的要求。

首先，教师必须清楚哪些是核心概念，哪些是某一年龄阶段需要掌握的概念，在一个或一段年龄时期内如何推进学生的概念改变并明确该推进到哪一步。明确了这些，教师才不会拔苗助长，才会为学生完成一个核心概念的理解制订一个长期的目标，为学生能够及时理解子概念制订一个短期目标。

其次，教师要有一种连贯把握的教学意识。教师在每一个主题的教学中都要思考相关主题在概念逐级推进过程中相互支撑的部分，而不是在一堂课或一个单元结束的时候，就期望孩子形成一个核心概念。

最后，教师要有更广阔的视野和广博的知识，在探究、阅读、写作、模型制作、艺术等领域都能给学生以指导，为学生概念的建构带来有意义的信息。不同领域知识的学习也将为学生对核心概念的理解提供更多的事实基础。

第四章

STC课程合作学习策略运用分析[①]

一、STC课程的合作学习特点及研究意义

本课题以 STC 课程从 1 年级到 6 年级的 24 个单元教师教学用书文本和日常的课程实践为主要研究对象，结合学生的发展，以文献法和观察法为主要研究方法，对 STC 课程实施中的重要策略之一——合作学习进行专门研究。

本研究从 STC 课程设计中各类"挑战性"探究活动入手，对合作小组（学习共同体）的创建、合作探究的实施、课程结构设置、合作技能培养、合作学习评价与调控等做了一个较为全面的分析。

在 STC 课程 24 个单元的教师教学用书前面有关"单元教学"的描述中，我们都可以看到"合作学习"的字样。作为"教动手的科学课程的最好方式之一"，课程的设计者总会强调"为学生提供发表意见的机会，并能得到及时的反馈；使学生有机会学习其他人的想法、发现

---

① 本章为湖北省武汉市华中科技大学附属小学课题组子课题研究报告，执笔者为朱映辉、易传发、程伟、王芩。

及技巧。此外，让他们的交流能力也能得到提高"。很明显，STC 课程是将合作学习视为一种能力，并看作是科学精神的重要组成部分。STC 课程非常重视学生合作学习意识的形成和合作学习能力的培养，并将这一理念渗透于教学内容的各个方面。

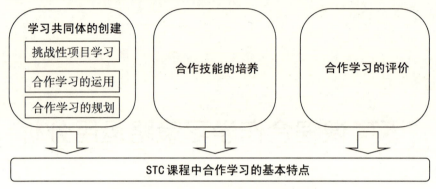

STC 课程中合作学习策略运用分析示意图

在我国科学教育侧重横向扩展、多以"主题—活动"模式进行课程设计、探究层次较浅的现实背景下，对 STC 课程合作学习策略的研究，不仅有助于我们理解注重纵向深入、以"概念—过程"模式进行课程设计的美国科学教育，而且对课程设计者和教学实施者来说都有积极的借鉴意义，让更多的人更多地关注由合作学习引发的对学生科学精神的培养。

二、基本策略及其运用

开展"STC 课程合作学习策略运用分析"这一研究，与当前高效课堂的讨论有许多关联。在关注课堂有效性的过程中，我们首先要关注的应是教师教还是激发学生学的问题。合作学习使我们坚定地认为，应把激发学生学摆在更为突出的位置。学习共同体的创建为有效开展合作学习提供的基础并不是德育意义上的"团结、友爱、互助"，而是基于合作基础上的以提高学生学习力为目标的一种特殊学习形式——挑战性项目学习。

据此，我们提出了 STC 课程将"合作学习"作为其实施的有效手段之一的价值判断，那就是通过有效创建学习共同体（合作学习），在完成具有挑战性的探究活动中提高学生的学习力。

STC 课程是如何通过学习共同体的创建实现其提高学生学习力的目的的？我们试图通过对挑战性项目学习的分析，向大家展现这一课程学习共同体的基本特点；通过对合作学习策略规律性的探索，达到指导我们的现实教学的目的。

进入 21 世纪，伴随着经济发展和社会进步，注重知识与学习的"质"甚于"量"的时代到来了。拥有多样能力与个性的儿童共同地聚焦一个主题展开的项目型学习，是形成高水准学习力的基础。"合作学习"的意义在于，通过与同伴的合作，一个学生能挑战其不能达到的学习水准。STC 课程的项目教学设计，实质就是关注每一个学生的"冲刺与挑战的学习"。"合作学习"成功与否，取决于能否设定适当难度的课题。作为以探究为主要特色的 STC 课程，合作学习的特色就显现在"挑战性学习"之中。

（一）STC 课程中学习共同体的创建

1. 合作学习实现的根基

STC 课程在进行项目教学设计时，把"挑战性学习"作为开展"合作学习"的根基，高水准地设定"合作学习"的课题，使得"合作学习"能够融合基础性和发展性的教学内容，使得互帮互学得以实现。

我们发现，挑战式探究在 STC 教学活动中异常凸显。比如"运动和设计"单元（见附件一："运动和设计"单元教学活动任务、目标一览表），它有一连串的挑战性探究活动，从设计难题 1——移动 100 厘米的小车，到设计难题 2——在 4—6 秒内移动指定距离的小车，再到设计难题 3——设计并建造一辆带帆的车，再到最后的设计难题——富有挑战性的设计，每一个挑战性的活动都没有固定的达成模式，都需要借助学习者已有的经验与搭档一起去尝试完成。尽管这也许会成为制造失败者的活动，但学生们却有极大的兴趣，几乎没有一个团队的学生会顾及失败的烦恼，而是全身心地投入挑战性活动之中。在 STC 课程里，这类活动也往往安排在最容易调动学生积极性的学习阶段。一个是在单元教学开始时，挑战性活动是一种激发学生学习兴趣的好方法；一个是到单元教学（或某个教学阶段）结束时，挑战性活动可以用来评价学生应用知识的能力。

实际上，像这样促成合作的"挑战性学习"并不仅仅存在于最容易调动学生积极性的学习阶段。在单元学习的 16 节课里，这样的"挑战"会依据学生的现状和发展状况，有顺序地逐级呈现出来。这不仅让学生们的探究技能得到不断发展、科学的认识不断深化，同时也让他们之间的合作关系得以维系和巩固。

我们再以 3 年级的"声音"单元为例，来看看这样的"挑战性学习"是如何逐级层层设计和展开的。

学生怎么学习有关声音的知识呢？他们看不到它，也摸不到它，但他们能问关于声音的问题。如：为什么会有不同的声音呢？吉他是怎么工作的？为什么有的声音刺激我们的耳朵？"声音"单元里面的一系列活动可以帮助学生找到上述问题的答案。

在"声音"单元的前半部分，学生探索一些关于声音是怎样产生的、声音是如何传播的以及振动的频率跟音高是如何联系的等基本问题。在第 1 课，学生用不同型号的音叉制造出声音，并讨论他们听到声音的异同点。在第 2 课，学生探索音叉的声音是怎样在不同的物质中传播的。在第 3 课，当学生探索了由不同型号的钉子振动发出的声音后，"声音是由振动产生的"这一概念得到了深化。

第 4 课和第 5 课集中注意于作为影响音高的一个特殊变量——振动物体的长度。当学生改变尺子振动部分的长度时，让他们密切观察振动的频率，并认真倾听音高的相应变化。讨论尺子振动部分的长度、观察到的振动和相应音高的关系，引入"较高的音高是由较高的振动频率引起的"这一概念。

学生对振动尺子产生声音及音高变化的探索会引导他们去调查看不见的声音，并探究改变其音高的途径。在第 6 课，学生探究在滑哨中空气柱的振动发出的声音。在第 7 课的同步测验中，学生用振动的吸管设计一种管乐器，这给他们提供一个机会来反思和运用他们已经学过的振动空气柱的长度与音高的关系。

当学生开始学习"声音"单元的后半部分时，学生首先注意到的是鼓膜。在第 8 课，他们制作一个鼓膜模型并观察声音是怎样使它振动的。这种经历加深了学生对声音是怎样通过不同的物质传播的理解。

从第9课到第12课，学生将对影响弦的音高的变量有一个深入的思索。对于竖琴这样的乐器，他们观察到改变弦的松紧度或长度会改变它的音高。在第13课，当学生在他们的竖琴上加一个琴桥时，他们会注意到这是影响声音的音量或强度的因素。

在第14课，学生调查能让他们说、唱、喊的发声装置——人的声带。他们会发现他们已经获得的关于振动弦的观察结果是怎样适用于人体器官的发声的。本单元结尾的第15课和第16课，学生设计或制造一种乐器来证明他们已经学到的关于声音的知识。

在这一单元，学生不仅能找到他们关于声音问题的答案，而且还开始欣赏他们已经发现的规律的一致性。随着他们用不同的装置做实验，并发现他们听到的和观察到的现象之间的关系，他们的理解得到了持续的加强。用语言和图片，同时配上简单的条形图或图表在科学笔记本上记录结果，这能使学生复习他们前面的学习结果，并将他们在不同调查中学到的内容联系起来。尤为重要的是，这一系列与探究相关的活动都是在小组合作基础上完成的，"挑战性"探究活动开展的过程实际上也是学生合作技能得以发展的过程。

在STC课程的实践中，我们发现，伴随着合作学习发生的挑战项目的科学教学，课程设计者有着自己的一整套思考。

第一，用驱动性问题组织和推动教学工作的开展，对学习者来说非常有意义，也非常重要。我们从"运动和设计"单元驱动性问题的设计中（见附件二："运动和设计"单元驱动性问题一览表）可以看到它们是如何组织和推动教学工作开展的。

在第9课"设计并建造一辆带帆的小车"和第10课"测试空气阻力对小车运动的影响"中，有这样两组关联性很强的驱动性问题。一组问题是"预想帆对小车的影响，当帆与风同向或反向时，帆对小车的运动有什么影响？"另一组问题是"直立的帆是如何影响小车运动的？帆与空气的摩擦是如何影响小车运动的？"这两组问题分别引导学生设计减少空气阻力的有帆的车和测试空气阻力对小车的影响。

从上面所呈现出来的驱动性问题和它所对应的活动来看，驱动性问题贯穿整个科学学习，对于启动、实施、持续研究相当重要。这样一些问题在我们看来，应该是可行的、有价值的、基于一定情境的、有意义的、道德的和可持续的。

第二，为了回答驱动性问题，学生需要进行探究。学生在研究过程中需要支持，尤其是合作学习小组中搭档的支持。他们整理思路，提出并精选问题，收集信息，计划和设计，搭建实验装置，收集数据，分析数据，得出结论并交流成果，通过以上过程来解决问题。

我们从"运动和设计"单元第5课"根据需要设计小车"中，可以看出在驱动性问题的组织和推动下，学生是如何开展小组合作探究的。

在该课中，教师呈现了两张分别写有"是什么导致小车运动减慢?"和"是什么导致小车运动加快?"字样的大白纸，让学生在笔记本上写下几个在第3课和第4课中用到的有关重力作用下的物体下落装置中使小车运动变慢或加快的句子。接着全班同学一起讨论各自的答案，教师在大白纸上记录下他们的观点。接下来，教师向每个小组分发一块写有设计要求的"挑战卡"，在确信学生都理解了挑战要求的基础上，让他们讨论如何将第3课和第4课所获得的知识运用于本课的挑战。此时，教师针对每一个合作小组作出提示，提醒各组要给每位成员一个机会来参与组装小车，并提醒各小组一旦满足了挑战的要求，就必须向老师、其他小组或全班重复他们的结果。在此基础上，各小组收集他们的小车、各种版式的书籍和其他材料并开始挑战设计，使之满足挑战设计要求的"你的小车在通过工作区域时能够但绳了拉动下运动4秒到6秒"。在各小组按要求完成设计后，教师又向学生提出了如下涉及设计与计划、组装、试验和评价的四类问题：在组装小车前，你们小组是如何准备的？在组装小车时你遇到了什么问题，你又是怎样解决的？你是如何测试你的小车以断定它是满足要求的？你的小车是如何运动的？试验后你改装了你的小车或重力作用下的物体下落装置吗？你是如何改装的？你为什么这样改装？以此来引导学生就以上问题进行讨论，分享各自的观点。最后再绘制小车设计图纸、收拾试验材料以及阅读"月球漫步者：在月球上行走"一文，结束本课的学习。

第三，学习过程处于社会环境之中，学生通过向其他学识高的人或同伴学习，要比自己学习学到的东西多。基于项目的科学教学是由学生、教师及合作小组成员共同完成的。合作包括交换意见以找到问题的解决办法。合作帮助构建学习小组，在这些学习小组中，学生们表述想法，讨论证明的可行性，并得出关于观念、概念以及理论的结论。

STC 课程的设计为学生提供了促成合作的相互讨论的平台。"运动和设计"单元第 5 课涉及的几种类型的讨论如下。

（1）反思回忆引发关注。如开课时，全班同学一起讨论，在第 3 课和第 4 课中用到的重力作用下的物体下落装置中使小车运动变慢或加快的因素。在引导小组成员对以往认识进行回顾的同时，为接下来的探究活动做好了认识上的铺垫。

（2）串联思考迎接挑战。在本课实质性探究阶段设计"月球探测器"时，教师让学生们讨论如何将第 3 课和第 4 课所获得的知识运用于本课。小组内的学生利用之前回顾的相关信息，进行相互关联的思考，并产生新的策略以解决新的挑战。

（3）交流分享形成认识。在各小组按要求完成设计之后，教师又向学生提出了涉及设计与计划、组装、试验和评价的四类问题，引导学生就以上问题进行讨论，分享各自的观点。在交流和分享的过程中，实现的不仅仅是信息交换，通过"讨论"这种形式的合作，学生们对有共性的观点有了更为深刻的认识，这对学生把信息转化为知识、把事物外部特征转化为内部规律的认识是有极大帮助的。

以上列举的讨论类型仅仅是 STC 组织课堂讨论的典型代表。实际上，在 STC 课程设计中还有很多时机安排课堂讨论。比如对某些观点进行是非判断、对小组人员进行分工等。它们都在实现四个功能，即理解知识、培养能力、交流情感、发展思维。重要的是，无论哪种类型的讨论或哪种时机的讨论都是引发合作学习的重要因素。它不仅能促进学生思维的发展，而且有利于增强学生的参与意识与合作意识，活跃课堂气氛，提高课堂效率，实现课堂教学的最优化。

在上述与"挑战性学习"有关的案例中，我们对引发"合作"的挑战性学习的特点有三点认识。其一，从探究学习的内容上看，STC 课程的挑战性学习是学生不熟悉的，具有创造性、趣味性、综合性的特点；其二，从探究学习的过程上看，是符合学生最近发展区的；其三，从探究学习的组织上看，它是需要两人或两人以上共同完成的。

2. 合作学习的整合与发生

作为正式的合作学习①、非正式的合作学习②以及基于合作的小组③三类合作学习组织，STC 课程的挑战性学习小组的创建以四人最为常见。四人为单位的合作对于所有成员间彼此平等的学习关系是较为合适的。倘若是五人以上，往往会有人成为"客人"；倘若是三人以下，则难以出现见解多样的交流。在"合作学习"中，重要的是人人平等。

何时实施小组学习？我们发现 STC 课程会利用两个机会。其一是"个人学习的合作化"，其二是"旨在冲刺与挑战的合作学习"。当教学过程中依靠个人的力量完成任务有困难的时候，就会组织"合作学习"。当单元教学进入高潮阶段，也会组织小组学习。STC 课程设计的精巧之处在于，它能抓住时机实施小组学习，使所有学生都能致力于"冲刺与挑战"，这也是教学成功的关键。

例如"生态系统"单元中的组织形式就具有特殊性，为正式的合作学习、非正式的合作学习以及基于合作的小组等多种合作学习形式奠定了外在的基础。这一单元要求每两个学生建立一个生态系统。这两名学生除管理好共同的生态系统之外，还要共同观察、记录、分析和讨论，这一组织形式至少要持续一个单元的学习时间。我们可以将它视为"正式的合作学习小组"。这一单元还有一个由志愿者组成的团队，专门负责创建和管理班级生态系统。他们的组合是临时性和随机

---

① 正式的合作学习小组持续的时间从一节课到几个星期不等，它可以保证学生积极参与到材料的组织、揭示、总结中，并将其整合到已有的认知结构中。

② 非正式的合作学习小组同样要求学生一起努力工作，以达到一个暂时的共同学习目标，往往是持续时间从几分钟到一节课的临时小组形式，其目标是把学生的注意力集中到将要学习的材料上，创造一个有益于学生学习的氛围，预先组织课上要用的材料，保证学生对要用的材料进行认知加工，并进行一段时间的总结。

③ 基于合作的小组是长期的（至少持续 1 年以上）、异质的小组，这种小组具有稳定的关系，其首要目标是使成员之间彼此支持、帮助、鼓励，并对有需要的人提供援助。

的，除了共同负责为生态系统补充和培育植物外，他们的合作行为不受其他方面的约束。我们可以将它视为"非正式的合作学习小组"。此外，该单元中很多步骤和材料的安排都是以四人一组为基础的，这是一个长期合作的团队。这一团队的成员不仅仅是在本单元里发生合作关系，在1年中，甚至是小学的6年中他们都要在一起合作，我们将它视为"基于合作的小组"。

STC课程在该单元的教学中整合各种类型合作学习的基本样式也是值得关注的。

步骤	活　　动
1	以基于合作的小组会面开始
2	策略一：在正式的合作学习小组中学习
	策略二：在非正式的合作学习小组中学习
	策略三：在人数更多的正式的合作学习小组中学习
3	以基于合作的小组交流结束

（1）以基于合作的小组会面开始。

基于合作的小组，可以为全班同学提供了解单元目标的机会。基于合作的小组会面的开始阶段包括以下任务。

①使学生的注意力集中于生态系统这一主题。

②了解学生已经掌握的生态知识以及还想了解的问题。

③开始考虑生物和非生物之间的关系，围绕主题为"河边环境"的图片展开讨论，帮助学生更深刻地认识这种关系。

（2）以正式的合作学习为核心的探究式学习过程。

策略一：在正式的合作学习小组中学习。

在该单元，两名学生被安排在一组，他们共同完成生态系统的制作，交流关于生态系统的思考。这一点从材料准备和管理建议的文字描述中能够清晰地看到。如第1课"关于生态系统的思考"的材料准备中，要求为每两个学生准备1本学生活动手册；第2课"建造饲养所"要求为每两个学生准备1个瓶子……在这里没有高级的思维加工过程，除了制作、观察、记录等操作性的活动外，没有具体的研究问题。

　　在第 1 课"准备"环节的第 7 条有这样的阐述：给每位学生安排一个合作伙伴，共同完成整个单元的学习。其管理建议则提到：当你在对学生两两组合或分组的时候，要考虑把具有不同读写和语言表达能力的学生组合在一起。这样每一组在各个领域都有能力比较强的人，学生能更好地合作并完成任务。这里特意提出"安排一个合作伙伴"，一方面是在学生组合上引导教师注意异质分组，另一方面也表明这种合作有着明显的正式合作学习的特征。

　　策略二：在非正式的合作学习小组中学习。

　　在"生态系统"单元第 9 课"汇报污染物的有关情况"中，结合第 8 课"破坏生态系统的平衡"所做的汇报准备，教师教学用书建议汇报活动可以采取下列形式：学生三人为一组（这三个人的阅读材料各不相同），每个人代表一种不同的污染物。小组的每个成员都要向其他两个成员介绍他所了解的污染物。分别负责介绍污染物的一个具体方面。每组学生一起向其他五组学生进行小组汇报。建议还指出本课最重要的两个方面是，掌握三种污染物的有关知识和汇报过程中学生之间的相互影响。在这里，课程利用非正式合作小组的形式，通过为汇报临时准备的小组，不仅将学生对教学活动的关注度提高，而且利用这种形式加深了学生对阅读内容的理解。值得一提的是，这样的汇报过程向学生反复传递了一个观念：作为听众，他们的角色和汇报者一样重要。

　　在第 12 课"观察污染物的早期影响"中，为了更好地发现进行相同项目研究效果的异同，合作的形式依据内容的需要又发生了改变。把使用同一污染物的两个小组（8～10 人）结为一对。鼓励他们进行比较：小组受污染的生态系统和对照生态系统；他们自己的生态系统和小组受污染的生态系统；两个小组受污染的生态系统。从这样配对的形式、持续的时间以及任务情况来看，也应属于非正式的合作学习。

　　策略三：在人数更多的正式的合作学习小组中学习。

　　"生态系统"单元从第 2 课"建造饲养所"开始，一直到第 7 课"连接饲养所和水族箱"，进行正式合作学习的两个学生都在相互配合共同完成对一个生态系统模型的建造。他们规范地按照活动手册上提供的方案进行建造活动，如实地记录生态系统中有关"有什么"和

"具有什么特征"的内容。从第 8 课"破坏生态系统平衡"开始，他们在很好地建立了一个生态系统模型的基础上，正式进入研究"生物是如何相互依存"的主题活动。在此之后，学生们在以往操作性活动的基础上，还要运用"比较""分析"等高级思维活动参与到探究活动中来，并与他人交流自己的发现和阐述自己的观点。出于活动特性的变化，从第 8 课开始，合作学习的组织形式发生了微妙的变化，由原来两人一组调整到 4～5 人或 5～6 人一组。尽管人数上发生了变化，但原本以两人为单位的正式合作小组仍然存在，只是围绕探究研讨的主题，形成了一个新的由 4～6 人组成的"利益集体"，从持续时间和任务主题来看，仍然具备"正式的合作学习"特征。

在第 8 课"破坏生态系统平衡"中，全班分成六组，让两个小组负责研究一种污染物以及相应的阅读材料。要求每一组的学生都阅读一种污染物的材料，并在第 9 课中进行介绍。至于其他两种污染物的情况，教师教学用书中也明确地标明"他们可以从别的小组汇报那里获取"。班级内组际之间的合作，具备一些合作学习配对阅读的特征。

在把班级分成六个小组的方法上，教师教学用书也给予了明确的指导。一种比较好的方法是每两个小组负责一种污染物的研究。每一小组中，又让两个学生合作，因为在以后的学习中，他们要使用自己的生态系统。

到了第 10 课"设计污染实验"时，学生又重新分成 4～5 人一组，每组负责一个班级生态系统。由于任务难易程度发生变化，学生合作小组的人数也在发生着改变，以利于后续专题的研究。因为学生在下节课要在人数更多的团体中工作，所以在这个阶段安排了一个有关"合作的重要性"的讨论，指出每一个成员都要为小组的工作贡献自己的力量。

在第 15 课"分析一个实际的环境问题"中，由于要阐述 5 个群体的观点，合作小组又重新组合为 5 个组（4～6 人为一组）进行角色扮演，并给每组学生一套分别代表普通市民、养牛场的农民、船员、土地开发者或乘船人的观点卡。把各组召集在一起，从各自的角度讨论海湾的环境问题。这样的设置与其说是教师的分组安排，还不如说是教材在这里依据教学的一般人数状况进行的有意设置，因为这里出现的不同利益群体的类型是可以增加或减少的。

在合作学习小组中为了有明确的分工，不让每一位成员做同一件事，他们的汇报内容分成了四到五个部分：陈述他们小组发现的问题；列举小组提出的解决办法；描述每个解决办法给海湾带来的好处；描述每个解决办法给本小组造成的不利影响。

在正式合作学习小组完成任务时，我们试图找出一些规律性的东西。我们发现，在正式合作学习时，首先会指出课程的目标，在教学前进行一系列的决策，就任务进行沟通，在小组学习时进行监控，在需要时进行干预，评价学生的学习，并且通过团体历程来反思小组合作学习的效果如何（这在第8课和第17课的评价表中可以看到）。当希望达到包括概念学习、问题解决等教学目标或希望发展学生的批判性思维时，就会使用正式的合作学习小组。此外，直接经验的获得、角色的扮演、与其他成员分享专长和资源等，都会采用正式的合作学习小组。

（3）以基于合作的小组交流结束。

无论是"生态系统"单元还是其他单元，一般都是通过一个基于合作的小组交流来结束。在这一过程中，会对所学内容进行回顾总结，了解学生对单元科学概念的认知情况、与同伴的合作情况、喜欢的活动、存在的困惑、自己的记录、自己在单元工作中的出色表现或有待改进的地方以及对科学的看法，同时着重对学生自己的进步、对合作学习的看法、对自己进行的学习的新看法三个方面的信息进行收集。最后，还会安排一些有关实践应用的内容。例如"生态系统"单元，给出了两个环境问题，期望学生运用所学知识发表自己的观点。这样的设计给学生传递了一种信息：这样的活动很重要！

正式的合作学习、非正式的合作学习和基于合作的学习小组一起组成了一个整体，使教师可以呈现连贯的课程，其中所有的活动都可以达到共同的学习目标。三种合作学习类型的整合使用，也给竞争和个体化活动的有效使用提供了情境。

管理一个基于项目的科学学习班级会遇到许多特殊的挑战。要想成功，教师需要创造一个信任和自我负责的学习环境。创造一个良好的学习环境，对基于项目的科学教育的成功非常重要。在组织学习过程中，教师应当做的主要工作是"组织"，首当其冲的是关照不能参与小组"合作学习"的学生。教师必须让学生一个不落地参与"合作学习"。教师必须做到的是，让那些不能参与学习的学生与小组里的学生沟通，而不是分别回答个别学生的提问。教师接着应当做的，就是对小组的关照。对难以展开讨论的小组进行帮助，推进各个小组的"合作学习"。STC课程告诉我们，教师不必事事躬亲、包办代替。

此外，在STC课程的实践中，我们发现没有特别提到所谓的异质分组或同质分组，但我们可以看到小组内的学生没有固定的岗位，他们对小组的职责是相互轮换的，这正是基于对每个学生不同特质、特长的尊重，更是开展合作学习的基础。即便在"合作学习"中有同样的思考和意见的场合，也应当鼓励学生发表个人意见，同时应当尊重小组中思考和见解的多样性。在STC的课堂中，学生应该有多样化的表达机会。另外，在"合作学习"中没有组长一说，不存在领导者。因为，"合作学习"需要的是每一个人的多样学习的相互碰撞，是每一个学生的平等参与。

3. 合作学习实施的整体规划

STC项目教学重视的三件事：倾听他人的见解，串联学生的思考，反思学生的认识。

班级记录单——这个在STC课程实施中鲜明的"硬件"特征，在组织学生有效的合作学习中承担着重要的角色。作为一个信息的载体，它常用来记录教师提出的问题和孩子们对此问题的看法。值得强调的是，班级记录单这一信息载体，绝不仅仅是常规意义上的记录单，它一方面传递着孩子对某一特定问题认识的发展和变化，另一方面，它可以引导学生相互倾听、联系认识、追忆回味，开展有意义的思想交流与合作，促使整个探究活动的实施达到一定的深度。

让我们跟随一张1年级的班级记录单，看看它的用途和去向。在1年级"比较与测量"单元第1课"比较我们的相似处和不同处"中有两张这样的班级记录单。一张写有"关于比较和测量我们知道些什么"，另一张写有"我们的相似处和不同处"。作为两种不同功用类型的班级记录单，它们在STC课程里有一定的代表性，前者会贯穿整个单元的学习，一般会在单元最后一课时再次出现；后者会与接下来的单元活动设计紧密相关，其涉及的内容会在接下来的一课或几课中再次或多次出现。

我们来看第一张班级记录单。围绕"关于比较和测量我们知道些什么"，学生们在教师的指导下交流类似"以前你什么时候开始比较""以前你什么时候开始测量""你如何比较""你如何测量""你为什么要比较"以及"你为什么要测量"等话题。这一张载有学生认识和关注点的班级记录单，并没有随课时的结束而结束它的任务，恰恰相反，它引发了学生们对比较与测量的关注，并在持续一个单元的时间里开展制作身体剪切图、比较身高、比较胳膊和腿的长度、比较物体、比量距离、用脚测量、使用不同的标准测量单位、用立方体研究、用测量带测量等大量的比较、比量和测量活动。在本单元结束之时，这张班级记录单又出现在了学生们的面前。同样的问题、同样的问法，不同的是在回答、交流上述问题后，教师让他们确定一些他们现在知道的事实。询问他们是什么经历帮助他们确定这些论断，请学生更正或进一步完善这些论断，并请他们指出在原始班级记录单上没有存在却在新的班级记录单上出现的信息。班级记录单引导学生们分享了有关如何获得他们的信息的想法。

这张班级记录单所承载的学生对本单元学习内容的关注，不仅引发了学生相互倾听和相互启发，那张再次出现在学生面前的班级记录单，还实现了将学生的思考引向深入的功能。单元后测是与第 1 课的单元前测相对应的。通过将学生个人以及整个班级在这些活动中的表现与他们在第 1 课中的表现进行比较，教师可以证明并评估学生们整个单元的学习情况。在第 1 课里，学生制作两张班级记录单——"关于比较和测量我们知道些什么"和"我们的相似处和不同处"，当学生们在单元后测中重温这些内容时，他们会很感慨，意识到已经学习到了这么多关于比较和测量的知识。

我们来看第二张班级记录单。围绕"我们的相似处和不同处"，学生们在教师的指导下交流类似"你和你的搭档相似处是什么""你和你的搭档有什么不同""你如何借助材料进行比较"等话题。教师把学生的观点记录在这张班级记录单上，引发学生相互间的倾听与启发。接下来的第 2 课"让我们制作身体的剪切图"，首先呈现给学生的就是来自上节课的这张班级记录单，教师示意学生回顾一下他们在头脑风暴过程中的一些想法。由于这张记录单记录了他们所做的比较（如更高、更矮、更长或更短），教师鼓励学生们搞清楚记录单上的每个词语，并找学生志愿者用记号笔把相关词语圈画出来。借助对上节课相关记录单的回顾，教学活动转向了新的内容，让孩子们思考怎样才能将他们的身体与自己搭档的身体进行比较。教师让学生与各自的搭档研究他们的想法，并与全班同学分享他们的想法。

这些记录单不仅引发了学生的倾听、交流和分享，而且营造出了相互启发、深入思考、共同发展的氛围，让合作学习有实现的可能，让合作的精神和意识潜移默化地根植于学生的头脑中。

很明显，合作学习在教学实施中要抓"三件事"：其一，倾听活动——在课堂教学中，重要的是师生是否能够审慎地、谦逊地听取他人的话语，唯有拥有这种能力的人才能创造课堂对话的气氛；其二，串联活动——在教学中把教材与学生联系起来，把一个学生的发言同其他学生的发言联系起来，把某种知识同其他知识联系起来，引发能够引起其他发言的发言，借以深化教学中产生的问题；其三，反思活动——适时地把话题返回原点，儿童不能理解的时候再次做阐述。一旦"反思"（追忆、回味）之后，又将儿童的思考引向深入。然后再"倾听"，再"串联"，再"反思"，如此循环往复。

实际上，在STC课程设计中利用"倾听—串联—反思"来组织实施基于合作的探究活动是很常见的。"比较与测量"单元中，我们在独立的课时教学和整个单元教学中可以看到这一策略的应用。

从单元教学来看，第1课引导学生交流"我们的相似处和不同处"，引发了学生对比较和测量等方面话题的思考与关注。从第2课"让我们制作身体的剪切图"到第16课"用测量带测量距离"经历了一系列与比较、比量、测量有关的活动，在此过程中将比较"我们的相似处和不同处"有关的过程和方法引导学生进行"串联"，并在单元结束时引导学生再次对这一话题进行回顾性的"反思"，在深化对比较、测量理解的同时，学生们此时会感慨他们的变化。实际上，在这个"倾听—串联—反思"的过程中，我们看到的既是一个探究活动的发展过程，更是一个学生能力的形成过程。

从独立的课时教学中我们也可以看到"倾听—串联—反思"的结构。第 2 课"让我们制作身体的剪切图",首先安排的就是一个倾听交流的活动。学生们分享关于"比较我们身体的方法"的想法。在此基础上,学生们将相互间的意见进行"串联",借助教师提供的材料,制作与他们实际身体大小一样的剪切图,并用这些剪切块来继续观察和描述他们之间的相似处和不同处。接下来,学生们使用自己制作的身体剪切图与搭档的身体剪切图做比较。在教师提出的"你如何描述你的身体剪切图以及你如何将它与你搭档的身体剪切图进行比较?"和"通过使用你的身体剪切图,你怎样才能查明你与你的搭档谁高谁矮?"两个问题的指引下,学生们对"比较我们身体的方法"进行"反思"性的回顾,使学生们认识到他们可以使用除了他们自身以外的"工具"来做比较。在形成比以往更为深入的认识后,学生将剪切图按身高的顺序摆放,开始使用一种具有代表性的列表方法进行比较。而这种方法将引发新一轮的探究活动,并在整个单元的学习中不断使用。

在我们看来,学生之间如果不产生相互倾听的关系,或许就不可能产生"合作学习"的成果。但是,不实施"合作学习",学生之间的倾听关系与互学关系就难以培育。教师要从一节课的教学中哪怕是实施几分钟的"合作学习"做起。

(二) STC 课程中学生合作技能的培养

将几个学生安排到一个小组并告诉他们要合作,并不能保证他们就一定能合作。学生们并不是天生就知道如何合作以及如何与他人进行有效互动的。为了促进有效的合作,教师需要帮助学生发展合作的技能。

毫无疑问,发展合作的技能,对于学生开展有效合作和高效探究活动是十分重要的。通过对 STC 课程的内容研究和实践以及美国小学课堂的实际观摩,我们发现,STC 课程特别注重发展学生的合作技能,而且各种合作技能从低年级到高年级都呈现出一种不断重复强化、螺旋上升的特点,如做决定的技能、交流的技能、创造性地解决冲突的技能等。

1. 做决定的技能

在科学课堂中，学生需要做出很多决定，如学生必须决定人员的分工（谁将做什么以及如何平等地分配工作量等）、时间限期和进程（什么时间完成工作、按照怎样的顺序完成）、资源获取方式以及展示方式等。

STC 课程在低年级的教学中采取了教师给学生分工的方式，在中高年级逐渐渗透让学生独立进行分工，这个较长的过程体现了"由扶到放"的过程。通过示范分工到学生尝试独立进行合理分工，体现了学生合作能力发展的过程。

我们以 1 年级"天气"单元、3 年级"化学实验"单元、5 年级"食品化学"单元、6 年级"植物实验"单元为例，来分析四个年段对学生做决定技能的培养过程、特点及策略。

（1）1 年级"天气"单元。第 8 课"测量水的温度"设计了每一小组安排一名学生负责冷水，一名学生负责热水，另一名学生负责混合水，并要求引导负责冷水的学生到材料分发中心去，在那里，他们要测量两小杯冷水倒入一个大的塑料杯后水的温度。同时让负责冷水的学生回到他的小组，把杯子放在冷水固定垫的圆圈内。还要求每一组负责混合水的学生回到他们的小组，把大的空杯子放在混合水固定垫的圆圈上。第 12 课"检测防雨布"让小组每次检验一种织物。每组的一个学生首先需要从一个桶里取一小塑料杯水，然后慢慢地倒在织物上。小组中的其他学生观察，感觉织物有多湿。在开始用另一块织物进行实验时，他们需要将盘子里的水倒入一个水桶中或水池中。

（2）3 年级"化学实验"单元。第 2 课"探索未知的固体物质：准备"中，首先让每个小组指派一个成员来领取实验材料，并与同伴一起把科学实验箱带到材料填装站。等到其他小组也完成了填装任务之后，要与同伴一起，立刻移动到下一个工作区。第 13 课"鉴别神秘物质"中，每小组派一名学生代表从材料台上领取一个神秘包裹。

（3）5 年级"食品化学"单元。第 4 课"检测食品里的淀粉"中，让每一组选出一个代表负责领取材料，再选出一个代表，在"班级食品类检测表"上，负责把他们小组的检测结果填写进去。第 15 课"研究食品营养成分表联系"中，让小组自己决定哪一个同学负责哪一种食品，然后把他们各自所负责的那一种食品的名称写在他的记录单的顶部。

（4）6年级"植物实验"单元。第3课"制订研究计划"，每个组都必须做出一个重大决定，即实验开始以后如何管理这四组植物。

从以上四个年段的例子我们可以看出，在发展学生做决定的技能方面，STC 课程有如下两方面的特点。

第一，从组织活动的词语上看，低年级用的是安排、引导等词，中年级用的是指派、派，高年级用的是选出代表、自己决定等。从这些词语的变化上我们能够看出，低年级更多的是教师的安排、指导，中年级有学生的参与，高年级则是由学生自己选择和决定。

第二，从活动的指导方面来看，低年级对于如何进行探究的指导，细致而具体，谁做什么、怎么做，都做出了明确的说明。中年级则由小组指派学生完成任务，任务的安排没有低年级那么详细具体。而到了高年级，则只是出现任务（有时是出示一个任务单），至于由谁来做、怎么做比较合适则由学生自己来选择和决定。

分析以上特点，我们不难看出，STC 课程在发展学生做决定的技能方面，采取了如下两条策略。

第一，由扶到放、循序渐进。低年级由教师主导，给学生做出明确具体的示范，学生只需要按照老师的要求来做就可以了。到了中年级　有的活动有学生参与进来，尝试让学生做出部分选择和决定。到了高年级，则完全由学生在小组内自行做出选择和决定。

第二，以充足的时间作保障，让学生在不断重复强化的过程中，学会做决定。低年级用两年的时间让学生充分感知如何做出决定，这是"扶"的过程；中年级用两年的时间让学生逐渐参与到需要做决定的活动中来，这是"半扶半放"的过程；高年级用两年的时间让学生逐步尝试小组内做出选择和决定，这是"放"的过程。每个过程步子放得缓，过程走得实，基础打得牢，不断强化，不断提高。

2. 交流的技能

交流是科学学习最重要的手段之一，交流产生互动，互动促进发展。

交流的技能主要包含两方面：一是清楚地表达，让听者听得清楚、明白；二是仔细倾听，避免发生误解。

STC 课程在发展学生清楚地表达能力方面，在低年级、中年级和高年级分别采取了不同的方式。下面我们以 1 年级"固体和液体"单元、4 年级"陆地和水"单元和 6 年级"测量时间"单元为例，来分析低、中、高三个年段在培养和发展学生清楚地表达能力方面的不同特点以及所采用的不同策略。

（1）1 年级"固体和液体"单元。第 1 课"观察并描述两种固体"中，教师要在黑板上写下这样一句话："我认为钢球是固体，因为＿＿＿＿＿＿＿＿＿＿＿＿＿＿＿。"请学生将这一句话抄到他们的记录本上并补充完整。第 10 课"观察并描述两种液体"中，教师要在黑板上写下这样一句话："我认为胶水是液体，因为＿＿＿＿＿＿＿＿＿＿＿＿＿。"请学生将这一句话抄到他们的记录本上并将它补充完整。

（2）4 年级"陆地和水"单元。第 5 课"检测土壤中的物质"中，步骤 5 是给学生一些时间来完成调查和记录观察结果。提醒每组学生注意合作，一起讨论并记录每种土壤成分的特征，并将发现记录下来。而到第 8 课"鸟瞰：溪流的各部分"最后的活动中，要求每组选一个代表，每次一个人，把各组绘制的图贴到大白纸上展示并向全班解释。在学生指导的 B 部分，让一名小组成员在活页纸上写几句话来描述鸟瞰图中的溪流，并在小组间讨论他想写的话。

（3）6 年级"测量时间"单元。第 4 课"计算日子：设计一个日历"中，首先让学生以 4 人一个小组讨论并列出对利用日历系统测量时间的所知所想。然后让每个小组分别在全班汇报讨论结果。而到第 9 课"用沉没水钟做实验"时，安排选择同一变量的小组进行讨论，一组成员向另一组成员解释他们所做的和所观察到的。接下来，再安排选择不同变量的小组展开讨论，让他们分别解释自己所做的和所观察到的。在最后的活动中，第一个活动要求每一个学生给自己的家人写一封信，描述自己做的实验，要包括以下内容：研究的问题、实验步骤、研究发现、怎样制作一个下沉水钟；第二个活动要求全班讨论制作一个可以测试很长时间或很短时间的水钟的方法。

通过以上低、中、高三个年段的例子，我们可以清楚地看到，STC 课程在发展学生清楚地表达能力方面具有以下的特点。

第一，低年段由教师给学生提供一个句式的前半部分，学生完成句式的后半部分。这样做，有两个好处，一是给学生提供了一个规范表达的范例，供学生学习；二是依据低年级学生的特点，让学生完成后半句，难度相对降低了，学生也更乐于去完成。

第二，中年段用记录的方式辅助学生进行清楚地表达。中年段学生，特别是 4 年级学生，经过几年的科学学习，记录能力有了相应的提高。用记录的方式辅助学生清楚地表达，有如下两个好处：一是有了记录，学生的表达就有了依据，表达就会更有条理；二是有了记录，学生就能体会到有理有据地进行表达是一种科学的表达方式。

第三，高年段采用了先在小组内部交流，再进行全班交流的方式辅助学生进行清楚地表达，且表达的要求更高。先在小组内进行交流，有如下优势：一是学生在小组内已经先说了一遍，在全班交流会表达得更清楚；二是学生在小组内交流时，必然会吸纳其他同学的意见和建议，在全班进行交流时，其表达也必然比原来更加全面。

在培养学生仔细倾听方面，低、中、高三个年段都有如下相同特征。

第一，教师总是鼓励学生去倾听与分享。如在 4 年级"陆地和水"的例子中，有这么一段话，教师对每个学生只做简单的评价，如"谢谢你与大家分享"。这样，既鼓励了分享者，又从侧面鼓励了仔细倾听的人。

第二，不断强化某些倾听与表达的规则。在 STC 课程每一册教师教学用书中的前面，我们都可以看到"头脑风暴"的准则有如下几条：不加批判地接受所有的观点；不要对其他同学的观点进行批评或者不必要的评论；努力把你的观点与其他同学的观点联系起来。这些规则中对倾听与表达的注意事项都做出了明确的表述。当然，在其他情形下，可能还有其他一些关于倾听与表达的规则。

第三，用具有挑战性的问题吸引学生参与到倾听与表达中来。在教师教学用书中，我们很容易就能找到诸如"挑战性活动""向学生提出挑战"等话语。教师提出一个对学生来说具有挑战性的问题，学生的思维、语言等都会随挑战性的问题而得到发展。

第四，在表达与交流阶段提出一系列问题，而不是单一问题，这些问题中总有学生感兴趣的，这就促使学生主动倾听与表达。在 STC 课程中几乎所有课的"最后的活动"板块，都有就问题展开讨论的环节，通常讨论的问题都是一系列问题。如 4 年级"陆地和水"单元第 9 课"当小溪合流时：模拟支流"的"最后的活动"就是用以下问题引起讨论的。

　　▨ 今天课上形成的小溪和其他课上形成的小溪有何不同？

　　▨ 当几条小溪同时流动时出现了什么情况？在你的溪流实验操作台上找出证据来证明你的观点。

　　▨ 注意看小溪尽头的土壤，它同前面课上的土壤有何不同？为什么？

　　帮助学生理解他们研究的小溪形成模式代表了地球上若干年来的变化。

　　注意：如果一些组的小溪没有汇合成大的溪流，讨论这种现象发生的原因。

　　我们可以看出，这些问题的设计，为所有的学生都提供了参与倾听和分享的可能性，让每位学生都愿意参与并且有话可说。

3. 创造性地解决矛盾的技能

　　学生对某个问题的看法，或者说站在不同的角度来看问题的时候，不可避免地会产生不同的观点，这些不同观点的冲突如果不能得到有效解决，必然会导致学生之间的争执和不合作等，影响合作学习的效能。导致小组成员之间的矛盾的原因还有小组成员的分工、时间的分配等。如何创造性地解决矛盾，是学生合作学习的重要技能之一。

　　STC 课程在培养学生创造性地解决矛盾的技能方面，除了在日常教学中因势利导地教给学生一些方法外，"生态系统"单元中的两课专门教授了学生如何创造性地解决矛盾的技能。

　　（1）弄清分歧。需要学习理解他人的观点，弄清楚双方的主要分歧是什么。

　　（2）协商。不是指一个人胜利另一个人失败，它的结果应该是双赢，协商的前提是找到双方的共同点。

　　（3）让步。要放弃分歧，每一方或个人都需要做出一些让步以达成一致，最后的决定可能是结合了不同方面意见的合理部分。

下面以5年级"生态系统"单元的第15课"分析一个实际的环境问题"和第16课"召开小型报告会：人类利用环境所产生的污染物"为例来加以阐述。

第15课"分析一个实际的环境问题"在"概述与目标"的描述中，对目标是这样界定的：

■ 学生分组从不同的角度界定问题。

■ 学生寻找各种可能的解决办法。

■ 学生解释"协调平衡"一词的含义，识别在具体的解决办法中存在哪些协调平衡。

目标界定中的"学生寻找各种可能的解决办法"，就是要发展学生创造性地解决矛盾的技能。

在"背景"的描述中，有这样一段话：

切萨皮克海湾的几个污染问题（用肥过度、酸雨、融雪盐的排放物）都在班级实验中得到了反映。现在学生已经更多地了解了各种污染物的来源和影响，所以能更好地从不同的角度分析海湾情况，并提出可行的解决办法。不过他们不久就会发现，没有一个组能够解决所有的问题。

要求学生理解解决办法中涉及的协调平衡还是比较困难的。许多人可能发现认识到这一点并不容易：对他们组有利的并不一定对海湾的发展有利——反过来也是一样。

从这一段描述中，我们不难看出培养学生创造性地解决矛盾的技能的重要性和必要性。发展学生创造性地解决矛盾的技能，并不是一蹴而就的，需要教师耐心地引导。

在"准备"中有这样的描述：

把全班学生分成5组（4～6个学生为一组）。给每组学生一套分别代表普通市民、养牛场的农民、船员、土地开发者或乘船人的观点卡（或由学生自己选择，或通过抽签决定）。

在"步骤"中有这样的描述：

……

2. 请一个学生大声朗读第14课阅读材料的最后一段话，并让其他学生谈谈自己对"协调平衡"一词的理解。（这段话如下：让我们从几个不同的视角来看一下切萨皮克海湾的问题，然后看看我们能否想出一些解决方案。我们都知道问题的解决常常需要做出一些妥协，那就意味着我们经常需要放弃一些东西来得到另一些所需要的东西，这就叫作协调平衡。两个组在一起协商最好的解决方案，从你的视角，你将发现一些解决方案或者协调平衡的办法比其他的很多方案都难以接受，每个组都需要决定怎样才能在不放弃更多东西的情况下，最大程度地帮助改善海湾的污染情况。）

3. 组织学生进行头脑风暴活动，列举日常生活中能说明"协调平衡"的例子。

4. 分发观点卡，说明如何使用。给学生充足的时间阅读观点卡。

5. 每个小组从各自的角度讨论海湾的环境问题。

6. 给每个小组分发记录单 15 – A，和学生一起阅读，强调学生应该用自己的话填写记录单而不是根据观点卡来填写。

7. 让学生填写记录单 15 – A，每个组填写一份。

记录单 15 – A

　　小组成员　　　　　　　　　　　　姓　名：

　　　　　　　　　　　　　　　　　　日　期：

问题解决单

1. 我们小组代表＿＿＿＿＿＿＿＿（谁）的观点。

2. 这是我们＿＿＿＿＿＿＿＿＿小组在加剧海湾问题严重性方面的一些行为：＿＿＿＿＿＿＿＿＿＿＿＿＿＿＿＿＿＿＿＿＿＿＿

＿＿＿＿＿＿＿＿＿＿＿＿＿＿＿＿＿＿＿＿＿＿＿＿＿＿＿。

3. 这是我们＿＿＿＿＿＿＿＿＿小组在帮助解决海湾问题方面提出的三种解决方法。

A：＿＿＿＿＿＿＿＿＿＿＿＿＿＿＿＿＿＿＿＿＿＿＿＿＿。

B：＿＿＿＿＿＿＿＿＿＿＿＿＿＿＿＿＿＿＿＿＿＿＿＿＿。

C：＿＿＿＿＿＿＿＿＿＿＿＿＿＿＿＿＿＿＿＿＿＿＿＿＿。

---

4. 各种解决方法可能给海湾带来的好处，以及可能给我们小组造成的不利影响。

解决方法 A：

对海湾的好处：＿＿＿＿＿＿＿＿。　　对我们小组的不利影响：＿＿＿＿＿＿＿＿＿＿＿＿＿＿＿＿＿。

协调平衡：＿＿＿＿＿＿＿＿＿＿＿＿＿＿＿＿＿＿＿＿＿。

解决方法 B：

对海湾的好处：＿＿＿＿＿＿＿＿。　　对我们小组的不利影响：＿＿＿＿＿＿＿＿＿＿＿＿＿＿＿＿＿。

协调平衡：＿＿＿＿＿＿＿＿＿＿＿＿＿＿＿＿＿＿＿＿＿。

解决方法 C：

对海湾的好处：＿＿＿＿＿＿＿＿。　　对我们小组的不利影响：＿＿＿＿＿＿＿＿＿＿＿＿＿＿＿＿＿。

协调平衡：＿＿＿＿＿＿＿＿＿＿＿＿＿＿＿＿＿＿＿＿＿。

8. 收集记录单 15－A，保证每个小组都已经了解了各种解决办法和协调平衡的方案。进行到最后活动的步骤 4 时，再把记录单分发给学生。

在第 16 课"召开小型报告会：人类利用环境所产生的污染物"中有这样的描述：

1. 在各小组进行汇报之前，说明全班同学现在都要认真听取不同小组对海湾问题的不同理解，以及关于这个问题的最佳解决办法。

2. 让每个小组进行比较。

弄清分歧，找到分歧，并能够初步找到解决分歧的协调平衡的方法。

3. 所有小组都汇报完后，把他们的大白纸并排悬挂。请学生谈谈对下列问题的看法。

不同小组在恶化海湾问题方面，有哪些相似点和不同点？

不同小组提出的解决办法有哪些相同之处和不同之处？

哪些办法不止一次地被提到？哪些解决办法是互相冲突的？

这是创造性地解决矛盾最为重要的一步，即进行协商和让步，找到各个小组解决办法的共同点，在共同点的基础上提出各个小组都能接受的办法，从而让各方面的人员都能致力于切萨皮克海湾的环境改善。

如果说这两课的案例是关于在全班范围内创造性地解决矛盾的案例的话，那么在各个小组内同样存在着类似的问题，也需要教师教会学生创造性地解决矛盾，以提高合作的效能。在 6 年级"植物实验"单元第 2 课"识别变量，设计一次公平实验"的教学中，来自美国的培训师莉巴·塔克，给我们上了如何创造性地解决矛盾的一课。

在 6 年级"植物实验"单元第 2 课，学生必须要确定这个单元的实验主题，然后设计公平实验，因此确定实验的变量——"芸苔的生长需要哪些条件"很重要。通过交流，学生可以列举出可能会对芸苔的生长产生影响的如下因素：光照、水分、肥料、空间、授粉、温度。当学生提出这些因素之后（即使学生的回答不够完整），小组就要确定最终选择哪一个变量进行实验，这个时候小组内各个成员的想法不会是一样的。有的学生可能选择光照，有的学生可能选择肥料，有的学生可能选择授粉……如果小组内成员有这样的分歧怎么办？

关键要弄清楚分歧。让学生明白分歧在于实验变量的选择，然后进行下一步——协商。因为是 4 人小组，因此采用下面的韦恩图，让学生列出各自不同的观点，然后找出观点的共同点。

用这种维恩图的方法找出共同点，让学生达成一致的研究方向。最后确定的研究主题不可能是每个学生都最感兴趣的那个，这意味着有些小组成员需要做出一些让步。通过每个小组成员写出 2—3 个想研究的因素，就有可能找到共同点，确定下来的这个主题，尽管不是每个人的"第一志愿"，但至少是"第二、第三志愿"，这样也能够为全体学生所接受。

如果组内出现了矛盾，要运用一些策略来帮助小组处理组内的分歧。不是教师帮助学生处理，而是提供一些策略让学生自己去选择。如果学生下次再遇到类似的矛盾，自己也就能解决了。

这是 Reba 培训师在给我们做"植物实验"单元培训时的一个案例，这个冲突是临时发生的，并没有在教师的预设范围内，她所采用的创造性地解决矛盾的方法，让我们受益匪浅。在 STC 课程中教师应非常注重培养和发展学生创造性地解决问题的技能，让小组成员之间能够更好地合作，有效地完成探究活动。

（三）STC 课程中合作学习的评价

评价不是给学生打分，关键是要评价学生对知识的获取、理解和保持（学业学习）。同样重要的是，要评价他们论证过程的质量和水平、技巧和能力（例如口头和书面交流技能以及使用技术的能力）。在今天这个复杂和瞬息万变的世界里，需要的是开放的教育观念，而不能狭隘地只关注事实记忆。学校比以往任何时候都更需要强调教会学生正确的工作习惯（例如按时完成工作以及力争出色和不断改进）和态度（如热爱学习、热衷阅读优秀作品等）。

在 STC 课程中，评价是伴随着教学进行的，是教学活动一个非常必要的组成部分，其中有很多评价学生合作学习的例子。

没有明确的学习和教学目标，评价就不能开始。在"化学实验"单元中，第 13 课"鉴别神秘物质"属于嵌入式评价。因此在课堂一开始，教师就告诉每个小组他们的任务·任意选用实验材料，根据相关知识来鉴定神秘物质。在其他每个单元的起始课或每节课的开始，教师都要告诉学生接下来将要干些什么，观察些什么，记录些什么，让学生觉得目标指向性非常明确。

教师必须找到一种方法来外化学生隐蔽的推理过程，明确说明他们的学习态度和工作习惯，以及表现他们如何有效地和他人一起工作。因此，观察学生的行为就成为最重要的评价手段之一。例如在"化学实验"单元中就多次提出：教师可通过观察的方法来了解学生在小组中的表现，以及在小组合作时能否表达自己的观点。通过询问学生有关他们推理过程和策略问题的具体细节，可以让隐蔽的行为更加外化。在"化学变化"单元第 1 课的评价策略中就提到，通过观察以及与学生单独交流或是在小组中的交流可以评价学生掌握的一些重要的基本技能，如观察、记录和比较等。

所有的学习都有感情因素。态度在很大程度上决定了学生是否愿意继续学习该学科，是否对它失去兴趣，是否想逃避它。STC课程就考虑到了这一点，在每个单元最后的自我评价中，有一个环节就是让学生评价自己学习科学的感受。

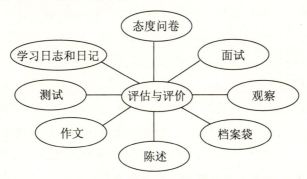

在我们看来，学生是通过帮助他们所关心的人来提高能力的。这样的个人意义是由三个因素构成的。

第一个因素是在学生当中建立积极互赖。积极互赖使得学生之间保持积极的关系，如对别人的学习和利益负责，愿意为共同利益做贡献，为他人同时也为自己努力做到最好，相信生活并非仅仅是个人私利。

第二个因素是让学生参与到学习和评价过程中。学生需要参与制订他们的学习目标，选择达到目标的途径，评价他们的进度和成绩，计划下一步如何改进和如何按计划实施。

第三个因素是保证评价数据按可能的使用方式来组织。有用的结果能够帮助学生寻求弥补他们理解不正确之处的方法，填补他们知识的缺漏以及帮助他们进一步扩充知识和技能。

这三个因素是互相联系的。积极互赖创造了积极参与的氛围，而参与又使学生成为学习和评价过程的主人，产生了利用评价来提高自己的理解和竞争力的动力。评价结果越清楚地指出如何继续提高学习的质量，学生就越可能积极参与评价过程。执行促进学习的计划需要合作者的帮助，这又回到了积极互赖。

（四）STC 课程创建学习共同体的基本特点

STC 课程创建合作学习的过程中，有一套规则和策略。这些策略可以帮助每一个组员更好地发挥自己的能力，也可以帮助小组更好地完成挑战性任务，产生有效的合作。反过来，有效的合作，会让学生得到更大的发展。

STC 课程在创建有效的合作学习时表现出的特点是：帮助学生建立积极的相互依赖关系；明确个人和小组的责任；促进学生面对面的互动；培养学生的社交技能；帮助学生对团队的历程进行反思。

1. 帮助学生建立积极的相互依赖关系

积极互赖强调每个小组成员的努力都是小组成功需要的和不可取代的（也就是说不能搭顺风车），并且因为每个小组成员的资源、角色以及责任不同，他们对共同努力都有自己独特的贡献（也就是说不能滥竽充数）。

为了帮助学生建构积极的互赖关系，STC 课程运用了三个策略。

策略一：给小组分配一个明确的、可测量的任务。成员都知道他们要做什么。

在 STC 课程中，每个单元的第 1 课，都会直接告诉学生这个单元的任务是什么。例如，在 1 年级"比较与测量"单元第 1 课的步骤一中就说明"向学生们介绍本单元课程，让他们知道在接下来的 8 周时间里，他们将探索比较和测量"。在 3 年级"植物的生长和发育"单元第 1 课步骤二中这样描述，"通过向全班学生说明在接下来 6 周的时间内，大家将要观察一种植物的生长和发育"，以引入本单元的教学。在 5 年级"微观世界"单元第 1 课的步骤一是"介绍这一单元，告诉你的学生今天他们将用放大镜拓展其观察范围"。

由此可以看出，STC 课程一开始就让各个小组的学生明确了本单元的目标和任务；在每节课的实施过程中，教师也都会告诉学生，这节课的任务是什么。这样，每个小组都有一个明确的、可测量的任务。

策略二：组织积极的目标互赖，学生知道要达到什么样的目标。

STC 课程是以小组为单位来组织学习的，有时是两人小组，有时是三人或更多的人一个小组。在展示学习成果时，通常的表述方式是"我们认为……""我们发现……""我们研究的结果是……"，而不是"我认为……""我发现……""我研究的结果是……"。例如在 1 年级"比较与测量"单元的起始课中，让学生在黑板上写几句类似如下开头的句子"我与我的搭档相像，因为＿＿＿＿＿＿＿＿＿＿＿＿＿＿"，"我和我的搭档有一点不同，是＿＿＿＿＿＿＿＿＿＿＿＿"，"我的搭档和我＿＿＿＿＿＿＿＿＿＿＿＿＿＿"。这样设计的意图很明确，那就是希望学生树立一种"团队意识"。特别是在 1 年级起始单元的起始课中，这样设计的深意在于，让学生认识到：在合作小组中，学习不仅仅是个人的事，更是小组共同的任务。而在交流学习成果时，以小组为单位进行表达与交流以及评价时指向小组而非个人，这些都促进了积极的目标互赖的形成。为了让学生更加明确自己的目标，STC 课程采取的最有效的方式就是给每个学生设计记录单。几乎每一节课学生都要完成一份或者几份记录单。

策略三：给目标互赖补充其他类型的积极互赖。

第一，建立积极的资源互赖。在 STC 课程中，有时候每个成员只需要收集某一部分信息、资源或材料，小组要达到目标，就不得不把成员的资源整合起来。当需要每个学生都掌握某种基本技能时，STC 课程会要求每个人都有一套材料，让每个人都有充分的时间和机会来完成技能的习得。如 5 年级"微观世界"单元，要求给每个学生配备一台显微镜。但是有时候小组要达成目标，必须依赖于其他同学的材料，这样就构成了积极的资源互赖。

如 2 年级"变化"单元第 14 课"观察生锈"、第 15 课"写出变化的方法"、第 16 课"展示变化的方法"中，每个小组的成员先做一个实验，然后记录下所用材料并放入信封，供其他组的同学抽取，最后自己小组也要抽取一个信封来完成另一个实验。也就是说，每个小组在这个过程中只做两个实验，而对其他实验的了解需要通过观察其他小组的实验和与其他小组同学交流才能获得。对于学生形成化学变化的概念而言，小组与小组之间形成了积极的资源互赖。

第二，通过不同角色的分配，建立积极的角色互赖。STC 课程会给每位成员分配互补或相互联系的角色。

例如，在 3 年级"岩石和矿物"单元第 1 课"关于岩石我们知道什么"中，学生两人一小组，一起讨论对岩石的观察结果，观察三块岩石并记录结果。在教学开始之前，教师要为每一名学生配备一名同伴。两人的语言技能应当是互补的。在 6 年级"测量时间"第 6 课"观察月相"中，安排四人小组，一个学生拿手电筒，一个拿珠子，另外两个学生分别为观察者和记录者。让学生轮流交换各自的工作，让每个人都有机会尝试不同的角色。在 6 年级"造纸技术"第 1 课"关于纸的思考"中，学生四人一组，要求组建合作小组的时候，要将能力不同的学生分到一个组。这样，每组在不同的方面都会有优势，并且学生也会很融洽地合作直至完成任务。

STC 课程中积极的角色互赖随处可见，正是这种积极的互赖，使得小组内各个成员之间相互提醒、共同提高。如在 4 年级"运动和设计"单元不同的探究活动中，学生被分配为材料管理员、小组负责人、汇报员、记录员、咨询员、首席工程师、数学工程师、艺术家、建造人员、技术填写员等角色，各种角色之间都存在着相互依赖的关系，每个角色都为小组成功完成任务贡献自己的力量。

第三，通过明确的分工，建立积极的任务互赖。STC 课程要求小组成员进行分工，一个小组成员完成他所负责的任务，是小组任务完成的基础。

在 4 年级"陆地和水"第 3 课"模拟降雨"中，教师教学用书中表述道："在用模型做实验的过程中，学生应该和科学家一样，要进行合作。教师要鼓励学生在小组内讨论实验过程中所观察到的雨水对陆地的影响。"

此外，在这一课中，教师提前安排各小组每个同学所担任的角色。还提醒他们，每一项工作对整个小组都很重要，在小组工作的进程中，每个人担任不同的角色。小组工作大致包括以下几项。

▉ 材料管理员：帮助本组从材料中心领取材料，归还材料，并确保归还的材料整洁有序。

▨ 汇报员：向全班表达本组的想法，并在本组朗读实验的"学生操作指南"部分。

▨ 记录员：按照"学生操作指南"分配本组的实验材料。在记录单上记录本组要和全班共享的信息，以及本组在做实验时所观察到的现象。

▨ 咨询员：就本组在实验过程中所出现的问题询问老师，其中包括"学生操作指南"中令学生感到困惑的部分。

▨ 协调员：保证本组工作的正常进行，确保小组中的每个成员都有机会为本组出力，使本组成员能团结一致、共同努力。

这样细致的分工和明确的任务分配，促使小组成员间形成积极的依赖关系，帮助小组共同完成任务，并且每个人都能从中得到发展。分工使得一个小组成员所完成和负责的任务成为其他小组成员完成任务的基础，这样就建立了任务互赖。

第四，建立积极的外部对手互赖，审慎安排小组与小组之间的竞争。在小组成员努力争取强于其他小组和赢得竞争的时候，他们会感觉到相互依赖。

组间的竞争，能够有效地促进小组成员之间更有效的合作。在开展组间竞争时，在目标任务和争取获胜的驱动下，每个小组成员都积极开动脑筋，密切与小组成员配合，小组成员之间团结得如同一台精密的机器，为共同的目标而努力，可见积极的外部对手互赖的重要意义。如2年级"变化"单元第2课"结冰和融化"一课中，在组织"融化比赛"时，每个小组的学生都积极地想办法使冰尽快地融化，有的采用反复摩擦的办法，有的放到太阳下晒等。但在STC课程中，我们仅仅找到了一个这样的例子，这可能与美国倡导的科学文化有很大的关系。在教师教学用书中明确地写着"学生间的彼此竞争不是目的，目的是他们所选择的最快的融化冰块的方法所用的时间的竞争"。在"溶解比赛——糖的两种形式"一课的教师教学用书中也明确写道："为避免同学间的竞争，提醒他们，他们不是在彼此竞争，他们是在用一种固体与另一种固体比赛，以确定哪一种固体溶解得更快。"美国学校有时也用到竞争性学习，但是这种竞争是组与组之间的竞争，而且有一套比较严格的程序，如把原有的基于合作的小组的同学进行同质组合，在同质小组中，每个人都有获胜的机会，避免了优势较大不全力投入和劣势明显不作为现象的发生，而且每个同质小组成员获胜后加的分也是加在原来基于合作的小组上，获胜的同学将会加入到更高水平的同质小组的竞争之中。

在这种积极的互赖中，学生会意识到小组成员的表现是互相促进的，任何一名成员都不是独立的。每个人都知道自己在其他小组成员的学习过程中是起作用的，而其他小组成员对自己的学习也是有帮助的。小组成员认识到小组的成功需要他们自身的努力（也就是说没有"搭顺风车"），而且他们对小组的潜在贡献是不可替代的（因为他们独特的角色、资源或任务职责）。每名成员分担其他成员的学习任务（共同的责任），并感谢其他成员的支持和帮助（共同的义务）。

2. 明确个人和小组的责任

合作学习的目的是使每个成员在他自己的能力范围内得到更好的发展，个人责任是保证所有小组成员通过合作学习取得实质性进步的关键。

STC 课程通过下列方法帮助学生建立个人责任：

（1）保持小规模的小组。小组规模越小，个人责任越强。根据学习内容难易程度的不同，STC 课程通常把学生分成人数不同的小组，通常是两人小组，也有三人、四人的小组，小规模的分组，可以让学生感受到更强的个人责任。

（2）对每个学生进行单独测验。在 STC 课程每个单元结束后，都有一个评价的过程，评价的方式也是多种多样的。如学生自我评价——给每个学生发一张自我评价表，让学生对照评价表上的问题进行自我评价；制作文件夹——从文件夹的制作中可以看到每个学生的努力程度以及学习的进展等情况。这些虽然不是对学生进行的单独测验，但是对促进学生建立个人责任是有帮助的。

（3）随机进行口头检查。教师在课堂上可以随机选择学生在全组或全班面前汇报他所在小组的成果。当一名学生在小组或者全班交流小组的成果时，他代表的是小组的总体研究水平，其个人的行为会影响到小组，由此容易建立个人责任。这比在教学中，请小组同学推荐的或小组的汇报员来进行交流，更有利于个人责任的建立。

（4）观察每个小组，记录每个成员对小组学习所做贡献的大小。4

年级"电路"单元第6课"电路发生了什么故障"一课中，当小组制作电路检测器时，教师要观察小组发挥作用的方式。学生是不是合作完成的，小组中完成较快的学生是不是很有耐心，并且适当地帮助那些制作有困难的学生。STC课程要求教师要对这一切进行及时记录，然后对学生进行指导和调控。这样一来，小组和个人的责任就会更加清晰。

（5）让学生把他们学习到的东西教给其他人。

在STC课程中，有让学生把他们学的东西教给他人，或鼓励学生向其他人请教的相关指导。在6年级"测量时间"单元的第9课中，学生用沉没水钟做完实验后，教师会安排选择同一变量的小组进行讨论，一组成员向另一组成员解释他们所做的和所观察到的。然后再安排选择不同变量的小组展开讨论，让他们分别解释自己所做和所观察到的。在最后的活动部分，还要求每一个学生给自己的家人写一封信，描述自己所做的实验，越详细越好。

3. 促进学生面对面的互动

在合作小组中，应保证所有小组成员面对面地共同学习来完成任务和促进彼此的成功。小组成员需要真正地共同学习，当个人为了达到小组目标，鼓励并促进其他成员来努力共同完成任务时，就出现了促进性的互动。STC课程鼓励小组成员之间的促进性互动有三个策略，分别如下。

第一，组建一个长期合作的小组。对于合作学习来说，保持小组的稳定性很重要。学生在这种长期的合作之中，对彼此的性格、特质、能力、爱好的了解会加深，这会减少小组成员之间的交流障碍，这些交流看似与科学学习没有太大的关系，但是学生正是因为相互交流，才对其他成员有了更多的了解的。这种沟通会增进小组成员之间的感情，减少小组成员之间的矛盾，促进小组成员之间的合作。

第二，通过强调课堂讨论来促进彼此的沟通。STC课程始终在不断地强调讨论，这些讨论包括班级讨论、小组内部讨论以及组间交流，并鼓励学生在各种情况下的讨论，观察时讨论、实验时讨论、预测时讨论。总之，讨论伴随整个探究过程，这对于促进学生面对面的沟通也起到了良好的作用。

"当学生观察液体的时候，鼓励他们交流观察结果。"（1年级"固

体和液体"单元)

"让学生涂抹他们的土样，然后让他们分享他们的结果。相互间的讨论可以帮助学生清楚观察到了什么。"（2 年级"土壤"单元）

"让学生通过头脑风暴的方式讨论怎样使用这些材料，认识水是怎样渗入腐殖质的，允许学生用大量的时间讨论。"（2 年级"土壤"单元第 11 课"能留着水分吗"）

"矿物鉴别并不是本节课的主要目标，学会所用的程式以及他们对这些矿物样本相似和不同之处的讨论更为重要。"（3 年级"岩石和矿物"单元第 14 课"鉴别矿物"）

从上述例证中我们可以看出 STC 课程把讨论放在比获得正确答案更为重要的位置，而不是仅仅为不停地寻找正确答案而努力。正是这些不断的讨论，让小组成员的交流更多，让成员意识到对方的重要性，加大了完成学习任务以获得成功的可能性，同时使整个小组富有成就感。

第三，鼓励学生进行组间交流。STC 课程鼓励学生像科学家一样到其他小组去交流。在这种组间交流中，小组内的凝聚力会进一步增强。

"给每组机会来观察其他各组的土地模型。一个方法是让每组按顺时针方向轮流到另一组的工作台，在每个模型面前停留大约 15 秒。学生在走向另一组的工作台时，可以发出信号，比如拍手。在以后各课中，你也许还需要让学生轮流观察其他各组的模型。"（4 年级"陆地和水"单元第 3 课"模拟降雨"）

接下来的第 4、7、8、10、12、13、15 课都要求学生轮流观看其他各组的实验结果。

"鼓励学生与其他同学合作以获得自己需要的信息。让可以在早上测量的同学与可以在下午测量的同学相互交换数据。"（6 年级"测量时间"单元第 2 课"建立一个影子的记录"）

STC 课程让小组之间进行交流的这些设计，会使小组的凝聚力增强，促进小组不断进步，引发学生新的思考，也不断地将探究引向深入。

4. 培养学生的社交技能

开展小组合作应教给小组成员在与他人有效工作时所需的技巧和人际交往技能。在合作学习小组中，学生需要学习有关学科主题的内容（任务工作），也需要学习有助于小组功能发挥的人际交往和小组共同工作技巧。如果学生不学习小组工作技巧，他们就不能完成任务工作。合作学习比竞争或个体化学习更为复杂，因为学生要同时参与到任务工作和小组工作中来。为了协调各种努力以达到共同的目标，学生必须彼此认可和互相信任，进行清晰而准确的交流，彼此接纳和互相支持，并建设性地解决冲突。

一般而言，学生在工作情境中去完成某项有意义的任务时，更能学会社交技巧。合作学习时，为了协调各自的努力，实现共同的目标，学生必须：①相互认识并彼此信任；②准确无误地进行交流；③相互接纳和彼此支持；④建设性地解决冲突。社交和小组技巧使个体之间形成了基本的连接，要想有效地合作，共同应对压力，学生必须具备这些技巧。

在 STC 课程 1 年级"天气"单元"制作一个雨量器"一课中，有这样的文字说明："合作者应该相互帮助，检查并对他们雨量器里雨水的量达成一致意见。如果有必要，帮助学生将信息准确地传递到记录单上。"可以看到，在起始年级的教学中，教师应指导学生彼此支持，达成一致意见，也就是建设性地解决冲突。在 5 年级"生态系统"单元的教学中，我们欣喜地看到，学生之间解决冲突的能力已经达到了一个相当高的水平。对于不同意见，学生在陈述自己理由的同时表明自己的观点，体现了对自己观点的捍卫；而对其他同学的合理建议，他们则说："这一点我们没有考虑到，谢谢给我们的帮助！"体现了折服于正确观点的理性！（我们惊叹于学生这种善于坚持和接纳的表现！）

5. 帮助学生对团队的历程进行反思

STC 课程会在不同的时间对学生的合作进行评价，反思小组在合作过程中的表现。有时候是学生的自我反思，有时候是教师进行观察与评价。这样做的目的在于，提高小组成员为达成小组目标而付出协作努力的有效性。

（1）在单元的开始阶段，教师会对学生的合作情况进行评价。在 2 年级"土壤"单元的第 1 课"什么是土壤"中，学生两人一组，每组学生中一个到分发中心领取材料，另一个去挖一杯土。最后两个学生都可以用碟子将材料送到他们的桌子上。最后学生对土壤进行观察。

在整个过程中，教师要对学生的两个方面进行观察与评价：

▨ 每个小组的学生在一起工作得好吗？

▨ 每个学生都做贡献了吗？

（2）在单元中间进行教师评价或自我评价。

在"陆地和水"单元第9课"当小溪合流时：模拟支流"中有这样的描述：学生清理完毕器材后，告诉他们已经完成了半个单元的内容，小组是反思学习内容的最佳方式，他们共同复习所学习的内容。你认为你和同伴合作得怎样？举例说明。在3年级"岩石和矿物"单元第6课"观察矿物：它们有什么相似点和不同点"中，教师的评价是：每组学生合作得怎样？

STC 课程会在单元中间即学生的学习进行到一半的时候，组织学生进行自我反思，以及让教师在教学中观察小组合作情况，并根据这些反馈调控学生的学习。

（3）在单元结束后进行自我评价。

STC 课程在每个单元结束后都有这样的自我评价："你认为你和你的伙伴一起工作得怎么样？写出几个例子。"（3年级"岩石和矿物"单元自我评价）"你认为你和同伴一起合作好在哪里？请举例说明。"（6年级"测量时间"单元学生自我评价表）

这种要学生进行书面回答的自我评价，出现在中年级，并一直延续到高年级。而在低年级，受学生书面表达能力所限，多采取口头表达的形式。这些评价，不论是学生的自我评价，还是来自教师的评价（观察并记录学生进行合作学习时的行为表现），都贯穿于单元学习的整个过程之中。这样，学生会及时地知道自己小组的合作学习情况，以及自己在小组中的表现，学生得到的这些来自自己的反思和教师的反馈，都可以促使其更有效地合作。同时，这些评价也为教师打开了一扇走进学生心灵的窗户。教师通过倾听学生向小组同伴解释如何完成任务，可以了解学生已经知道和理解了什么，同时可了解学生对哪些知识还不知道和不理解。通过倾听学生的解释，教师可以获得学生对教学方法、所教基本概念和策略、共同工作等方面的宝贵信息。

"学习"对于学生来说是学会自立的一种核心责任，同时也是其生存的权利和生存的希望。要提高每个孩子的学习能力，"合作学习"是不可或缺的。

STC 课程在教学中针对基础内容开展活动后，会把教学内容的水准设定得高一些，即开展"挑战性学习"，正是在这种活动的驱动下，学生的学习潜力得以激发，学习能力得以锻炼。正如日本学者佐藤学所说，"业已懂得、理解的东西即便滚瓜烂熟，也不能称为'学习'。学习是从既知世界出发，探索未知世界之旅；是超越既有经验与能力，形成新的经验与能力的一种挑战"。STC 课程的编制者基于对认知科学的基本规律的理解，在不同年段设计了难易不同的挑战性项目活动，这与维果茨基的"最近发展区"理论是一致的，即我们通常所说的"跳起来摘桃子"。

通过进行基于挑战性探究的合作学习，学习者对知识和过程有了深入的理解，学习者在他们用于理解世界的各种观点之间建立了有意义的联系。我们有理由相信，"挑战学习的儿童（学生）绝不会垮掉"。持续地挑战学习的儿童（学生），即便家庭垮掉了，朋友垮掉了，自身也绝不会垮掉。

三、实验案例与分析

（一）作为一个合作小组，学生在完成不同类型的挑战性项目中可以获得多种能力

在 STC 课程中，有时候，学生需要模拟一个设计工程队；有时候，学生要扮演不同利益的代表者；有时候，学生会成为一名汽车设计师……

在扮演各种不同的社会角色、完成不同类型的挑战性项目中，学生学会了各种能力以及各种解决问题的方法。这为学生在现实世界中取得成功、与不同背景的人合作、掌握合作技巧，如倾听他人的意见、礼貌地讨论问题、分享想法，都奠定了基础。而这些都是可用于各年龄、各种环境下的能力，也是现代社会所需求的创造性的劳动者所具备的能力。

科学课教会了我团结协作
602　袁兆馨

......

"食品化学"单元中，我们要用到很多材料。老师将每一种材料分别装在一个小瓶中，每个小瓶贴有不同颜色的圆点以便区分。每个瓶中配有一个对应的小勺子，小勺子上也贴有与瓶上颜色相同的圆点。

上课时，我们领来材料，实验桌上摆满了"瓶瓶罐罐"，乍一看，确实让人有些眼花缭乱、手足无措。

实验是将碘、水、紫甘蓝汁等液体分别在薯片、苹果干和洋葱上滴几滴，仔细观察和记录其变化。

这些看起来简单的步骤，对于小小的我们来说，实在有些困难。

有的小组不断有同学不小心把液体碰倒，或是将材料弄混。我们心里很紧张，担心会出现差错，动作也变得小心翼翼。我们分工明确，小 Y 负责添加要用的液体试剂，小 X 负责滴液体，小 Z 负责观察记录，小 H 负责送还材料……大家分工协作，井井有条，最终没有出现任何差错，最先完成了实验。

这一次食品科学实验，让我亲身体会到了团结协作的重要性。

（二）基于挑战的合作学习，可以培养学生的交往技能，形成积极的人际关系

合作学习中，并不是像学生期望的那样把自己的好朋友都分在一组，而是要和不同性格、不同爱好、不同能力的人在一起活动。因此，这会带来一个很好的契机，教会学生如何与各种不同的伙伴进行合作。

4 年级"电路"单元第 1 课"思考电和电的属性"中，在学生结束关于电的讨论后，教师告诉学生，还有另一个领域需要讲解——合作学习，我们将讨论如何更好地合作学习，揭示与人一起工作、学习的挑战性——不仅是与你喜欢的人而且也包括与你不喜欢的人一起工作。

我的搭档

徐紫菡

其实，我以前不怎么喜欢科学课，因为我的搭档是个不怎么讨人喜欢的男生。

当老师安排他做我的搭档时，科学课便成了我的噩梦。我要随时纠正他的坐姿，并帮他找随时有可能丢失的笔，随时提醒他认真听讲。做实验时，我要他帮忙拿材料，时常是材料没拿回来，他本人就先在教室"迷失方向"。做实验时，他也不会在组内给我帮助，通常是在教室中晃悠。

这是我"糟糕"的搭档，他不怎么热情，我和他不怎么交流，我对他的印象，只有坏，没有好。可是，自从一次汇报后，我改变了对他的看法。

学习"磁铁和电动机"这一单元时，老师让我们每人用电磁铁设计一个自动门。大家踊跃地举起手，我和我的搭档也不例外，虽然搭档似乎还是那么慵懒。从汇报来看，每个人的想法都很新颖，老师把我搭档的发言留到了最后，最后的一定也是最精彩的，不得不承认，我搭档的想法很受大家称赞。他说：将一块电磁铁装在一个门上，在门前后的地上装上另一块电磁铁，当人踏上地上的电磁铁时，重力下压地上的电磁铁，让它与上面的电磁铁失去联系，门就开了，走开后，电力接通，用相应磁力，控制门缓慢下降，门自然会关上。无疑，这次发言赢得了全体同学热烈的掌声，我记不得我的发言了，却将我搭档的发言深深刻在脑海……他依旧是那个慵懒的神情，坐回我旁边。第一次，我抛开他的外表，仔仔细细地打量了他的内心，他的确令我刮目相看。

后来，做实验时，我会邀请他留在组内，他也十分配合，做起实验来比我还要严谨认真。我终于看到了他内在的优点。我们成为了很好的搭档。那个懒懒的"游神"依旧用他镜片下微眯的眼睛凝视着黑板，似乎还是那么慵懒，不过，他是我的搭档，唯一的搭档。

在合作学习中，学生的耐心、对他人的尊重、关心他人等合作技巧都会得到不断的训练。在训练的过程中，学生将学会尊重并变得彼此融洽，形成积极的人际关系。

（三）基于挑战的合作学习，可以增强学生的责任心

基于挑战的合作学习促进了学生学习的责任心和独立性的发展。当学生提出问题并设计研究方案的时候，他们要学会对自己的学习负责。在探究中，学生学会通过各种不同的途径来收集信息，完成数据收集的过程，并负起各自的责任。

STC 课程设计了许多对于合作的反思环节。在单元进行一半的时候，会组织学生反思与同伴合作得怎么样？在单元结束之后，又会组织学生进行自我评价：你认为你与同伴合作得怎样？学生要进行说明。

这些反思环节，可以帮助学生明确和评价自己做的事情，并为接下来与伙伴之间的合作创造良好的条件。同时，学生在自我评价中明确了自己的责任，培养了责任心。

科学日记
601　胡紫贝

科学课，给我的感觉一直是有趣而又神秘的，并总会传递给我某些道理。

尤其在测试纸的出油性的那个单元，活泼可爱的王老师发给我们每个组 6 张纸，又发给我们每个组 6 种不同的食物，让我们检测出各种食物的出油性在每种纸上有什么不同。我们一听，仿佛得到了军令，立刻着手开始做起实验。我负责叠纸，等我认认真真地把 6 张纸叠好后，抬头一看，大家都忙人地干着自己的任务。

这时，孟灿程叫我："胡紫贝，快记录啊。愣着干吗？"我一看，他正憋足了劲碾压着一种食品，看着他那股认真劲，我笑了出来，说："不是黄吉志记录吗？"孟灿程一听，声音低了下来："哦，我弄错了！"接着，又将声音提高到原来的分贝，对正四处张望的黄吉志说："你快点啊！"

黄吉志回过神来："哦，好。给我看看。"孟灿程一听，松开了正紧压着纸的手：牛皮纸上的花生被碾压得惨不忍睹，但是，周围的油却给我们提供了很大的帮助。黄吉志见状，便在记录本上写下了现在的状况。

这场实验终于完成了，它向我们传递了深刻的道理，不仅告诉

了我们科学实验中得出来的结论，而且告诉了我们合作的力量，让我们领悟古人诗句中"纸上得来终觉浅，得知此事要躬行"的道理。

在对科学的不断探索中，我们获取，我们领悟，我们成长！

（四）基于挑战的合作学习，可以促进学生的口语交际

STC课程在给学生分组的时候，就考虑到了把不同语言表达能力的学生分配到一组，他们在合作中不断地交流、讨论、商量、做决定。在这个过程中，小组内每个成员的语言表达能力都会得到发展。

在3年级"岩石和矿物"单元第1课"关于岩石我们知道什么"中，学生就分成两人小组，一起讨论对岩石的观察结果，观察岩石并记录结果。

在教学开始之前，教师要为每一名学生配备一名同伴，两人的语言技能应当是互补的。再让学生用大约5分钟的时间来观察岩石，鼓励他们要积极与同伴交流观察的结果。通过6年的训练，学生们都逐渐体会到了与同伴合作的必要性。

科学，永恒的记忆
602　孙佳静

对了，我还有一个十分要好的组员呢。从1年级开始，我就一直是二组的，位置也没有发生过变化。虽然有时我们会发生一些小争执，要点小脾气，但是，大多数时候，我们都是互相帮助的。在每个学期开始和结束交流自己对这个单元知识的了解和疑问时，我们组常常都是想得最多的。实验时，我们也是最积极的。

在这本教科书中，我比同年级的同学先学会了预测，先学会了总结，先学会了写报告，先接触到了许许多多的东西。到中学后，我会学到物理和化学，如果能像这样学就好了。

在这6年里，我知道了什么是科学，我明白了什么是合作，我学会了怎样去操作。所以，我想说一声"谢谢"。谢谢你们给我的记忆中，又抹上了一缕绚丽的色彩。

科学，永恒的记忆；记忆，抹不去的科学。

（五）基于挑战的合作学习，可以满足学生各自发展的需要

基于挑战性项目的科学教学适合每一位学生，可以满足他们各自发展的需要，即使他们具有不同的文化背景，对生活中一些问题的观察能力也不同。基于挑战性项目的科学学习能使学生积极地投入到不同类型的工作之中，满足了不同学生的学习要求。这种方法使学生热衷于通过研究与合作，探索重要而又有意义的问题。学生提出问题，做出预测，设计探究方案，收集、分析数据，得出结论，分享成果。通过探究，学生学到了可以用于日常生活的科学知识和原理。

有趣的科学课
601　程骏夫

在我的小学生活中有很多有趣的科目，头一名就是科学课了！

每学期学 2 个单元，每一单元都能让我们掌握大量的科学知识。

就比如"马达"这个单元解剖马达的实验，满足了我了解马达内部构造的心愿，还让我知道了马达的转动原理。当我拆开马达的时候，我看到里面有 3 个电磁铁和 2 个普通磁铁。其中那 3 个电磁铁被固定在一根轴上，那根轴上有一个黄色的铁圈，上面有几个竖条的凹槽。它的具体名字我记不清楚了。它可以不停地转换电磁铁的正负极，使电磁铁与磁铁的磁力之间产生连锁反应，使电磁铁带动中间的那根轴，让中间的那根轴转起来。这让我大开眼界：没想到小小的磁铁和电磁铁竟有如此大的奥秘，它竟然是让马达转动起来的关键，科学可真是神奇呀！

通过这 6 年来科学课的学习，我掌握了大量的科学知识。科学课趣味无穷，我对科学越来越感兴趣，科学课上既动脑又动手，使我们得到多方面的锻炼。科学课，为我打开了一扇探索未知世界的窗户。在将来的学习生活中，我会更努力地掌握更多的科学知识！

下面，我们呈现一组学生自我评价表中有关合作学习的内容，即"你认为你和同伴在一起合作好在哪里？请举例说明"，可以看到学生

经过合作技能培养之后的一些变化。

样本：实验1班30人，实验2班27人

单元：3年级"岩石和矿物"单元，6年级"测量时间"单元

转变	"岩石和矿物"单元	"测量时间"单元	实验1班	实验2班	备注
不好到好的变化	一起工作得很不好。每次总抢着拿自己觉得最好看的，结果总做不成实验。还有大家每次各做各的，一点都不团结。	大家很团结。比如：在做沉没水钟时大家分工明确，所以比较成功；在做擒纵器时大家互帮互助；在做钟摆时大家齐心完成实验等。	10人	3人	3年级时，因为各种原因而导致合作并不理想，但是经过几年的培养和熏陶，让他们感受到了合作的重要性，因此产生了变化。
	我觉得一点也不好。①有一次居然为了几号争了起来。②没有合作精神。	我认为很有默契。①我们分工恰当，没有争议，所以做事时对号入座，互不干扰，一起都很顺利。②都做自己应做的事，很顺利，结果也很准确。③我们组送还东西时都很谦让，没人去争抢。			
	不好，很烦。他们总是干扰我的实验，有时候我在做实验时他们总玩。	虽然我们有时意见不合，但每一个人都在动脑筋，有团队精神。有一次，对实验结果不太满意，就开始争论，每个人都想方法。上次实验板子不小心弄坏了，同伴并没有责怪我们，反而宽容地安慰我们。			

续表

转变	"岩石和矿物"单元	"测量时间"单元	实验1班	实验2班	备注
认识观点的变化	我和郭李辰宇的配合比较默契。他负责发表我们的意见，我负责把岩石分类。	①可以交流看法，大家看法不一样，可以考虑得多一些。 ②可以互帮互助，如摇纵器需合作完成。 ③分享快乐，培根说过："如果你将快乐分享给另一个人，你将得到两份快乐。"	18人	18人	3年级时认为合作就是简单的分工，几年下来，同学们发现合作不仅仅是简单的分工，还包括好多其他方面，认识到了合作真正的精髓。
	工作得好。大多数时候都是一个人滴水，一个人拿着，一个人汇报，另一个人记录。	①分工合作，有人拿材料，有人记录…… ②容忍他人，对他人不好的看法会慢慢消失。 ③分享，一起讨论自己的看法。			
	我认为我和伙伴一起工作很好。比如：在岩石软、中、硬实验中，我来刻硬币，涂网杰刻铁钉，汤小宝和胡宇杰记录。	①每一个人都有事干，不会在那里坐享其成。 ②大家不会做同样的事：我记录时，胡宇杰实验，涂网杰观察，汤小宝汇报。 ③在有的人事情太多时，我们其余的人会去帮忙。			

转变	"岩石和矿物"单元	"测量时间"单元	实验1班	实验2班	备注
关注对象的变化	和他们一起工作我很快乐，可有时很伤心。	①高哲总是很有主见，遇到什么问题他都会马上提出新的想法。 ②孙佳静知识丰富，一直引导我们。 ③杨宇轩虽然没有做很多事，但一让他做，他比谁都认真。	0人	6人	从关注自己到关注他人，看到自己的优点到看到他人的长处，这种变化是质的飞跃。
	很不错。	①刘力光：有不明白的问题可以问他，因为他的知识很丰富，出错的时候又可以纠正我们。 ②潘武：很积极，有许多事情抢着做，也能做对。 ③周傲天：有时无所事事，发呆，但有会做或好玩的东西就抢。 ④就是这个大家庭做了许多令人佩服的活动。			
	我和我的伙伴一起工作得很好。大家都积极参与，都很配合。	当我们小组有问题而又弄不明白时，秦晓雪就会心平气和地去问其他同学或老师；杨凯达很聪明，但是有些爱讲话，做实验时，他会把基本的事情做得好好的；刘重远的记录还不错，好像都是有图也有批注的。			

同样也有个别学生在合作方面没有什么太大的发展。

	"岩石和矿物"单元	"测量时间"单元	实验1班	实验2班	备注
无太大变化	不怎么样。因为我不喜欢合作，喜欢个人行动。如：写记录时我总最先做完，或意见不统一。	不好：①我没有参与。②没有配合。	2人	0人	
	不错：①合作得很好。②互相帮助。	我们组的合作一般，因为我们有一些意见不统一的情形。			

四、对改造我国课堂教学组织形式的建议

STC 课程合作学习的研究使得我们有更多的机会去面对学习环境人性化这样的话题。毕竟学习是一种个人的经历，合作学习的频率越高，学习就会变得越人性化。基于一种关注人的发展的课程，STC 课程在课堂的组织形式上有着强烈的合作学习的烙印，从各组成要素上看也相对规范。因此，我们认为，STC 课程在合作学习的设计、组织、技能培养以及评价等方面所呈现出来的特点值得我们借鉴。针对我国的小学科学教育现状，结合 STC 课程合作学习的特点，提出三点建议：

（一）强化合作技能的培养

合作不是天生就会的，需要后天的培养。在小学阶段，孩子们的心智发育还不健全，开展合作学习需要引导，尤其是在我国独生子女占绝大多数的社会背景下，合作技能培养的重要性就显得格外突出。尽管这可能不是科学教育的主要使命，但作为以探究为主要学习方式的学科来讲，应有意识地培养学生做决定的技能、交流的技能、创造性地解决冲突的技能等。下面呈现的"合作学习四步法"或许对一线教师有借鉴意义。

第一步，在单元学习前，通过基于合作的小组，可以为学生们提供"热身"活动的机会。小组成员可以以"你今天怎么样?"和"我们都准备好上课了吗?"等形式来相互问候，或者通过"你做完家庭作业了吗?"和"你有什么地方不理解吗?"等形式来进行。还可以通过讨论一些诸如"这星期让你最高兴的事情是什么?""你最喜欢的电视节目是什么?""你最喜欢哪个乐队?"等问题来加深小组成员之间的了解。定期安排这种活动的目的在于，帮助学生产生一个良好的学习心境，表达对他们完成家庭作业和帮助他人的高度期望，使学生顺利地从上一节课过渡到下一节课上来。

第二步，针对小组内的"互赖"与"责任"，在学习的过程中不断予以"正强化"。在日常教学观察中，教师不应该仅仅满足于当一名"兼职导游"，而更应该成为学生进行合作学习的"促进者"。只要是能够使小组成员感觉到明显的积极互赖，或是互相维持彼此的个人责任来完成分配的工作，或是促进彼此的个人责任来完成分配的工作，或是促进彼此的学习和成功的工作，或是成功的合作所需要的人际交往和小组技能，或是对小组成员共同工作效果的反思，教师都可以用口头表扬、加盖奖章等精神或物质奖励予以激励。

第三步，教师应该用不同的方法来建立积极互赖，并给学生面对面的机会来互相促进学习。不同的正式合作学习的程序，例如拼图法、问题解决、合作项目和配对写作等，都是很有帮助的。有时让学生向全班汇报（当然是随机点名让个别学生代表小组报告），可以帮助教师引导全班的总趋势。教师可以仔细地监控合作学习小组，并使用正式观察表来收集全班和小组活动中的小组功能具体数据。

第四步，在单元结束时，基于合作学习的小组成员，应该庆祝他们在学习上所付出努力和取得的成功。在一个单元结束的时候，我们不仅要关注科学概念的发展、科学技能的提高、科学态度的养成，还要关注合作学习小组团队的建设。让学生彼此之间为所取得的成果而庆祝，是有益于团队建设的。

（二）关注引发学生合作学习的挑战性学习设计

目前，我国科学教科书所呈现的教学内容还是略显陈旧，面对信息化社会背景下成长起来的学生，我们的课堂所呈现的内容对他们来说并不陌生，甚至毫无新意。心理学研究表明，学生科学学习的兴趣与学习对象的熟悉程度呈负相关。STC 课程的魅力在于，它不仅吸引了孩子，对第一次接触 STC 课程的成年人也有极大的吸引力。究其原因，就在于教材内容选择有新意，并且有创造性、趣味性、综合性的特点。如何设计能引发学生共同应对的"挑战性"的学习活动，是摆在我国科学教育工作者面前的一项重要工作。

（三）做好开展合作学习的硬件配套工作

"格物致知"是用来反映科学学科特点的词汇，如果说过去《常识》课听教师讲科学，《自然》课看教师演科学，那么今天的《科学》课应该是让学生做科学了。可是因为学校财力或教师精力等因素的影响，4 ~ 6 人的学习小组共用一套探究学习材料成为我们科学课堂的常规现象，原本适用于两人合作的材料在人数"超员"的小组内变成了矛盾的导火索。要么为实验的操作权争得面红耳赤，要么"事不关己高高挂起"。在材料准备这一方面，STC 课程的确做得非常到位，工具箱中数量充足的材料为支持学生合作开展探究学习提供了坚实的物质保障。

附件一

"运动和设计"单元教学活动任务、目标一览表

教学内容	活动任务	活动目标
第1课　设计小车：让我们开始吧	设计难题1：移动100厘米的小车。	力是施加于物体上的推力或拉力。力可以改变物体运动的速度。
第2课　运用设计图记录与制造	按二维技术视图完成小车制作。	用技术图做个标准的车辆，要不断地策划、改造和改进设计以满足明确的需求。
第3课　拖拉小车：观察拉力	产生运动：储存的能量。进行控制实验。	分析运动：质量一定/变化的力。对物体的拉力越小，运动就越慢。

教学内容	活动任务	活动目标
第4课　测试载重车的运动	产生运动：储存的能量。量化运动：计时器。进行控制实验：测量有意义的数字，重复测试以验证结果。	分析运动：力一定/质量变化。物体的重量越大，速度变得越慢。利用曲线图：确定中间值和模式。
第5课　根据需要设计小车	设计难题2：在4~6秒内移动指定距离的小车。	认识使我们的小车运动速度快、慢的因素。
第6课　评价小车的设计：观察橡皮筋的能量	产生运动：橡皮筋中的能量。	能量可以储存在橡皮筋之中，也可以释放出来。当能量释放时，能够驱动轮轴转动。
第7课　测试橡皮筋的能量有什么效果	进行一次控制实验：公正的测试。	更多的缠绕会使小车运动更远的距离。
第8课　评价小车的设计：观察摩擦力	结构探索：根据摩擦力来评价小车的设计。	摩擦力：损耗性摩擦与有益性摩擦。
第9课　设计并建造一辆带帆的小车	设计难题3：设计并建造一辆带帆的小车（减少空气阻力）。	空气阻力可以减慢运动物体的速度。
第10课　测试空气阻力对小车运动的影响	空气阻力：测试它的影响。	弯曲的表面使阻力减小（摩擦力减小）。
第11课　建造一辆用螺旋桨驱动的小车	产生运动：靠螺旋桨驱动的小车。对靠螺旋桨驱动的车辆注入头脑风暴式的设计思想。	根据一个三维技术图建造一个标准的小车。

续表

教学内容	活动任务	活动目标
第12课 分析用螺旋桨驱动的小车的运动与设计	分析运动：如果……会怎样？	结构探索：评价设计变化。
第13课 考虑小车制作成本	用头脑风暴法考虑如何降低小车的制作成本。	设计产品时，成本经常是需要重点考虑的问题。
第14课 计划我们最终的富有挑战性的设计	最后的设计难题：富有挑战性的设计。	要不断地策划、改造和改进设计，以满足明确的需求。
第15课 完善我们的设计		
第16课 展示我们最终的富有挑战性的设计		

附件二

"运动和设计"单元驱动性问题一览表

教学内容	驱动性问题	活动任务
第1课 设计小车：让我们开始吧	什么是小车？是什么驱使它们运动？怎样调试小车使它能移动100厘米？	设计难题1：移动100厘米的小车。
第2课 运用设计图记录与制造	如果你要重新制造一辆小车，绘图中的哪些特征可以使制造简单化？	按两种角度的技术视图完成小车制作。
第3课 拖拉小车：观察拉力	拉住小车的那位同学能感觉到增加了重量吗？当钩子上的垫圈数增加时，又有什么感觉？	产生运动：储存的能量。进行控制实验。

教学内容	驱动性问题	活动任务
第4课　测试载重车的运动	小车上增加的木块是如何改变小车运行方式的？	产生运动：储存的能量。量化运动：计时器。进行控制实验：测量有意义的数字，重复测试以验证结果。
第5课　根据需要设计小车	设计一个月球探测器，4~6秒钟运动与工作台高度相等的距离，保证小车能运载月球上的石块（用木块代替石块）。	设计难题2：在4~6秒移动指定距离的小车。
第6课　评价小车的设计：观察橡皮筋的能量	是否能用橡皮筋驱使小车运动？	产生运动：橡皮筋中的能量。
第7课　测试橡皮筋的能量有什么效果	缠绕在橡皮筋上的能量存储在哪里？推动小车运动的能量来自哪里？你是怎样释放储存在橡皮筋上的能量的？当橡皮筋能量释放时发生了什么？橡皮筋的圈数是如何影响小车运行距离的？	进行一次控制实验：公正的测试。
第8课　评价小车的设计：观察摩擦力	你的小车上有产生摩擦的地方吗？这些摩擦会使得你的小车怎样？小车哪些设计特征有助于减少轮子与轮轴和车架之间的摩擦？小车哪些设计特征增加了地面或工作台面与轮子之间的摩擦？这些摩擦是如何影响小车运动的？	结构探索：根据摩擦力来评价小车的设计。

教学内容	驱动性问题	活动任务
第9课 设计并建造一辆带帆的小车	预想帆对小车的影响，当帆与风同向或反向时，帆对小车的运动有什么影响？	设计难题3：有帆的车，减少空气阻力。
第10课 测试空气阻力对小车运动的影响	直立的帆是如何影响小车运动的？帆与空气的摩擦是如何影响小车运动的？	空气阻力：测试它的影响。
第11课 建造一辆用螺旋桨驱动的小车	对螺旋桨驱动小车知道些什么？为什么对组装螺旋桨驱动小车来说，前面的图示很重要？	产生运动：靠螺旋桨驱动的小车。对靠螺旋桨驱动的车辆注入头脑风暴式的设计思想。
第12课 分析用螺旋桨驱动的小车的运动与设计	怎样使用记录单来评定螺旋桨驱动小车的设计特征？	分析运动：如果……会怎样？
第13课 考虑小车制作成本	一个工程师还会遇到哪些要求？	用头脑风暴法降低小车的制作成本。
第14课 计划我们最终的富有挑战性的设计	如何提出解决问题的方法！	
第15课 完善我们的设计	围绕挑战性的设计，确定组装和测试小车需要什么材料。	最后的设计难题——挑战性设计。
第16课 展示我们最终的富有挑战性的设计	你们设计时的最初想法是什么？如何进行修改和完善的？	

第五章

STC课程的情境化教学研究^①

一、情境化教学的理论基础

在6年的课程实验中，我们深切感受到STC课程对"情境化教学"的高度关注。在学习情境中，学生的科学体验得以丰富，科学情感得以培养，科学概念得以建构，科学观念得以发展，对科学本质的理解得以深化。

情境认知与学习是当代西方学习理论研究的热点。对于"情境化"的研究无论是理论层面还是实践层面都已有一系列研究成果，如《人是如何学习的——大脑、心理、经验及学校》《面向全体儿童的科学：改进小学科学教育的指南》《剑桥学习科学手册》等。"学习科学"是一个研究教与学的跨学科的领域，它研究各种情境下的学习。通过研究发现，有效的学习是离不开情境的。如果我们把学习看成一个"新手"转变为"专家"的过程，那么"新手"与"专家"的主要区别在于，专家的知识是围绕重要观念或"大观点"来联系和组织的，直接

---

① 本章为北京市北京小学课题组子课题研究报告，执笔者为金娜。

指向知识的应用场景，支持理解性学习和知识的迁移，而不仅仅局限于事实的记忆。学习科学深入地揭示了知识建构的基础，知识的产生、发展与情境之间的关系。布朗等人认为，知识是情境性的，它受到知识使用的活动、情境以及文化的影响，并且与它们是不可分离的。学习者要想由"新手"变成"专家"，就需要由情境化的理解到情境的组织再到情境的直觉判断，经历和体验一种深层次的学习。如果教学不注重情境化，教师只是以指令的形式让学生机械地完成学习任务，没有经过学生的思考和筹划，便不能使学习的内容相互联结。这样的学习活动由于缺乏内在的连续性、情境性，只能是在学生的头脑中插入了一个个的片断。学习者在这种割裂的、脱离情境化的学习中是无法进行深层次学习和理解的。

关于小学科学"情境化"教学方面的研究国外比较多，而国内的研究无论是理论层面的还是实践操作层面的都比较少，并且由于在理论认同上存在一些差异，所以教学实践中出现了不同的形态或表面化的倾向。从学习科学的角度去审视和思考 STC 课程中的"情境化教学"设计，我们发现它是非常值得我们展开深入细致的研究的。

二、概念界定和实例分析

（一）概念界定

通过查阅相关的文献以及 6 年来对 STC 课程的教学实践，我们认为"情境"从学习科学的角度，是指课程中真实的、有意义的学习环境，这一环境由与知识紧密相连的、连贯的、结构化的、系统化的情境脉络组成。

"情境化教学"是指在课堂教学中创设真实的学习情境，明确学生学习的具体目标，学生通过思、行解决问题并发展潜能的实践过程。在课程创设的机会和环境中，学生将能够在自己熟悉的情境和新的情境之间建立联系，激发学习的需要，发现学习的意义。通过与情境的互动建立和验证模型，发展和修正自身的观念，并将知识迁移到相似的情境中去。

（二）通过研究形成的主要认识

STC 课程是以学习科学为背景，在"知识是被每个学习者主动建构的"这一设计理念指引下，基于"学生的心理"，选取多种策略建构课程，达到培养学生科学素养的目的的。"情境化教学"是其中的一个外显的教学方法体系。剖析 STC 课程中的"情境化教学"设计，我们认识到它有以下几个特点。

1. STC 课程强调在具体的情境中学习——知识情境化

与我国的科学课程不同，STC 课程处处可见"情境化"的创设，将情境作用于学生的认识过程。在实践研究中，我们发现情境有助于学生有效地建构科学概念。因为知识不是抽象的，而是一种基于情境的实践活动，"情境性"是知识的首要特征。从脑科学的角度分析，我们在日常生活中解决某一问题时，头脑中呈现的不是一个个抽象的概念符号，而是与该问题相似的情境，沿着情境的脉络我们会提取出解决问题的知识、方法等相关要素。知识并非是学习者头脑中静态的智力结构，在各种情况下的应用也并不是简单的套用。正像达克沃斯在《精彩观点的诞生》一书中所指出的那样：知识是指一个人自己的思想、行动、联结、预测和情感的储备。所以创设情境化的教学，不仅可以促进学习者主动建构知识，而且有利于学习者提取、迁移知识。如果学习者建构概念时的情境真实、复杂且不断深化，他们的策略就可以与情境建立丰富的关联，促进概念建构由直观向结构化发展，有助于将知识迁移到生活中，去解决那些复杂多变的问题。

2. STC 课程注重创设连贯性的情境——情境连贯化

STC 课程不仅注重"情境化"的创设，而且从一个整体的视角将教学作为一个生态系统进行连贯化的建设，课程的设计者认为，知识之间是有着内在联系的，不是简单的延续关系，而是具有结构化的特征。如果只是理论上存在联系，并不意味着这样的活动对促进大概念的总体理解有效。对专家头脑中知识呈现特点的研究已经进一步证实了这一观点。专家的知识是依据学科中的重要观点进行联结和组织的，其中还包括应用关键概念和程序的情境信息。所以科学教育应该围绕核心概念来组织和开展，关注概念间的联系，以此来为学习提供一个具体的、连贯的情境。这样的情境可以帮助学生将一个个概念具体化，并在各概念之间建立有组织、有结构的关联。帮助学生通过联结、协调建构认知模型，形成对学科核心思想的深入理解。

3. STC 课程提倡创设儿童自己的学习情境——观念显性化

STC 课程所创设的情境不限于实际的操作，还包括大量的思维活动。设计者要求学生带着自己的观念投入到研究中去，在同伴之间对证据进行讨论，在做科学的同时对科学进行思考。他们认为如果仅仅是做而没有思考，学生就无法协调他们的证据和观点，无法在头脑中建立起新的联结，智力也不能得到发展。因此在关注科学活动的趣味性、新颖性的同时，必须以儿童原有的观念为探究活动的出发点，而且要将他们的观念变化轨迹显性化，以推进儿童自己的科学研究活动。在该过程中，学生的动作记忆、情绪记忆、可陈述记忆都会被充分调动起来。这样的学习过程也有利于在学生的头脑中形成长期记忆，便于他们在需要时进行提取，以解决他们面临的新问题。

（三）STC 课程学习情境实例分析

情境化的教学形态是什么样的？什么样的设计具有情境化的特征？基思·索耶在《剑桥学习科学手册》一书中向我们揭示，情境性是指知识并非是学习者头脑中静态的智力结构，是一个包括人、工具、环境中的其他人以及运用知识的活动在内的认知过程。

1. 单课的情境化教学设计

通过对文本的深入研究，我们发现 STC 课程中的每一课都十分注重学习情境的创设。

例如 5 年级"微观世界"单元"观察洋葱的内部"一课，围绕着对洋葱"结构"的认识，设计者逐层深入地推进教学，通过"关联事件情境"和"认知情境"两条脉络架设起一个"双螺旋"结构的脚手架，形成一个与知识紧密相连的、结构化的、系统的情境，为学生概念的发展导航。这个层层深入的学习情境，不仅能激发学生了解显微镜下生命世界的兴趣，首次观察生命的基本结构——细胞，了解是细胞有序的排列构成了洋葱表皮，而且能帮助他们发现学习的意义和发展想象力。学生通过与情境的互动，发展或修正他们原先对生命以及组成结构的认识，发现概念间的关系，参见"观察洋葱的内部"教学设计脉络图。

（1）关联事件情境。

关联事件情境是指由一个个事件搭建起的情境，并且这些事件之间具有一定的关联性。

"观察洋葱的内部"一课的关联事件情境主要由四次观察描述组成：观察描述整个洋葱的外部、观察描述洋葱的内部结构（纵切、横切）、观察描述洋葱内表皮一个"点"的结构、观察描述洋葱的单个细胞。这些事件紧紧围绕观察洋葱的主题逐层、递进地发展，搭建起一条彼此联系的、显性的探究洋葱的情境脉络。

这条情境脉络的设计指向的是概念模型。它从学生的日常经验切入（生活中见过整个洋葱），然后按一定逻辑关联编排其他事件。引导学生由熟悉到不熟悉、由整体到局部、由外到内地观察和描述洋葱，帮助他们对洋葱的结构形成一个较为完整、深入的认识。

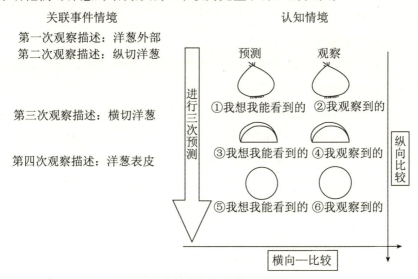

"观察洋葱的内部"教学设计脉络图

（2）认知情境。

如何引发学生深入思考，有效地进行概念体系的建构呢？仅仅靠外部"关联事件情境"是不够的，必须提供必要的认知策略，即思维工具来指导学生的探究学习。STC 课程的设计者依靠一条内隐的脉络帮助学生在各概念之间建立联系，以此推动学生原有观念的发展，使其对概念由了解、记忆的层面上升为理解的层面。

我们深入挖掘文本发现，"观察洋葱的内部"一课正是搭建了一条内隐的情境脉络"认知情境"——由认知方法构成的情境，并且将这条情境脉络与"关联事件情境"彼此交错，推进了学生的学习。

本课的"认知情境"主要围绕核心概念设置了三次预测和多次比较，伴随着"关联事件情境"的发展，使学生在观察描述洋葱结构的同时，对认识方法有较为深入的思考。这条脉络发展指向的是建立智力模型。

这三次预测分别是：预测纵切洋葱后所能看到的，预测横切洋葱后所能看到的以及预测把洋葱放到显微镜下所能看到的。然后要求学生分别将实际观察到的现象与预测进行比较。STC 课程的教师教学用书建议教师组织学生讨论，并指出：

如果实际观察到的与你的预测不一样，我们不应该返回去修改预测。因为预测是我们思考的一种记录，而不是观察结果，我们需要留下它和我们的观察结果进行比较。

通过一次次的"预测"与"实际观察"的比较，学生们不断修正或完善着自己原先对生命结构的认识，同时还会发现自己的预测有时准确、有时不准确。为了解决这个问题，学生会再一次仔细观察、反复审视和比较。在比较和反思中他们对科学家的认识方式有了亲身的体会。

通过该案例，我们认为，这样的设计会引导学生发生认识上的下述变化。

第一，纵切、横切、显微镜下看到的洋葱结构是不同的。STC 课程所创设的这样的学习情境与我们以前的教学是不一样的，我们一般会直奔主题——指导学生去观察洋葱表皮细胞。STC 课程通过"纵切、横切、显微镜"这三部曲的系类观察，引导学生对一个生命体从宏观的观察发展到微观的观察，他们会发现不同视角下所观察到的洋葱的结构是那样的不同，从而对生命有了新的认识——细胞才是生命结构的基本单位。在比较中他们思考着，"一个视野约 2 毫米那么大（这是本单元先前涉及的内容），在这个视野下看到了 20 多个细胞，以此类推，一层洋葱表皮需要多少细胞呢？半个洋葱表皮又需要多少细胞呢？整个洋葱呢？"在思考中学生梳理着自己的想法，由新的情境又回归到原有熟悉的情境中。STC 课程所创设的这个情境引导着学生情不自禁地从"洋葱一个点的结构"到"洋葱一个面的结构"再到"洋葱整体的结构"，从细胞的角度对生命体进行重新思考与审视。

第二，原先对洋葱的认识和现在的认识不一样。通过三次预测和多次比较，学生会发现自己在学习开始时对洋葱的原始认识和学习后有很大不同。在学习初期他们认为洋葱就像他们日常看到的那样，现在他们看到的生命是由一个个美丽而又神奇的细胞组成的，他们将洋葱一个点的结构扩展到洋葱一个面的结构，再扩展到洋葱整体的结构，这样内在的连续性思考，促使学生在头脑中进行相关知识的有意义的联结，将概念模型的建立和智力模型的建立有效结合起来。

第三，经验、信息越丰富，预测就越接近事实。学生在情境学习中了解到，自己在观察完纵切洋葱之后，再对横切洋葱进行的预测相对准确，而对洋葱表皮放到显微镜下"我想我能看到的"预测很不准确。这是因为自己前期缺乏对细胞的认识。这使学生在实践中又一次认识到，自己前期相关的经验、信息越丰富，预测就越接近事实，反之预测就会不准确。

再以 4 年级"电路"单元"灯泡里有什么"一课为例进行分析。该课中，设计者为学生创设了一个解决问题的情境，引导学生发现灯泡的哪一部分在工作以及怎样工作。在情境化的学习中，学生要将先前学过的概念迁移到新的、类似的情境中，才能解决问题。

该课是"电路"单元的第 4 课。该单元的第 2 课是"电能做什么"，学生要画一个小灯泡并尝试用一节电池、一根导线点亮小灯泡。第 3 课"进一步观察电路"为学生提供了更多的连接灯泡和电池的方法，让他们先预测，然后再通过实际操作检验哪些方法可以点亮小灯泡，哪些方法不能，为学生更好地建构概念提供充足的正例与反例。在比较、归纳中，学生会从外部关注小灯泡上金属螺纹和底部黑色的焊接节点，并产生好奇，为什么连接这两个部位小灯泡才能被点亮呢？正是在这样的问题情境下，学生展开了第 4 课的探究活动。

第 4 课也有两条情境脉络，即"问题情境"脉络和"认知情境"脉络。"问题情境"脉络是由多个具有一定关联的问题组成的，这种关联体现了学生对一个事物逐层深入认识的特征。由于这些问题对学生而言是真实的，所以他们会不自觉地被这些问题所吸引，因而产生学习的需求，明确解决问题的目标。"认知情境"脉络主要由多次类比、推理等方法组成。这个情境脉络紧紧地伴随"问题情境"脉络，好似脚手架，为学生解决问题提供线索，参见"灯泡里有什么"教学设计脉络图。

教学的第一个问题情境是，"如何点亮家用的白炽灯泡，连接哪里？哪个部位会发光？需要多少电池？"要解决这些问题，学生会想到先前研究过的与白炽灯泡相似的小灯泡，这就需要学生运用类比的方法（伴随问题情境的认知情境）。学生要将第 2、3 课学到的点亮小灯泡的知识与经验从头脑中提取并进行迁移，然后将大小灯泡进行类比，发现它们之间在外形结构方面很相似，二者都具有金属螺纹和底部黑色的焊接节点。由此学生推测它们在点亮方法上、工作原理等方面也具有相似性——用两根导线和若干节电池应该可以点亮白炽灯，白炽灯泡的中间灯丝的部位会发光。但需要多少节电池？对这个问题学生进行了分析。为了证实各自的推测，学生会小心操作，仔细观察灯丝，不放过任何一个细节，大大提高了探究的目的性。家用白炽灯泡被点亮证实了学生由类比产生的推测的准确性，本节课上学生用了 15 节 1 号电池才将白炽灯泡点亮这个事实，是对学生原有认识的一种补充与完善，同时学生在相似的新情境中用已有经验和知识迁移解决了新的问题，进一步有效地巩固并发展了先前学习的相关概念。

教学的第二个问题情境是，"导线需要接触白炽灯泡的哪一个位置才能使灯泡发光？"这将研究由外部的操作层面引向了内部的结构层面。孩子们天生就是"拆卸大王"，他们很自然地就会想到——解剖白炽灯观察其结构。学生们带着自己的困惑，将白炽灯泡的底座拆除，观察灯泡里面的金属线到底是怎样在灯泡里面分布并连接底座的。因为白炽灯比较大，且学生容易观察，所以学生能够很清晰地观察到灯泡的内部结构，并通过分析、推理其工作原理，尝试解释"为什么接触这个位置白炽灯泡才能发光？"

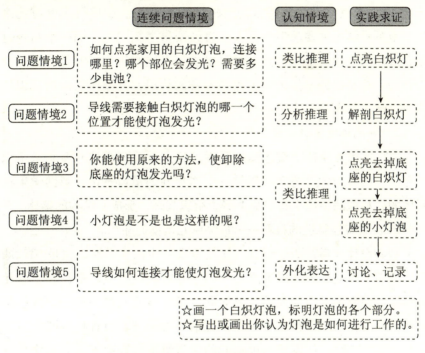

"灯泡里有什么"教学设计脉络图

教学的第三个问题情境是，"你能使用原来的方法，使卸除底座的灯泡发光吗？"要解决这个问题，需要学生将原有的经验与知识再次迁移，再次应用类比的方法——将原来的大灯泡和拆掉底座的白炽灯泡进行类比（伴随问题情境的认知情境），最后按自己的推理尝试点亮拆掉底座的白炽灯，通过实践检验自己的看法。

教学的第四个问题情境是，"小灯泡是不是也是这样的呢？"此时，学生要将白炽灯泡与小灯泡再次进行类比（伴随问题情境的认知情境）。只是这次类比的是卸除了底座的大小灯泡，指向的是灯泡工作原理。在类比中，学生将先前的经验与知识又一次迁移。学生会认为小灯泡的内部结构与白炽灯泡是相似的，由此推理二者的工作原理应是相同的，所以尝试应用点亮拆掉底座的白炽灯泡的方法去点亮拆掉底座的小灯泡。

教学的第五个问题情境是，"导线如何连接才能使灯泡发光？"这次不同的是外化表达——班级讨论与科学记录（伴随问题情境的认知情境），需要帮助学生从特定的情境中提炼知识。在班级充分讨论之后，教师教学用书要求学生每人在自己的科学笔记本上画一个白炽灯泡，并标明灯泡的各个部分，再写出或画出他们认为灯泡是如何进行工作的。这是帮助学生进一步梳理各自的认识，将操作层面的认识推向对灯泡工作原理的认识。

2. 单元的连贯性情境设计

STC 课程关注各个概念间的联系，每个单元围绕核心概念来组织和开展，同时为学生的学习提供一个连贯性的情境脉络，帮助学生在具体的、相似的情境中将一个个概念组织起来，形成有结构的整体。

（1）具有连贯性的材料——贯穿单元情境的纬线。

精心设计材料，巧妙组合，使其呈现一定的连贯性，这是 STC 课程构成单元情境化教学的要素之一。这些材料的特点，是在整个单元每一课的探究中都会使用的，就如同一条纬线横向贯穿单元。这些具有连贯性的材料不仅满足每一课探究活动的需求，而且将各课之间建立起一定的关联，创设了一种相似的学习情境，有助于学生建构具有内在联系的概念，并保证学生有足够的机会应用到新情境中。

例如4年级的"岩石和矿物"单元，精心挑选了12种岩石供学生观察，从第6课开始提供了12种矿物供学生观察。学生通过多节课的探究活动研究这些材料，了解它们的各种属性，在头脑中建立起的认识是相对丰富的。随着研究深入的需要，该单元又不断地添加至19种各具特点的矿物供学生研究（具体材料见下表）。

岩石	矿　物		
	先期提供	后期提供（第12课）	学生鉴别（第15课）
①花岗岩 ②片麻岩 ③砾岩 ④石灰石（含化石的） ⑤页岩（泥板岩） ⑥砂岩（有粉红色分层的） ⑦黑曜石 ⑧玄武岩 ⑨浮石 ⑩板岩 ⑪大理石 ⑫片岩	A. 长石 B. 石英（呈六边形的） C. 方铅矿（立体形的） D. 方解石 E. 萤石（氟石） F. 石墨 G. 赤铁矿（黑色光泽的） H. 石膏（块状的无内部结构或层理的/雪花石膏） I. 磁铁矿 J. 白云母 K. 硫黄（水晶的） L. 滑石	M. 岩盐 N. 石膏（块状的无内部结构或层理的且含纤维的/纤维石） O. 石膏（叶状透明石膏晶体/沙漠玫瑰） P. 石膏（透明石膏）	Q. 赤铁矿（红色的） R. 黑云母 S. 石英（无内部结构或层理的粉红色晶体）

从上表中我们不难看出，STC 课程所提供材料之丰富与典型，仅从外部就能一下子吸引学生的注意力。这些大量的、具有典型特征的材料同时有利于学生收集证据，使他们概念的形成建立在充足可靠的证据基础上。该单元材料的连贯性体现在以下几方面。

第一，多节课使用相同材料，形成相似的学习情境。"岩石和矿物"单元共16课，第4—15课安排的是研究矿物，这十多节课都要用到上表中"先期提供"的12种矿物，只是每课的侧重点不同。比如第5课，学生初步观察12种矿物并对它们分类；第6课，学生观察描述12种矿物的颜色、手感和气味；第7—12课，每课涉及矿物的一个方面，分别从条痕、透光性、光泽、硬度、磁性、晶体形状等不同方面观察描述矿物的属性。一节课中学生要观察这么多的矿物是很费时的，所以前几课学生学习的速度很慢。但由于这些课都是使用相同的材料，形成了相似的学习情境，所以学生探究的技能越来越娴熟，研究的速度越来越快。

第 13、14 课的内容是对 12 种矿物进行信息整理与综合比较，完成 12 种矿物的"矿物概况表"。第 15 课，通过一个挑战性情境，引导学生进行知识迁移——综合应用前面学到的技能与知识观察、收集 3 种神秘矿物各个方面的信息，然后与这 12 种矿物进行比较，判断 3 种神秘矿物与哪种矿物的特征相似。

第二，与探究活动结合，发挥各自的功能。为什么要选择这些岩石和矿物呢？石灰岩中含有贝壳的化石，板岩是层状结构的，浮石表面布满了微小的孔，这些特点便于学生建构岩石是如何形成的概念，提供它们是如何形成的线索。选取花岗岩，是因为这种岩石中的一些碎片和某些矿物很相似便于学生后期进行比较。这种前后呼应保持了单元材料的连贯性，这种连贯性有利于学生将探究岩石时形成的技能与知识迁移到矿物的探究中，建立岩石与矿物之间相互关联的认识。再如，硫黄具有类似臭鸡蛋的气味、黄色、很软、不透光、没有磁性等属性；白云母具有层状的结构，透光性很强、很软；赤铁矿的外表虽然是黑色的，可是它在白瓷片上留下的划痕却是棕红色的、有些部位有微弱的磁性等。这些矿物在颜色、手感、气味、条痕、透光性、光泽、硬度、磁性、晶体形状等方面都具有各自的典型特征，它们与每节课的探究活动能很好地结合在一起，发挥各自的作用，支撑探究活动的发展。

第三，依据进展提供材料，支持探究活动的深入。研究矿物时，STC 课程为学生一共准备了 19 种矿物，依据学生探究活动的进展分批提供。当学生研究了先期提供的 12 种矿物约一个月后，在学生认识矿物的晶体形状时，该单元在已有的 12 种矿物基础上，又为学生提供了 4 种新的矿物，以达到拓展学生认识、帮助他们建立矿物晶体形状多样性认识的目的。值得一提的是，STC 课程并没有为了扩展而随意选择，而是精心提供了三种不同的石膏——纤维石（块状、含纤维）、沙漠玫瑰（叶状透明晶体）、透明的石膏晶体（透明），这与先期的 12 种矿物建立了联系。原来的矿物中就有石膏（块状、白色），学生对这种石膏已有较全面的认识。此时又提供三种各具特色的石膏，在比较中学生会认识到，在自然界中即使是同一种矿物也有各种不同的形态，向学生渗透了自然界的物质具有多样性的科学观念。

当学生在单元的最后经历"挑战性情境"时，STC 课程为他们提供了 3 种新的矿物：红色的赤铁矿（先期提供的是黑色赤铁矿）、块状粉红色的石英（先期提供的是六边形石英，或无色透明的或浅绿色的）和黑色的云母（先期提供的是白云母）。这些材料与先期提供的 12 种矿物具有关联性。黑色赤铁矿、黑色的云母、块状粉红色的石英这 3 种新的矿物对学生来说既熟悉又陌生。它们与先前研究的一些矿物类似，但自身又具有一些新的属性。通过对这些材料的鉴别，学生扩展了先前的认识，也接受了新情境的挑战。

又如 1 年级的"固体和液体"单元，精心挑选了 20 种固体材料（如下图所示），以及 4 种液体材料（白色胶水、绿色透明洗发水、植物油、红色透明洗发水）。

蓝橡皮球　蓝木制立方体　蓝塑料勺　　蓝塑料立方体　红八角石　红塑料扣子

红高尔夫球架　红绒棒　铜垫圈　软木塞　铁螺丝帽　　铁垫圈　　钢球　金属曲别针

白塑料勺　　白乒乓球　　丙烯圆柱体/立方体　塑料杯盖　　发夹

"固体和液体"单元设置的固体材料

这一单元有 10 课的内容涉及固体。先是由观察两种固体引出情境学习，然后观察描述 20 种固体。每课研究固体的一个属性，最后进行液体与固体属性的比较。

为了更好地与每课的研究活动相结合，20种固体彼此之间有一定的关联性，可以依据每课研究的重点进行组合、分类，使学生对于固体的属性建立全面的认识。

第一，颜色属性方面的相互关联。STC课程设置的20种固体由4个蓝色、4个红色、4个银色、2个黄色、2个白色、3个无色、1个黑色组成，这样的设置是为了便于学生建立"固体具有不同颜色属性"的概念，并便于学生对它们进行比较与分类。

第二，磁性属性方面的相互关联。STC课程设置的20种固体中有5种物体可以被磁铁吸引，其中包含铁质和钢制物体，其余15种不可以被磁铁吸引。这些物体在材质上涉及塑料、木头、丙烯、铜、石头、橡胶等，其中还安排了一个特殊的物体——毛根（外面的绒毛不可以被磁铁吸引，而中间的金属丝可以被磁铁吸引）。之所以这样安排，是为了让学生在第7课的探究中，对固体磁性的认识无论从分类的角度，还是材质的角度都会形成比较全面的认识。

第三，滚动属性方面的相互关联。在20种固体中，易于滚动的物体有3种（塑料球、钢球、乒乓球）；易于堆叠的物体有9种（木块、丙烯立方体、勺子等）；既易于滚动又易于堆叠的物体有8种（塑料盖、垫圈、丙烯圆柱体等）。

第四，硬度属性方面的相互关联。所选择的固体中，软、中、硬的物体都有。

第五，沉浮属性方面的相互关联。所选择的固体中，浮、悬浮、沉的物体都有。

STC课程很多单元在材料的设置上都具备上述案例中的连贯性，这些材料如同一根清晰可见的纬线横向贯穿于单元之中，创设了一种相似的学习情境。

（2）富有逻辑关系的教学内容——贯穿单元情境的经线。

不难发现，STC课程每个单元所安排的16节课，每节课都不是孤立的探究活动，课与课之间在内容方面按照一定的逻辑关系紧密地联系在一起，这是构成单元情境化教学的另一个要素。"呈逻辑关系的内容"如经线般纵向贯穿整个单元，形成一条情境脉络，与具有"连贯性的材料"这条纬线相互交织，使得单元的学习情境显得更加丰富。

例如 4 年级的"陆地和水"单元。该单元的连贯性材料是一个操作实验台。学生要在这个实验台上模拟降雨、制作水土模型、研究水循环；改造为溪流实验台后，要观察小溪的形成和对陆地的侵蚀；他们还要通过观察分析各种地理图片，了解水对地球上陆地的形成发挥的重要作用；等等。这个单元每一课的内容都以一定的逻辑关系相互联系，顺承发展，在相似的学习情境中将课程内容逐步引向深入。

这个单元的学习主要是建立在 1 年级的"固体和液体"、2 年级的"土壤"和"变化"、3 年级的"植物的生长和发育"单元的基础上的。起始课"思考陆地与水"，创设了一个"头脑风暴/描绘图片"的学习情境，目的是暴露学生关于这方面的原有认识。

第 2 课"水循环"，第一次为学生设计了一个模拟实验——水循环，为每组学生建立了一个实验操作台。实验操作台是由一个大的塑料盒、自然界的土壤（有四种成分：沙、沙砾、黏土和腐殖土）构成的，引导学生在短时间内观察"蒸发、凝结、降水"的循环过程，帮助学生将头脑中对"蒸发、凝结"等的孤立认识与"水循环"建立联结。

第 3 课"模拟降雨"是在第 2 课的认知基础上进行人工降雨，创建了一个自然界的微缩景观，以便学生在实验台上研究雨水落到地上后是怎样作用于陆地的，使学生发现雨水会对陆地造成不同程度的侵蚀。在这个模型的研究中，学生会意识到"陆地与水"是有关联的。

第 4 课"探究溪流"，学生要做出他们的第一个"溪流实验台"。在这个实验台上加上一个小孔杯，水从杯子的小孔流出模拟溪流，溪流会顺着土地模型下端的开孔流出实验台，这次学生会清晰地在模型中看到溪流对陆地的侵蚀。

第 5 课"检验土壤成分"和第 6 课"地下水及径流"，学生要通过对比实验发现溪流对不同成分土壤的侵蚀作用不同。

第 7 课"侵蚀和沉积"，通过在溪流实验台上加入快慢标识，学生在研究中会发现当溪流速度不同时，侵蚀土壤的程度不同。从第 8 课开始，加入了鸟瞰图，并引导学生使用科学词汇标注鸟瞰图，并进一步认识溪流的不同组成部分，再次强化溪流对陆地不同程度的侵蚀。

第 9 课 "小溪合流"。学生比较单支与多个支流对陆地的侵蚀，进行第 5 次模拟实验，通过第 2 次绘制并标注鸟瞰图，观察多个小溪作用于陆地时所造成的影响。

第 10 课 "探究水流量"。要比较溪流与湍急河流对陆地的侵蚀，进行第 6 次模拟实验。

第 11 课 "高山和岩石"。在溪流实验台上的不同地方放上大小不同的石头模拟高山和岩石，观察当溪流流过时的情境，并第 3 次绘制鸟瞰图。

第 12 课 "水坝"。学生通过阅读资料、参考数据、制订计划、进行预测、在溪流实验台上建筑水坝、检验水坝等一系列活动，经历人类对水进行控制的过程。

第 13 课 "探究坡地"。继续探索斜坡对溪流运动方式的影响。学生会发现斜坡的坡度会影响侵蚀量和沉积量。第 14 课通过在坡地上种植植物，检测植被是否可以有助于控制溪流侵蚀。

第 15 课 "创建家园" 和第 16 课 "保护家园"，是将本单元所学到的知识进行综合运用。学生要选择材料、设计家园、在溪流实验台上实现自己的设计，并进行测试。在这样真实的情境中，在单元学习中的所有概念间建立联结，同时也展开对学生的全面评价。

综上所述，这个单元每课内容的选取都是顺应学生对陆地与水的认识发展顺序来安排的，主要采取的是模拟实验、绘制鸟瞰图、对比实验等学习情境，将构成本单元的 "富有逻辑关系的教学内容" 与 "具有连贯性的材料"（溪流实验台）这两条情境脉络交织在一起，使学生的认识得到发展。

（3）系统的研究方法——贯穿单元情境的精髓。

STC 课程每个单元的情境学习不是单一、扁平式的，所创设的情境化教学是多角度、丰富和立体的。如果说 "具有连贯性的材料" 是贯穿单元情境脉络的纬线，"富有逻辑关系的教学内容"是贯穿单元情境脉络的经线，那么"系统的研究方法"就是贯穿单元情境的精髓。因为这条情境脉络主要承载着推动学生观点与元认知能力发展的作用。这是构成单元情境化教学的第三个要素。这条情境脉络是隐性的，需要我们基于实践研究，在深入分析、反复比较中才会发现。

第一，对学习过程进行反思。"班级记录单"是记录学生各阶段想法、观点与问题的新闻纸。教学时，STC 课程要求将班级记录单始终贴在教室的醒目位置，在学习初期，将学生的原有想法记录在班级记录单中；在单元学习的过程中，修正、完善和补充他们对某个主题的想法，添加新的问题；在单元结束后，再一次记录对这一主题学习后的想法与观点，以及新的想研究的问题。班级记录单的这种方法有利于师生随时查阅自己的现有认识，同时引导学生不断反思，自己现在的观点是什么？在学习中运用的策略和方法是否有效？是否还有更好的策略与途径？通过努力找寻这些问题的答案，看到自己的发展，找出自己的不足，知道自己今后的努力方向，增强学习的自信心。学生正是在这样一次又一次的元认知体验中，原有的观念得到改变，同时不断地发展元认知能力，逐步形成自我反思的习惯，成为学习真正的主人。

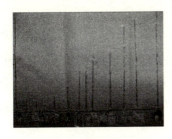

学生制作的班级统计图　　　　每次记录使用不同颜色的笔——容易区别

第二，使用技术制表、说明书和阅读资料。课程通过这些研究方法，引导学生积极进行科学实践。这为生动有趣的活动情境增加了科学严谨的理性内容，在学生动手操作的同时推动学生进行深入的思考。这不仅有利于学生建立各概念间的联系，对某个主题下的科学知识有所理解，同时还可以帮助学生认识科学的性质，有利于学生达到对科学的全面理解。

1. 拿起矿物A, 用笔型电筒照射它。

2. 观察有多少光可以穿过矿物, 一些？很多？还是根本没有？

3. 使用全班一致同意使用的词语, 将实验结果记录在矿物概况表标有"透光性"的空格中。

4. 对于其他11种矿物, 重复步骤1、2和3。

透光性实验指导说明书

矿物 ☐	触觉
	气味
条痕的颜色	光泽
透光性	磁性
硬度	外形

矿物概况表

需要指出的是，情境化教学不是一种方法，而是多种方法集合在一起的体系。它需要根据不同的教学目标和不同的教学内容创设不同的学习环境。

例如3年级的"岩石和矿物"单元，利用"透光性实验指导说明书""矿物概况表"等创设的是一种认知学徒式的情境，将具体的操作步骤详尽地、明确地告诉学生，引导学生从研究岩石到研究矿物，从表面特征到晶体形状，由单一属性到多重属性，逐步进入深层次的研究中。

第14课的学习，则要求学生将他们记录的有关矿物的信息与地质学家所提供的矿物识别卡上的信息进行比较。这里主要使用的是建构主义的方法。教师要放手让学生自己通过比较、反思等方法，独立地建构起矿物的网状概念体系。学生运用已有认识将每一种矿物标本与卡片进行反复比较、匹配，对矿物加以命名，并把他们自己编制的"矿物概地表"和地质学家提供的矿物识别卡结合起来，装订成"矿物鉴定指南"，为能够顺利应用它鉴别不知名的矿物做好认识上的准备。

又如1年级"比较与测量"单元的"技术制表"。该单元按照学生探究发展的需要，创设了生动有趣又不失科学严谨的学习情境。学生在有趣的活动中学习收集数据、分析数据和形成观点。制作表格从该单元的第2课"让我们制作身体的剪切块"就开始了。课程遵循学生的年龄特点，首先让这些刚入学不久的孩子制作自己的身体剪切图，然后让他们将这些剪切图进行比较、排序，在这样充满童趣的情境中学生建立了匹配的概念，经历了最初始的制表活动。

第3课"比较我们的身高"。STC课程继续巩固学生匹配概念的建立。让他们制作与自己身体匹配的纸带并排序，最后以小组为单位，让学生将排好序的纸带贴在一张大的新闻纸上。这是学生在没有教师指导下的、自主的制表过程。学生在比较的过程中，认识到投影起点和终点的必要性。

第4课"比较胳膊和腿的长度"。学生再次比量胳膊和腿，制作匹配的纸带，然后各组再次排序纸带、制作图表。

第5课"比较物体"。学生要比量物体，制作匹配纸带，通过比较完成图表，并与第4课完成的图表进行比较，找出相同与不同。

第6课"比量距离"。通过纸青蛙的弹跳游戏，让学生比量距离，制作匹配纸带，完成图表。

第7课"用我们的脚测量"。学生在完成测量自己5步距离的纸带后，制作"比脚图"。在图表的信息分析比较中，学生们发现了标准单位的重要性。

第8课"使用不同的标准测量单位"和第9课"用标准单位测量"，学生们统一测量单位，制作图表，同时验证了测量时使用标准单位是进行公平比较的重要条件。

到了本单元的第16课"用测量带测量距离"时，STC课程安排了本单元的最后一次制作图表活动——弹跳玩具最远的一跳。本课的学习情境和第6课相似，都是测量纸青蛙跳动的距离，并继续使用第6课的图表。这两课的不同在于图表的使用，第16课学生使用的是测量条测量距离，并加入了测量前的预测。在最后两课图表的比较中，学生们发现，与第 6 课不同的是他们能够准确地测量出青蛙跳动的距离，能够准确地比较出每次跳跃距离的差距，能够对距离进行预测，而且一次比一次准确。

在整个单元的学习中，学生们关于比较和测量的观念在课程所提供的"系统研究方法"这条情境脉络的支持下，向着理性思维的方向发展着。他们不仅建构了概念，获得了图表制作、信息分析的科学技能，更重要的是公平实验的科学观念得到了发展。

综上所述，我们发现 STC 课程无论是单课还是单元，都比较重视情境的创设。单元彼此之间也不是孤立的，而是存在着一定的逻辑关系，遵循学生认识发展的规律，这样就形成了一个更大、更丰富、具有连贯性的学习情境。

三、实验结果概述

在 STC 课程所创设的情境化教学中，学生在自己所熟悉的情境和新的情境之间建立联系，通过与情境的互动，发展和修正自身的观点和想法，并把知识迁移到相关的情境中去。我们尝试着从定量、定性两个方面来描述学生的发展。

（一）定量描述——测查数据统计、分析

1. 阶段测查证实学生在情境中学习的发展

（1）测查时间：2008 年 6 月 26 日。

（2）测查目的：测查两年来学生是否掌握了 8 个单元的科学知识，探究能力是否得到了发展，现阶段存在的问题及其原因。

（3）测查对象：2 年级 4 班、5 班的学生。

（4）测查内容：8 个单元的科学知识和探究能力。

（5）测查结果如下。

表1　统计结果

N	76 人
平均分	87. 03
标准差	7. 53
≥95	8 人
≥90	27 人
≥85	20 人
≥80	12 人
≥75	6 人
≥70	2 人
≥65	0 人
≥60	1 人

整体

学生整体发展情况

表2　两个实验班的差异性检验

	N	平均分	标准差	两个实验班差异性检验	概念与探究差异性检验	男女探究差异性检验	男女概念差异性检验
4 班	38	86. 97	8. 84	$Z = 0.04 < 1.96$ $P > 0.05$	$Z = 0.8 < 1.96$ $P > 0.05$	$Z = 1.59 < 1.96$ $P > 0.05$	$Z = 1.52 < 1.96$ $P > 0.05$
5 班	38	87. 08	6. 08				

（6）结果简析。

通过对统计结果的整体分析（表1），如果把本次测试 90 分及以上定为优秀，则有 35 人处在此分数段，占总体的 46%。80 分至 90 分（不含 90 分）定为良好，则有 32 人处在此分数段，占总体的 42%。两段相加，也就是说处于优良状态的学生人数占总体的 88%。根据标准差的值与分数段图表显示的情况来看，学生群体的分化不大，平均分有较高的可信度，基本能代表学生的实际情况。由以上各个图表的分析来看，两年来学生是有所发展的。

2. 单元监控证实学生在情境中学习的发展

学生是否得到发展，STC 课程采用多种检测策略从不同方面、不同时间、不同角度，让学生看到自己原有观点发展的充足且可靠的证据。比如，前测和后测的比较、自我评价、嵌入式评价、自己的笔记、"挑战活动"……

3. 情境化单元测试证实学生的发展

（1）测查对象。接受调查的学生是 2006 年 9 月入学的全体 5 年级学生。4、5 班是实验班，进行 STC 课程的实践性研究已有 5 年。1—3 班为普通班，使用国内的科学课标教材，学习科学课程已有 5 年。

（2）测查内容："漂浮与下沉"单元的相关知识与能力。

（3）测查结果如下表所示。

表 3　测查结果

水平等级	1 班 35 人	2 班 39 人	3 班 36 人	4 班 37 人	5 班 38 人
水平一：完全不理解					
水平二：能记住课上做的一些实验的现象			2.8%		
水平三：能记住课上做的一些实验的现象；知道根据图意进行判断	5.7%	7.7%	5.6%	2.7%	
水平四：能记住课上做的一些实验的现象；能根据图意进行判断，并解释其中的道理；知道解决问题可以用到课上所学知识	20%	38.5%	33.3%	27%	31.5%
水平五：能记住课上做的一些实验的现象；能根据图意进行判断，并解释其中的道理；能迁移课上所学知识解决类似的问题	54.3%	34.3%	44.4%	48.6%	37.7%
水平六：能记住课上做的一些实验的现象；能根据图意进行判断，并解释其中的道理；能灵活地迁移课上所学知识解决类似的问题	14.3%	12.8%	5.6%	5.4%	13.2%

水平等级	1班 35人	2班 39人	3班 36人	4班 37人	5班 38人
水平七：能记住课上做的一些实验的现象；能根据图意进行判断，并解释其中的道理；能灵活地迁移课上所学知识解决类似的问题并准确地分析解释或有效地进行数据分析	5.7%	8%	8.3%	16.2%	18.4%

（4）测查分析（下面均对普通班2班和实验班5班进行比较）。

最高水平：处于这个水平的实验班学生占18.4%，比普通班学生（8%）高出约10%。

水平三：实验班学生（0%）比普通学生（7.7%）低出约7%。

（5）测查结论。

经过情境化教学的学生，在"漂浮与下沉"科学主题的学习方面略优于普通班教学的学生。

（二）定性描述——典型案例描述、分析

1. 案例1　我判断它是石墨

（1）案例讲述。

学习STC课程的"岩石和矿物"单元时，随着学习的步步深入，要求我鉴别石头的学生越来越少，到最后，没有学生再找我鉴定了。这是为什么？我感到很奇怪，因为用国内版本教科书的孩子在学习这个单元时，从学习开始到结束，我都在不断地接待带来各式各样石头请我做鉴定的学生，"老师，你说这是什么矿物啊？"学生兴奋地问我。我总是耐心地鼓励他们"你可以查阅一下资料试试看啊，别忘记告诉我你最后判断的结果。"最后我得到的总是——杳无音信。

那么学习STC课程的学生为什么没有了这种现象？是不是对岩石和矿物的兴趣在减弱？可是当我一次次地看到他们课上兴致勃勃、下

课轰都轰不走的研究劲头，我这个顾虑被打消了。正当我百思不得其解时，在这个单元的最后一节课上发生了这样一件事：

那天课上，学生正在进行着热烈的讨论，分享着自己的发现。这时一康同学站起来，很自豪地与大家分享了他的一个故事。他告诉大家："一天，妈妈带我去郊区爬山，由于我现在太喜欢这些石头了，所以一路上根本没有观看什么风景，只是低头寻找石头。我在山上捡了一块石头，我初步判断它是石墨，因为它的外表是黑色的，摸起来比较软，在纸上能留下黑色的条痕……"他的话音刚落，其他同学纷纷表示认同这种做法。

原来是这样啊，我终于找到了答案！

（2）案例简析。

在这个案例中，我们看到 3 年级的一康同学在 STC 课程"岩石和矿物"单元的学习后的变化。第一，他对此领域的兴趣持久且深入，由课堂延伸到了课外；第二，他已经形成了地质学家现场实验的意识与技能，并能够迁移；第三，他的观念在发生着改变，他在尝试着自己去解决问题，并且有很强的自信。

2.案例 2 没有最好

（1）案例讲述。

事情发生在 1 年级的上学期末，学生学习"比较与测量"单元有一段时间了。这天刚好学习第 15 课"制作一个测量条"，当学生用 10 个测量带首尾相连制作完成一个大约 2 米长的测量条，并使用其测量教室中多种物体的长度后，我将学生聚在一起围绕以下问题进行班级讨论。

■ 使用测量条与使用测量带有什么不同？

■ 它们有什么相同之处？

■ 你发现了什么事是你只能用测量条来做的，而不能用测量带来做的吗？

当这些六七岁的孩子进行讨论的时候，一个个严肃得像科学家一样。

学生①：在今天的使用中，我发现测量条比测量带方便。测量条太长了，要我们几个人一起拿着。

学生②：它们都比较软，可以测量。

学生③：它们都是测量工具，包含测量单位。

学生④：测量条和测量带各有优缺点。

学生⑤：我发现测量短、小的物体使用测量带更好，测量像门这样大的物体时，使用测量条比较好。

很多学生听后同意这些观点，附和道："对，它们各有优缺点，没有最好，要看测量什么再选择啦。"

多么精彩的观念，多么朴素的科学意识，出自于一群六七岁孩子的口中，难道你不感到震惊吗？

（2）案例简析。

在这个案例中，我们看到1年级学生科学观念在课程的学习中初步形成。STC课程不仅教给学生科学知识，而且更重要的是帮助他们在情境的学习中形成科学观念。

将STC课程与我们目前的科学课程比较，发现我们许多课程的设计使得学生难以进行有意义的知识组织，通常在转入下一主题前，只能触及一些表面性的事实知识，没有时间形成重要的、组织起来的知识。而"有用的知识"并非是对无关事实的简单罗列，我们应努力使我们的科学课成为围绕核心概念构建的科学课程，这样有效的学习才能发生。

第一，关注知识之间的内在联系，关注各个概念间的联系，通过创设连贯性的学习情境将各个概念联系起来。这样才能帮助学生在具体的、一定的情境中获取知识，形成认知模型，从而有效地建构核心概念。

第二，课程所设计的学习情境不能仅限于实际操作，还应该包含思维活动。学生需要通过思考获取和使用证据，并对证据进行讨论。为了实现学生的有效学习，需要架设一个立体的、结构化的、系统的情境脉络。

第三，承认、尊重学生的个性。在教学中，教师要真正地尊重学生，允许学生犯错，同时要求学生也要尊重他人。要为学生创设自我成长的机会与环境，我们必须承认"不是所有学生的发展都是一样的"。我们允许、也必须承认个例的存在。因为每个学生都是一个独立的个体，要在渐进式的过程中实现他们的发展。

第六章

STC课程组织结构解析①

一、科学课程组织结构构建的原则

科学课的目的是培养儿童的基本科学素养，美国《国家科学教育标准》给科学素养下了一个简单的定义：了解和掌握进行个人决策、参与公共和文化事务、从事经济生产所需要的科学概念和科学过程。美国国家研究理事会认为如果学生表现出以下四个方面：①知道利用和解释自然世界；②生成和评估科学证据和解释；③了解科学知识的性质和发展；④高效参与科学实践和讨论——说明他们精通科学，即具备了所需的科学素养。

现行科学教育做得如何呢？研究者认为，现行科学课程标准和科学课程包含了太多零散的、不分主次的主题，而给予学生对一个主题的理解如何随年级增长变化的关注则太少。这导致学生的学习主题内容浮浅且缺乏连贯性，这样过于薄弱的基础难以帮助学生进一步理解科学。科学素养的一个重要方面，就是理解和运用科学的解释（即科

---

① 本章为重庆市北碚区朝阳小学课题组子课题研究报告，执笔者为张艳红。

学概念、学说、理论等），它所涉及的内容远远比学习一大堆事实更多。科学概念能够帮助人们扩大对世界的了解并帮助人们预测、理解和解释人们在世界上所经历的现象以及解决重要的问题。

众多科学内容之间具有很强的内在联系性和层级性。事实（例如"今年 2 月中旬小区门口的迎春开花了"）是人类对自然界最基本的认识。具体概念则是对一系列紧密相关事实的初步概括（例如"迎春花一般在早春开放"）。关键概念或理论是对更多相关事实和概念的总结（例如"生物都有一定的生命周期"）。在物质科学、生命科学、地球与空间科学等领域，还有少数理论或思想能够把众多科学事实、具体概念和关键概念或理论等科学知识联结起来，组成复杂的概念框架，这些被称为核心思想或核心概念。核心思想是已被验证的科学观念，是各学科的核心，如物质的原子—分子理论、进化论、细胞学说和牛顿的力和运动规律等。科学的理解应该是围绕核心思想进行的有广泛解释力的模型。因此，在科学教学中重要的是明确识别这些概念框架，并通过模型构建和观念转变等方式的教学来帮助学生生成这些框架。

在科学课堂上，虽然学生们在不断学习新的概念，但除非这些概念与其他相关的想法进行联系，否则学生难以理解它们的意义。例如，学生知道了油浮在水上，但是如果他们不搞明白相同体积的水比油重，不去探索物质之间的相对密度与它们沉浮之间的关系，那么"油浮在水上"这样的知识的意义就难以被学生真正理解。

研究表明，学习科学更有效的方法是在长达几年的时间跨度内（而不是几个星期或几个月这样的短周期），帮助学生建立科学的核心思想。核心思想把一个个科学事实、具体概念和关键概念或理论等科学知识联结起来，组成复杂的概念网络。这些核心思想能够帮助学生建构学习新的事实、实践和解释的知识网络，并为学生在高中、大学等进一步理解科学和进行科学实践打好基础。

STC 课程是由美国国家科学资源中心发起，国家科学院和工程学院运作实施的一项以探究为中心的革新性科学教育项目的产物。STC 课程体现了美国科学教育的发展成果。经过长达 6 年的实践研究与理论分析，我们发现，STC 课程很好地发挥了帮助学生持续理解和建构生命科学、物质科学、地球与空间科学和技术领域核心思想的作用。

STC 课程之所以能达到这样的效果，正是因为它是围绕各领域的核心思想来组织建构的。在核心思想视野下研究 STC 课程的组织结构，对我国小学科学课程的设计与建设具有重要的参考价值。

二、对 STC 课程组织结构的分析

STC 课程是在美国《国家科学教育标准》的指导下编写完成的，而且很好地实现了围绕核心思想的框架来帮助学生学习科学。经过分析，我们认为 STC 课程的组织结构具有以下特点。

（一）以核心思想为骨架的模块化结构

美国国家科学资源中心在《面向全体儿童的科学——改进小学科学教育的指南》一书中指出："儿童在拥有准确的事实信息以前早就开始形成了关于世界的理论，而且他们对这些理论深信不疑。由于这个原因，教育工作者需要明白，孩子们需要很长一段时间，经历很多与新概念冲突的过程才能逐步完善对概念的理解。"对一个概念蜻蜓点水式的短暂学习和学习大量的概念这种传统方式不符合学生的学习规律。这就需要教育者甄选出最基础和最重要的概念即核心思想以供学生学习。"在实施以探究为中心的科学计划的过程中……最有效的一种方法就是用一系列科学'模块'或'单元'来建立科学课程，其中每个'模块'或'单元'注重于科学技术的某一特定方面。"

1. 课程由各相对独立的单元模块组成

STC 课程的"模块"是 24 个大单元，分为四个主题领域，即生命、地球与空间、物质科学和技术。每年级每个主题领域设一个单元模块，完成每个单元模块需要大约 16 课时的时间。它们提供了所有学生关于生命、地球与空间、物质科学和技术等方面的经验，同时发展学生的批判性思维和问题解决能力。这些大单元连续性地在数周内围绕一个主题来架构。它们在主题之下，直接指向学科核心思想，而不是简单的事实罗列。在每个"模块"也就是大单元内，课程设计者围绕核心思想来组织众多科学事实，这些相互联系的科学事实提供给孩

子典型的科学经验，数量少，但却是在学生概念发展中必不可少的活动和经验。这些"模块"符合学生完整的学习和认识的过程——单元第 1 课了解学生的前概念，经过一系列有结构的探究活动，在学习过程中和单元结束时帮助学生对科学学习进行反思，及时应用所学内容来解决问题。

表 1　STC 课程的 24 个单元主题

年级	生命科学	物质科学	地球科学	技术
1	生物	固体和液体	天气	比较与测量
2	蝴蝶的生命周期	变化	土壤	平衡与称重
3	植物的生长和发育	化学实验	岩石和矿物	声音
4	动物研究	电路	陆地和水	运动和设计
5	微观世界	食品化学	生态系统	漂浮与下沉
6	植物实验	磁铁和电动机	测量时间	造纸技术

STC 课程学习目标是以年段而不是以年级安排的，课程设置也为年级提供了最大的灵活性。所有单元可以按上表所示上下浮动一个年级。1 年级的单元可以用于幼儿园。这种灵活性在 4、5 年级变得至关重要，它们跨越了美国《国家科学教育标准》所规定的年段。

STC 课程的每个单元可以看作是一个相对独立的模块。教师可以根据实际情况在相应年段组织和选择合适的单元模块进行教学。同一年段的各单元模块内容适合学生的学习发展水平。例如在 1、2 年级，提供给学生大量的观察材料，包括动物、植物、各种属性的固体等，帮助学生积累丰富的直观经验，并在此基础上进行观察、比较和测量。而到了 3、4 年级，学生就开始总结规律，例如在"声音"单元，发现音叉、尺子等物体在发出声音时都伴随着振动，而且发声物体的大小、粗细和松紧等属性会影响到声音的高低。在 5、6 年级，进行控制变量的实验占据了相当大的比重。

不同年段的各单元模块又有明显的连续性。无论从概念发展的角度还是从科学技能培养的角度分析都是如此。例如，进行控制变量实验所要求的公平性是从 1 年级就开始对学生进行反复训练的——为了能够比较同学的身高或测量幼苗的高度，学生们需要设定一个起始点和共同的测量标准；然后学生根据详细的实验指南开展实验，并对实验方法进行思考和讨论。所以，到6年级时，学生自己设计单因素变量的控制性实验已经是水到渠成的事情了。

这样的安排，既可以使教师按照本地区或本校的具体情况做出适当的选择，又有利于学生持续地发展对科学的理解。

2. 各单元以核心思想的发展为引线相互交织，相互支撑

STC课程各单元虽然彼此相对独立，但不是各不相关，而是有内在的紧密联系。一种联系是同年段内对科学技能的反复训练和随年段变化的技能训练的递增（表2），另一种更加交错复杂的联系就是概念间的发展与联结。

表2 STC课程各年级与相应的科学推理能力

科学推理能力	年级					
	1	2	3	4	5	6
观察、测量、识别物质组成	*	*	*	*	*	*
寻求证据、识别方式和循环周期		*	*	*	*	*
区分因果、延伸感觉				*	*	*
设计和操作可控制性实验						*

（1）STC课程科学概念的层级性。

科学概念根据其在学科中的地位和统领的事实可以分为具体概念（体现在STC课程每一课的概念目标中）、分级概念、单元概念、统一概念等层级。这些概念层级共同组成了STC课程的概念网络。在概念网络中，处于最核心位置的是跨学科概念（如系统、平衡和变化、结构和功能等），这些概念在每个单元都有体现。然后是各领域核心思想以及各核心思想统领下的各级概念。

下面以生命科学领域为例，简单介绍STC课程科学概念的层级性。

STC课程1年级"生物"单元里，学生要分别观察和认识几种陆生和水生的动植物，但不是把一个个生物从原来的生活环境中剥离开来单独进行观察，而是以生态系统的视野，为这些生物营造适合它们生存的环境，在动植物共同组成的人造环境中观察和比较。在这样的设计下，学生通过每节课的学习发现一些科学事实（例如种子的外形），基于对这些科学事实的积累和比较，学生逐渐掌握一些具体概念（例如植物的生命周期中的新起点是种子），这些具体概念相互联系，层层推进，形成一条连续的概念发展线。在此基础上，经过一个单元的学习，学生水到渠成地达成了单元概念目标——生物所生存的环境要能够满足生物的基本需求，同时也理解了"生态系统"这一生命科学领域的核心思想的部分内涵。而"系统"的概念本身就是一个重要的跨学科概念。

STC课程1年级"生物"单元概念发展线

> 统一概念：生态系统中融合了生物在它们的环境中生存的各种需求
> 单元概念：生物所生存的环境要能够满足生物的基本需求
> 分级概念：观察自然界和实验环境中的动植物，可以帮助我们理解生物与环境之间相互依存的关系

> 子概念1——植物和动物是两类生物，各种生物之间有相同点也有不同点
> 第1课：单元前测，分享我们所知道的关于生物的知识
> [学生讨论关于他们知道的生物的知识]

> 子概念2——植物的生命周期中的新起点是种子
> 第2课：观察并描述种子
> [学生探究种子的相同之处和不同之处]
> 第3课：种植我们的种子
> [学生种植种子，开始观察种子的生长]
> 第6课：我们的种子发生了什么变化
> [学生描述他们的种子怎样生长]

子概念 3——饲养箱和水族箱可以用来探究动植物与环境之间的相互作用

第 4 课：观察林地植物

[学生观察饲养箱中的两种林地植物]

第 5 课：观察淡水植物

[学生观察水族箱中的植物]

第 7 课：观察淡水蜗牛

[学生把蜗牛放入水族箱中，观察动植物之间的相互作用]

第 8 课：观察孔雀鱼：与蜗牛的比较

[学生探究水生生物之间的相同点和不同点]

第 9 课：观察潮虫

[学生探究一种陆地动物的需求]

第 10 课：观察甲虫或马陆：与潮虫的比较

[学生开始关注生命形式的多样性及它们之间相互依存的关系]

第 11 课：水族箱中发生了什么

[学生观察水族箱中发生的变化，并讨论生物的需求]

第 12 课：饲养箱中发生了什么

[学生观察饲养箱中发生的变化，并讨论生物的需求]

子概念 4——人类，像其他生物一样，依赖于周围的环境，同时又对周围的环境产生影响

第 16 课：看一下我们自身

[学生运用所学到的知识，更好地理解人类的需求以及人类之间的相互作用]

子概念 5——自然界中的各种动植物逐渐进化成紧密的相互依存的系统

第 13 课：淡水植物和林地植物的比较

[学生探究不同植物的特征及需求]

第 14 课：淡水动物和林地动物的比较

[学生探究不同动物的特征及需求]

第 15 课：我们的动植物有什么相同点和不同点

[学生总结他们发现的不同种类的生物的相同点和不同点]

第 17 课：单元后测：分享我们所学到的关于生物的知识

[学生讨论并反思他们所学到的知识]

从 STC 课程 1 年级"生物"单元概念发展线可以知道，学生在每节课的学习中都有特定的具体概念目标。例如第 4 课学生探究林地植物的特点，第 5 课探究水生植物的特点，第 7—10 课探究水生和陆生动物的特点等。但课与课之间不是相互独立而是相互关联的，林地植物和林地动物生活在一起，水生植物和水生动物生活在一起，在观察和讨论时教师带领学生发现这些不同生物之间的相互关系和影响。在 4—12 课这样相互联系的一课课的学习中，学生理解了动植物和环境之间的相互作用（子概念 3）。子概念 1、2、4、5 的学习也有类似的特点。由一个个子概念所统领的数课就像是大单元中的一个个学习段落，这些学习段落间也相互联系，例如第 16 课讨论人类的需求与相互关系就是在之前学习的基础上进行的。本单元 17 课的 5 个子概念就是单元概念（生物所生存的环境要能够满足生物的基本需求）和分级概念（观察自然界和实验环境中的动植物，可以帮助我们理解生物与环境之间相互依存的关系）的具体描述。这些统统指向生命科学领域的核心思想之———对"生态系统"的认识。从对"生物"单元各类概念的分析中可以发现，STC 课程单元内的概念分为多个层次，以帮助学生从认识一个个科学事实形成具体的科学概念再逐级发展为理解核心思想。

STC 课程的每个单元都有这样一条概念发展线，这条概念发展线由单元内各个子概念组成，以单元概念统领。单元概念一般都比较具体，而统一概念更概括，也更接近核心思想，或者说统一概念反映的就是各领域核心思想的内容。STC 课程生命科学领域 6 个单元的统一概念就是从各个方面对"生态系统"这一学科核心思想进行的表述（图 1）。

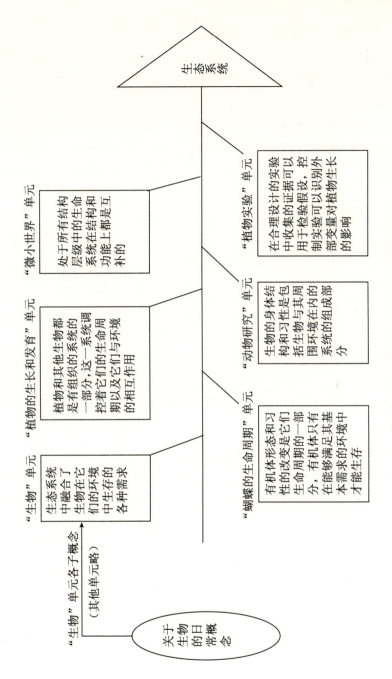

图1　生命科学领域1-6年级各单元统一概念发展线

（2）STC 课程科学概念的联系性

STC 课程四大领域各层级的科学概念并不是孤立的，也不是按层级单线联系的，而是相互交织、相互关联的。从前文对生命科学领域概念层级性的分析中可以发现，STC 单元内的概念间相互紧密联系，单元间也以核心概念相互贯穿。同样，技术领域的概念和物质科学领域的概念紧密相关，地球科学领域的概念与生命科学领域和物质科学领域的概念也是紧紧地交织在一起的。这在 STC 课程中体现为：各单元并不只是让学生完成对某一个单元概念或学科核心思想（核心概念）的学习，而是每个单元都渗透着对多个核心思想的学习。

每个核心思想都集合了许多不同的发现，能够联系一个领域的许多关键概念、原理甚至理论。在 STC 课程中，对一个核心思想的学习也不仅仅是某一个具体单元的目标，而是众多相关单元的共同目标。不同的单元分别从不同的领域和角度帮助学生理解核心概念的内涵。如 STC 课程有 16 个单元关注物质科学领域的"物体和材料的性质"。

1 年级在"固体和液体"单元，通过测试鉴定固体和液体仅凭肉眼不能发现的属性，并进行描述和分类，经过一个单元的学习，帮助学生逐渐认识到"固体和液体是物质的两种状态，每种状态都有着不同的属性"；在"天气"单元，学生从测量和记录温度、降水等活动中了解到"天气可以通过可测量的特征加以描述，温度、降水、云、阳光等组成了相互联系的天气系统"；在"比较与测量"单元，学生发现"物体的相对大小和物体之间的距离可以通过比较来确定，绝对测量需要用到标准单位"。

2 年级"土壤"单元，学生分析和鉴别土壤的不同成分和不同成分的性质，继续从土壤的角度学习"世界是由物质组成的，这些物质可以根据其特性进行鉴别，这些物质组成了相互联系的系统"的大概念；在"变化"单元，学生发现物质的性质可以发生变化——"各种物质可以相互作用，可能会变成新的物质。一些物质经过加热或冷却，可以从一种状态变成另一种状态"；在"平衡与称重"单元，学生继续使用天平等工具探究物质的体积和重量两个属性。

3 年级"化学实验"单元，学生开始通过物理和化学实验来确定材料的属性，并"根据材料表现出的共同的化学或物理性质分组或分成不同的系统"；在"岩石和矿物"单元，学生了解到"岩石是矿物的集合体，并不断变化成为新的岩石。每种矿物都有其独特的物理和化学性质，这些性质使它们的用途广泛"；在"声音"单元，学生经过对音叉、尺子、滑哨、弦等发声物体的研究认识到"声音是由物体或空气的振动产生的，频率和音量是声音的重要属性。物体的大小、粗细，弦的松紧等因素都会影响声音的属性。"

4 年级"电路"单元，学生认识到"电路可以用不同的元件、以不同的连接方式建立起来。电路中的电流可以产生光、热和其他形式的能量"；在"运动和设计"单元，学生认识到"对小车的成功设计，需要综合理解能量、力、摩擦以及材料的属性，同时要考虑到成本"；在"陆地和水"单元，学生学习"地球物质具有独特的性质，是生物和非生物系统的组成部分。这些系统内部的相互作用以及系统之间的相互作用，促使物质和能量发生变化"。

5 年级"微观世界"单元，学生学习"所有生物都由细胞组成，细胞是生命的基本单位。处于所有结构层级中的生命系统在结构和功能上都是互补的"；在"漂浮与下沉"单元，学生发现"当把物体放入液体中时，同体积的液体和物体的重量决定着作用于物体的浮力"；在"食品化学"单元，强调"食物中所包含的营养可以通过物理实验和化学实验加以确定。而生命体被组织成各种功能的系统，需要保持营养均衡，以保证它们的生存和发展"；在"生态系统"单元，强调"生命系统内部及生命系统之间的相互作用，可以使物质和能量发生变化"。

这 16 个单元对物质世界的各种属性（如物质的状态、长度、重量等）进行研究。在低年级时，更注重个别属性和静态属性，而随着儿童能力的发展，逐渐以系统的框架对物质间的相互作用进行动态和关联的研究。把这 16 个单元丰富的探究活动联系在一起的，就是各学科的核心思想。

与其他概念联系越多的概念越重要。例如，关于"系统"的概念几乎和四大领域的每个单元相关，"系统"这一概念是重要而基础的跨学科概念（无论在 STC 课程中还是科学研究以及生产生活中）。又如，"生物与环境的相互作用"的概念在生命科学领域和地球与空间科学领域各单元中反复出现。像这样集合了许多不同的发现，能够将一个领域的许多关键概念、原理甚至理论联系起来的概念就是核心思想。每个核心思想都是新研究的指南，能够被人们用日益复杂的方式解释。每个核心思想都能使学科间创造性的连接变得可能，例如，在物理、化学、生物与地质学上，原子—分子理论都是重要的，在科学学习过程中帮助学生理解核心思想的重要性不言而喻。

从以上对 STC 课程单元间概念联系的分析中可以发现：STC 课程在一个单元模块内以不同层级的概念来组织建构，生命科学领域、物质科学领域、地球与空间科学领域和技术领域 24 个单元模块间由各领域核心思想统领，内容相互交织，相互支撑。

（二）逐步理解核心思想的学习进程

STC 课程在宏观架构上是以核心思想来组织和统领的，这在前文中已多有论述。从学生的成长角度来分析，STC 课程组织的另一种方式是促进学生逐步理解核心思想长期的、阶段性的学习进程。

为克服原有科学教育广而不深，评价不注重核心知识、技能和能力纵深发展的缺陷，为帮助学生进行知识的整合，促进学生知识的迁移、实际问题的解决以及科学参与和决策，美国等多个国家对学习进程的研究日益受到重视。学习进程可以理解为"学生关于某一核心知识及相关技能、能力、实践活动在一段时间内进步发展的历程"。它揭示了学生在相当长一段时间内（如 6—8 年）是如何一步步从简单到复杂、从低水平到高水平地理解某一核心思想的。学习进程思想认为，学生对科学概念的理解存在多个不同的中间水平，学生需要经历这些水平方能实现不断进步。在一定时间跨度内（如一个单元），借助恰当的教学方式，学生对某一核心思想的理解和运用会逐渐发展、日趋成熟；这种发展不是单一线性的，而是多种因素相互联系、相互作用的结果。学习进程的起点是学生原有的知识经验（即学生的前概念），终点是社会期望（即人们期望学生达到进程顶点时应该知道什么和能做些什么），两点之间的多个水平是在大量研究基础上总结出来的。

STC 课程基于大量对核心思想和学习进程的研究，帮助学生逐步在事实间建构联系，发现模式，从而找到规律。它关注学生的概念发展的不同水平，把每节课发现的科学事实通过各层级概念联系起来，在长期学习过程中逐步构建核心思想统领下的复杂的科学概念网络，从而帮助学生真正地理解科学。

1. 从日常概念出发

儿童的概念主要有两类：一是不经过专门的教学，在日常生活中通过积累经验而获得的概念，这类概念称为日常概念；二是在教学过程中，通过揭示概念的内涵而形成的概念，这类概念属于科学概念。

STC 各单元第 1 课的内容通常是对这个单元话题的一次头脑风暴，例如在 2 年级"蝴蝶的生命周期"单元第 1 课，教师宣布毛毛虫将来到教室后，就引导学生讨论"对于毛毛虫我们知道些什么""我们将要探索毛毛虫的什么"这两个话题，并让学生画下心中毛毛虫的样子和其一生发展的过程。这就是学生呈现自己日常概念的过程。在这个单元随后的学习过程中，学生对毛毛虫的身体特点和生命历程进行观察，对毛毛虫的认识越来越丰富，以前错误的认识逐渐得到纠正，并形成对动物生命周期的完整理解。而这一系列过程的起点，就是学生开始第 1 课学习时的原有概念。

《人是如何学习的——大脑、心理、经验及学校》一书指出，对事物新的理解是在原有理解与经验的基础上建立起来的。学生带着日常概念走进课堂，如果他们对事物的最初理解没有与课堂学习结合起来，那么他们可能不能领会新的概念和知识，或者如果他们学习这些概念和知识只是为了应付考试，那当他们走出课堂时，他们的理解又回到原有水平。因此，学生在开始一个单元的学习时，以头脑风暴等方式激活自己相关的日常概念，并在随后的学习中不断地把原有想法与新的发现相比较，才能真正理解科学概念。

在 3 年级"声音"单元第 1 课的头脑风暴中，学生认为声音产生的途径有"喉咙发出、和地面碰撞、发动机、自然产生、翅膀颤抖、相机按钮、音箱等"，这些都和日常生活中接触到的声音紧密联系，说明学生对声音有很丰富的认识，同时也说明这时学生头脑中对声音产生的途径的想法是零散而杂乱的。通过随后十几节课的学习，他们关注音叉、钉子、尺子等物体发声时的特点，不断总结这些发声物体的共同特征，他们关于声音产生途径的日常概念不断地和他们的新发现相联系、相比较，最终形成"声音由物体振动产生"这一科学概念。

在5年级"漂浮与下沉"单元第1课，班级记录单上记下了当时学生们对沉浮的认识：空心浮，实心沉；重的沉，轻的浮；人全身放松，自然会浮在水面；物体因为重力而下沉；之所以上浮因为浮力较大；装有空气的物体一定会浮；片状或球状物体更容易浮起来；咸水的浮力更大……他们对日常经验的总结，有些是正确的，有些是片面甚至是错误的。这张班级记录单一直挂在教室里，当他们发现空心的鱼漂确实浮起来了，可实心的木块也是漂浮的，他们只好对"空心浮，实心沉"这一看法进行修正；当他们称量了漂浮的鱼漂和下沉的小丙烯块的重量后，发现鱼漂竟然比小丙烯块重很多，看来"重的沉，轻的浮"也不成立；当他们比较了沉或浮的物体受到的重力与浮力的大小后，他们发现"当物体所受浮力大于重力的时候会上浮，反之则下沉"这样的说法比单纯说"物体因为重力而下沉；之所以上浮因为浮力较大"更为完整和科学。

可见，日常概念在学习之初被激活，通过适当方式与新的学习相连接时，向科学概念的转变更容易发生。因此，为了帮助学生真正理解科学概念，需要以他们的日常概念（前概念）为起点，根据认知规律，帮助学生丰富、整理和重构科学经验。

2. 在不同学习情境中逐级构建概念模型

STC课程中学生不是通过一两次探究就获得对学科核心思想的理解的，而是建立在参与一个个相互关联的科学实践活动，在活动中反复实验和讨论，并形成一个个对具体科学概念理解的基础上的。在STC课程中，各个子概念彼此衔接，并推动学生对单元概念的理解，使学生在这些具体知识的基础上逐渐领悟学科核心思想。相似的，通常学生也不是一节课就形成一个子概念，学生一个具体概念形成的基础是获取丰富的、有说服力的证据，这些证据在不同的学习情境中呈现。

下面以STC课程学生浮力的概念发展为例，分析STC课程中核心思想的逐步构建。

STC 课程 5 年级"漂浮与下沉"单元概念发展线

统一概念：物质都有一定的特性，如密度，它是独立于所选物质的量的。

单元概念：当把物体放入液体中时，同体积的液体和物体的重量，决定着作用于物体的浮力。

分级概念：同体积的物体重于同体积的液体时，该物体在此液体中沉；同体积的物体轻于同体积的液体时，该物体在此液体中浮。

子概念1——影响物体所受浮力的若干因素。

第1课：单元前测：关于沉和浮，我们知道什么

[学生讨论关于沉和浮他们所知道的知识]

第2课：做出并验证他们对常见物体的预测

[学生们对物体进行实验，确定哪些物体浮，哪些物体沉]

第3课：哪些物体会浮，哪些物体会沉

[学生探究物体的重量和大小如何影响它的沉和浮]

第6课：使一个下沉物上浮

[学生探究物体的形状在浮和沉中所起的作用]

第7课：探究小船的设计

[学生继续探究物体的形状怎样影响它浮的能力]

第8课：物体的大小影响它所受的浮力吗？

[学生探究作用在金属箔小船上的浮力，并把它与小船的大小相联系]

子概念2——水对沉和浮的物体都有浮力的作用，所以放入水中的物体会变轻。

第9课：浮力的测量

[学生测量物体所受到的向上的浮力]

第11课：水中的物体有多重？

[学生观察到沉入水底的物体重量会变轻]

子概念3——一个物体排开液体的总量与它的体积直接相关。

第10课：在水中发生了什么

[学生探究放入水中的物体的排水量]

子概念4——作用于物体的浮力随它放入的液体的密度的不同而变化。

第13课：食盐在水中的溶解

[学生探究盐水和清水的相对重量]

第14课：盐水与清水有什么不同

[学生发现，与清水相比，盐水对物体施加的浮力更大]

第15课：制作液体比重计

[学生制作一个液体比重计，分别测量物体在清水和盐水中受到的浮力]

子概念5——同体积的物体比同体积的水重，则沉；同体积的物体比同体积的水轻，则浮。

第4课：用弹簧测力计测量物体的重量。

[学生学会怎样去校准和使用弹簧测力计]

第5课：称量浮的物体和沉的物体

[学生用弹簧测力计测重物体的重量]

第12课：水有多重

[学生比较水和其他材料的重量]

第16课：探究神秘的圆柱体

[学生预测物体沉还是浮，并验证他们的预测]

第17课：单元后测：分享我们所学到的关于沉和浮的知识

[学生讨论并反思他们所学到的知识]

　　学生在学习"漂浮与下沉"单元前，已经对"物质的材料和性质"有了丰富的认识，从1年级开始他们已经对物体的重量、体积等特性进行了系统的研究；在2年级"平衡与称重"单元，他们用天平探索了物体间怎样能够达到平衡；在4年级"运动和设计"单元，他们研究了运动与作用力的关系……这些之前的学习构成了本单元学习的基础。

在经历了第1课的头脑风暴后，学生开始以14种常见材料为样本寻找物体沉浮与它们的大小、形状、重量等性质之间的关系。他们发现，单独的一个性质（如重量）并不能决定一个物体的沉浮，但对于同样大小、同样形状的5个圆柱体而言，确实是轻的更容易浮而重的更容易沉。之后，学生们又设法使橡皮泥浮起来，他们进一步发现当重量不变的橡皮泥被捏成碗形、饺子形等形状的时候就能够浮起来，是橡皮泥的体积变了吗？可是当碗形橡皮泥倒扣在水中的时候它也会下沉。在此基础上，学生又设法用铝箔纸折成各种形状，让它装载尽可能多的垫圈，重量和体积对物体沉浮的影响看似很复杂。

在经历了大量对物体重量、体积等性质与沉浮关系的研究后，学生继续使用自制弹簧测力计测量物体在水中和在空气中的重量，发现在水中物体会变轻，这是因为水对物体有浮力的作用。之后，学生继续测量大小不同的鱼漂受到的浮力，并计算鱼漂在水中不同状态（一半浸入水中、全浸入水中等状态）时受到的浮力。学生发现，物体浸入水中的体积越大，受到的浮力也就越大。当浮力大于或等于空气中的重力时，物体会浮起来，反之则下沉。对不同材料的物体进行各种研究后，学生能够把重量、体积等因素和浮力、重力等进行联系，形成具体概念（子概念2）。在理解了浮力、重力与沉浮的关系后，学生不但达成了本单元的阶段性概念目标，在2年级和4年级学习的基础上，他们又一次加深了对"运动与平衡：力与相互作用"这一核心思想的理解。

浮力的大小仅和物体浸入水中的体积有关吗？本单元对沉浮的探究在继续深入。学生计算了各圆柱体浸入水中的排水量，发现排开液体的重量竟然等于它们受到的浮力，而且无论在清水中还是在盐水中都有这样的规律。排开同体积盐水的重量越大，物体在盐水中受到的浮力也越大。原来，物体在液体中的沉浮取决于相对密度（同体积的物体比同体积的水重，则沉；同体积的物体比同体积的水轻，则浮）。

关于浮力的概念，"漂浮与下沉"单元是把它作为学生理解"物质及其相互作用""运动与平衡：力与相互作用"这两个物质科学领域的核心思想的中间一步来处理的。经过该单元的学习，学生对这两个核心概念都有了更具体和更深入的认识。

从"漂浮与下沉"单元的安排中，可以发现一个有趣的现象——各课在按照子概念间的逻辑推进的同时，并不完全按照子概念本身的发展逻辑直线进行，而是在几个子概念间跳跃和反复。为什么这样做呢？

美国《国家科学教育标准》指出："学习科学是能动的过程。学习科学是学生们要亲自动手做而不是要别人做给他们看的事情。在学习科学的过程中，学生们需要描述物体和作用过程，提出问题，获取知识，对自然现象作出解释，以多种不同方式对所作解释进行检验，最后是把自己的看法传递给别的人。"这种能动的学习过程强调学生对科学的理解。而从日常生活经验（如"重的沉，轻的浮"）到真正理解一个科学概念（如"同体积的物体重于同体积的液体时，该物体在该液体中沉；同体积的物体轻于同体积的液体时，该物体在该液体中浮"）不是一蹴而就的事情。儿童头脑中的前概念是异常顽固的，在概念转变过程中，儿童需要在新旧认知之间进行艰难的抉择。只有证据足够有说服力、足够充分并且符合认知逻辑，儿童才会放弃原有认知而选择新认知。这个过程需要充足的时间，并要给学生反复思考的机会。也只有确保充足的时间和反复思考，学生对科学的理解才会达到"一英里深"的要求。

所以，科学学习不能对所有知识点都浅尝辄止，科学教育决策者需要选择最重要的那些内容，也就是科学各领域的核心思想。这些核心思想可以说是人类科学探索的精华和核心，它们能够很好地组织起许多相关的知识。

学生学习科学的核心思想最好的方式之一是在数年时间内持续以越来越复杂的方法思考这些核心思想，这样的过程被称为"学习进程"。学习进程可以从幼儿园一直持续到 12 年级以上，人们可以终身持续学习科学核心思想。如果说掌握科学的核心思想是科学教育的目标，那么学习进程就是抵达目标的可行路线。

STC 课程"漂浮与下沉"单元的设计就是建立在对学生浮力概念发展和变化的大量研究基础上的。肯尼迪和威尔逊对沉浮概念的学习进程进行了研究。他们发现，绝大多数学生在形成核心思想之前要经历一系列的概念变化过程。关于浮力的概念变化如下表所示。

表3　浮力概念的学习进程

层次	学生已经知道的		学生需要学习的
RD	相对密度 学生知道一个物体上浮，需要它的密度小于介质的密度 √ "当一个物体的密度小于介质密度时它会上浮"		
D	密度 学生知道物体上浮取决于它有一个较小的密度 √ "当一个物体密度较小时它会上浮"		为达到上一层次，学生需要发现介质在决定物体沉浮情况时同样重要
MV	质量与体积 学生知道物体上浮取决于它有一个较小的质量和较大的体积 √ "当一个物体的质量较小而体积较大的时候它会上浮"		为达到上一层次，学生需要理解密度是把质量和体积结合成一种性质的途径
M　V	质量 学生知道物体上浮取决于有一个较小的质量 √ "当一个物体质量较小时它会上浮"	体积 学生知道物体上浮取决于有一个较大的体积 √ "当一个物体体积较大时它会上浮"	为达到上一层次，学生需要知道无论改变质量或体积都将影响物体的沉浮
PM	丰富的错误概念 学生认为物体上浮取决于它有一个较小的尺寸、重量或者是数量，或者是由于它是由特定材料制成的 √ "当一个物体比较小时会上浮"		为达到上一层次，学生需要把他们的想法换用相同意思的质量、体积或密度来陈述。例如，一个较小的物体有一个较小的质量

续表

层次	学生已经知道的	学生需要学习的
UF	非常规的特征 学生认为物体上浮取决于它是平的、浅的，里面有空气或有孔 √ "当一个物体里面有空气时它会上浮"	为达到上一层次，学生需要把他们的想法换用意思相同的大小或重量来描述。例如，一个多孔的物体有较轻的重量
OT	脱离目标 学生没有注意到任何性质或特点来解释沉浮 √ "我没有想法"	为达到上一层次，学生需要聚焦于物体的一些性质或特征来解释物体沉浮的原因
NR	没反应 学生没有反应	为达到上一层次，学生需要对问题作出反应
X	无法评价 学生有反应，但无法被分析评价	

对比 STC 课程"漂浮与下沉"单元的安排（见"漂浮与下沉"单元概念发展线），学生的概念发展依次经历了表 3 中的各阶段。但本单元各课并不是完全按照表 3 的层次顺序排列的。巧妙之处在于，STC 课程的"漂浮与下沉"单元的概念发展线是本单元的知识中心视角，而学生的概念进程则是学习者中心视角。本单元的顺序则恰如其分地把这两种视角巧妙结合了起来。

学生的原有概念是相当顽固的，在学习进程中，学生一方面不断获取新知，一方面不断调解新旧知识的冲突，这个过程需要长期反复进行才能够帮助学生将原有片面、零散，甚至错误的前概念，真正转化为科学概念。因此，在本单元实际学习过程中，STC 课程帮助学生形成对沉和浮的理解过程不是一蹴而就的，而是一个连续的过程。先是根据一个个具体现象找出影响沉浮的因素，以及这些因素和沉浮的关系，然后把这些因素综合，分析出沉浮规律，也就是在众多相关的具体概念基础上形成更大的概念。

可以看出，在 STC 课程中，学生对"物质的特性与变化"及"物质间的相互作用"或其他核心思想的学习，从 1 年级到 6 年级，物质科学领域、地球与空间科学领域、生命科学领域和技术领域都在持续、反复进行。所以说，STC 课程的核心思想是在丰富的具体学科知识的基础上，以逐级发展的方式在不同学习情境中反复建构的。

3．注重让学生在学习过程中监控学习

元认知的教学法通过确立学习目标以及了解达成目标过程中取得的进步的方式来帮助学生监控自己的学习。STC 课程强调学生在学习过程中主动监控自己的学习，及时评判与修正原有认识，并重视对新知识的应用。

学生在 STC 课程中经历了丰富的元认知体验。STC 课程设计者有意通过提问、讨论等方式凸显元认知。例如 4 年级"运动和设计"单元第 2 课的讨论与分析。

●学生比较自己完成的小车绘图和书上的标准技术图有什么相似和不同。

●技术图上的二维视图有什么相似和不同。

●技术图哪些部分使建造小车比较容易，哪些部分使建造小车比较困难。

●色彩在绘图中的帮助。

●建造 100 辆相同的小车模型，哪种绘图比较方便，自己画的还是标准技术图，原因是什么。

经过这一系列问题指引下的讨论，学生体会到与标准技术图相比，自己绘图的不足之处和标准技术图的优势所在，元认知的体验得以建立。

类似的元认知体验在该单元每节课都有。

在第 5 课"根据需要设计小车"中，让学生思考："在测试后你改装了你的小车或重力作用下的物体下落装置吗？你如何改装的？你为什么要这样改装？"这样的思考有助于学生比较自己在测试前后的想法，修正原有的错误想法，把在测试小车过程中的新发现及时纳入学习体系中。

第 7 课"测试橡皮筋的能量有什么效果"中，向学生提问："为什么每个人选择同样的开始和结束的标准是重要的？""为什么保持全班各个小组橡皮筋的圈数相等很重要？"这样的问题启发学生认识到只有制订公平的规则，才能够进行比较。

第 10 课"测试空气阻力对小车运动的影响"中，向学生提问："为什么每次实验，橡皮筋缠绕的圈数要相同？回忆第 4 课为什么木块重量是一个重要因素？为什么帆的重量是一个重要因素？为什么要比较各小组的结果是很困难的？"这一连串的"为什么"，不但帮助学生对实验进行反思与讨论，还能帮助教师从学生的回答中了解学生认识和思维的发展。

第 11 课"建造一辆用螺旋桨驱动的小车"中，要求学生在实验前思考螺旋桨驱动小车需要哪些设计特征，实验后进行增加或修订，并讨论："根据三维设计图组装小车所遇到的困难和体会；本课中根据图样怎样组装小车会比第 2 课更容易？怎样组装会更困难？"这些问题都给了学生在交流中整理思维的时间和机会，学生在表达与分享中对自己的学习状况进行评估，并能够调整原有认识。

第 12 课"分析螺旋桨驱动小车的运动与设计"中，让学生关注第 11 课的表格，对螺旋桨驱动小车的设计特征进行改变或增加，并讨论本课中哪些研究支持了他们的想法。这又是学生调整及巩固自己认知的活动。

第 13 课"考虑小车制作成本"中，让学生分析，减少成本是否影响到小车的效果或外表，并说说自己的感受。教师帮助学生从多个角度进行综合评估，这样做还能够让学生学会全局思考，体验取舍和权衡，这都是培养学生科学素养的重要方面。

不断丰富的元认知体验，为学生元认知水平的提高奠定了坚实的基础。在一个个指向元认知问题的思考和讨论过程中，学生的元认知得到教师的关注，同时在潜移默化中得到提高。

此外，STC 课程还非常有意识地提示和帮助学生进行元认知监控。

第 1 课"设计小车"，建造小车后让学生思考："在建造小车的过程中，小组碰到了哪些问题，你们是怎样解决的？"

第 8 课"评价小车的设计：观察摩擦力"中，让学生整理"对于摩擦力已经知道什么？还想知道什么？"

第 9 课"设计并建造一辆带帆的小车"中，讨论"是如何完成设计挑战的？成功之处在哪里？遇到了什么问题？如何解决的？到目前为止学到了什么？"

第 14 课"计划我们最终的富有挑战性的设计"中，学生阅读班级记录单，分析"记录单上哪些东西现在看起来是正确的？是否存在需要更正或更新的内容？"

第 16 课"展示我们最终富有挑战性的设计"中，让学生描述："你怎样驱动小车运动，并且你习惯于使用哪些方法。在最后 3 节课里以及设计过程中，同学们设计方案的相同和不同。"

这些指向元认知监控问题的讨论中，学生既是学习参与者，又是学习调控者。他们不但要在课堂上学习知识和技能，还要不断整理和评价对这些知识和技能的学习过程。因而，他们很清楚自己在学习过程有哪些新发现、新认识，并把这些新认识纳入自己原有的知识网络，或对原有知识网络进行调整，也因为对这些指向元认知监控问题的讨论，他们能够自觉、及时地根据自己的学习情况来调整学习策略，以更好地推动自己的学习。

由于 STC 课程对元认知的强调，学生能够更主动、更积极地投身科学学习，能够长期保持甚至不断激发对科学探索的热情。也就是说，学生在 STC 课程学习中更容易形成很强的内驱力，这在长时间的学习进程中是非常必要的。

4．在丰富的科学实践中理解科学概念

对科学概念真正的领悟不同于对概念定义的字面解释。能够从字面上说出一个概念意义的学生，在走出课堂后很可能就把学到的东西抛诸脑后。在 STC 课程中，学生对科学的学习是在教师指导下积极从事科学的实践，包括进行观察、实验、与同伴分享想法、交谈和写作、建模、描述现象，等等。这些科学实践是模仿科学家所进行的活动。在这一系列的科学实践中，学生真正从思想上接受了自己的发现。他们的科学技能得到锻炼的同时，又对科学概念的理解日趋深入。

例如，在"漂浮与下沉"单元第 1 课，学生进行头脑风暴，每个人回忆并交流关于物体的沉和浮所知道的与想知道的，这是对学生前概念的激活。然后，预测和观察同一个物体在不同的液体中的沉浮差异，进一步激发学生探索影响物体沉浮原因的兴趣。随后 16 课中的科学实践活动，都帮助学生在实验、观察和讨论中分析决定物体沉浮的原因（参见"漂浮与下沉"单元的概念发展线）。

我们再以本单元3个细节为例，简单分析STC课程中"漂浮与下沉"单元的科学实践设计与理解科学概念的关系。

细节1：本单元反复使用了14种材料，它们各有什么特点？

表4　14种材料特征表

物品	沉浮特性*	空心与否	形状	体积	质量**	材质	密度
木珠	F	中空，内部无空气	球	小	1	木	小于水
尼龙螺栓	F	实心	柱状	小	6	塑料	水与浓盐水之间
螺母	S	中空，内部无空气	六角中空柱状	小	5	金属	大于水
玻璃珠	S	实心	球	小	8	玻璃	大于水
鱼漂	F	空心，内有空气	球	大	10	塑料	小于水
橡皮泥块	S	实心	可变	大	13	泥	大于水
大木块	F	实心	圆柱体	大	9	木	小于水
小木块	F	实心	圆柱体	小	2	木	小于水
大聚乙烯块	F	实心	圆柱体	大	11	塑料	小于水
小聚乙烯块	F	实心	圆柱体	小	3	塑料	小于水
大丙烯块	S	实心	圆柱体	大	12	塑料	水与浓盐水之间
小丙烯块	S	实心	圆柱体	小	4	塑料	水与浓盐水之间
大铝块	S	实心	圆柱体	大	14	金属	大于水
小铝块	S	实心	圆柱体	小	7	金属	大于水

　　*F＝浮　S＝沉　　**从轻到重依次编号为1－14

从表4中可以看到，本单元探究材料的结构性很强，对于纠正学生的前概念和帮助学生形成科学概念的作用非常大。学生会发现，单纯从是否空心、形状、轻重、材质等方面无法准确地预测物体的沉浮状态。那么物体的沉浮到底和什么因素有关呢？从对相同体积和形状而不同材质的圆柱体的研究中，学生会慢慢找到答案。

细节2：为什么用大小不同的两套圆柱体？

这可以帮助学生认识到即使大小不同，相同材质的圆柱体沉浮情况也是一样的。同时帮助学生认识到必须和同样大小的物体进行比较才有意义。小的圆柱体可以验证大圆柱体的实验结果，相当于重复实验。

细节3：为什么用弹簧测力计的同时还准备天平？

弹簧测力计可以直接读出物体的重量，但是由于有时没有校准或者读数差不多，不同组学生对结果存在争议。这时就可以用天平来直接比较两种物体的轻重，防止错误的结果对学生的概念形成造成影响。

可见，STC课程丰富的科学实践都是为学生的概念发展来服务的。

STC课程的实践活动是多角度、交叉重复的，这样设计的原因在于，一个观点需要多重证据从不同角度来说明才更有说服力，学生在头脑中接受并坚信一个科学观念也需要丰富的体验和反复的验证。为了帮助学生发展浮力的概念，STC课程在科学实践的活动设计上体现了丰富性、发展性和反复性。如果说从前概念到核心思想变化的过程是STC课程建构的骨架，那么在这个过程中丰富的科学实践活动就是STC课程的血和肉。

STC课程中，学生的学习进程是从学生的日常概念出发，让学生在一系列逻辑相关的科学实践活动中逐步形成对具体概念甚至核心思想的理解。STC课程以各学科核心思想来统整各单元具体的探究活动，学生在连续的科学实践活动中对新旧知识等进行辨析和整理，从而逐渐理解科学，因而学生对知识的组织方式（即概念网络）更接近专家的思维。

任一领域专家与新手的主要区别，是其知识的组织方式不同。专家理解该领域的核心原则和理论框架，他们对一些详细信息在这些原则和理论中位置的理解，可以帮助他们记忆这些详细的信息。新手倾向于记忆那些没有任何联系的甚至相互矛盾的"知识"片断、孤立的事实，并努力寻找一种将片断和事实进行组织和整合的方法。学会以专家的方式理解科学或工程，需要加深理解事实之间如何联系，以及事实与核心思想之间如何联系。STC 课程是一种强调不同活动、不同学习经验之间相互联系的教学，始终努力帮助学生在核心思想框架内整理事实。在学习过程中，学生零散和错误的原有日常概念经过修正、丰富，通过比较、分类等思维过程与新经验相整合，逐渐建构起和专家相似的知识网络。

这种围绕核心思想组织的、专家式的知识网络，比新手零散孤立的知识识记方式更加有效。概念性知识可以强化对事实性知识的记忆，而用概念来整理大量重要事实的细节，对概念的理解会更为明确、深刻。这并不是说现在所教授的事实性知识（例如鱼类、鸟类和哺乳动物的特点）必须被取代，而是要给它们赋予新的意义，并用新的组织方式（即概念体系）记忆（因为动物的这些特点被视为适应性特征）。运用概念来组织储存于记忆中的信息，可以被更有效地回忆与运用。这其中的关键不是要单独强调事实或"大观念"（概念性知识），而是二者同样必要。因此，学生的科学学习需要有丰富的事实性知识为基础，在概念体系内理解事实与概念，以促进修正和应用的途径建构知识。

我们发现，STC 课程中，学生经历了对核心思想逐步理解的过程，恰好满足了以上 3 点需要。因此，我们可以清楚学生为什么能在 STC 课程的学习过程中逐渐理解核心思想了。

《科学素养的导航图》一书在序言中指出，"科学素养不应是做支离破碎信息及毫不相干技能的简单集合，而应是一个内容丰富、技能与观点可以相互支撑的架构，这个架构是随着时间的推移而发展变化的。学生的学习只有建立在他们既有知识基础上，学生才能了解他们还得学什么，并为他们日后还应该学习什么做好准备。"

STC 课程就是这样一种架构。这种架构的骨架就是指向核心思想的各概念与技能的层级与联系。为了实现这种架构，STC 课程被设计成了复杂、精巧的系统性工程。

从知识中心的角度来看，STC 课程架构了层级分明、相互联结的科学知识网。这张网络的中心是系统的观念，围绕系统的观念是各个跨学科概念，外围是各领域核心思想、单元概念、分级概念、子概念、科学事实等。较小的概念是较大概念的具体和丰富，而较高层级或较核心的概念是各外围概念的概括和精练。各概念之间的联结就像网一样纵横交错。

从学习者中心的角度来看，在STC课程中，学生以或错误、或零散、或片面的前概念为起点，在各个科学实践活动中预测、观察和操作、分析和讨论、总结与发现，获得了丰富的科学经验和知识，这些具体的经验和知识经过元认知操作，整合学生原有的知识网络，原有网络中的概念联结因为新的认知而不断丰富，并重新整合，经过长达数年的持续学习，逐渐形成对科学各领域核心思想的认识，这种认识不是文字或语言的表述或记忆，而是对核心思想内涵的理解或感悟。

三、对我国小学科学课程建设的启示

（一）课程标准与课程围绕核心思想来设计

围绕核心思想构建的科学课程能够更好地帮助学生理解和运用科学。目前科学家已经甄别出这些核心思想，美国《K～12科学教育框架：实践、跨学科概念和核心思想》《科学教育的原则和大概念》等书都是其中的代表。

美国国家科学资源中心和国家科学院史密森研究所著的《面向全体儿童的科学：改进小学科学教育的指南》强调，课程材料要"能使儿童在一段较长的时期内深入地研究重要的科学概念"，"能够通过一系列逻辑上相关的活动形成对在几节课堂上学习的概念的理解"。他们认为，"为了理解概念，课程材料必须具有一个定义明确、合乎逻辑的故事线索，学生参加的活动必须建立在相关的科学活动基础之上"。这个"故事线索"其实就是核心思想的发展线索。在STC课程中，这个故事线索体现为每个单元的概念发展线，学生循着这条线索成长。而且，随着学生的成长，他们希望掌握的信息量及其复杂性都在不断增加，这在STC课程中体现得很鲜明。例如，学生在4年级学习电路，在6年级学习磁体与电动机，等等。4年级"电路"单元集中学习电的基本原理，而6年级的单元则展示了电与磁如何在电动机中协同工作。学生在 4 年级掌握的电的知识，有助于他们随着年龄的增长而拓宽自己的知识，并达到一个更高的理解层次。又如学生在 1 年级"生物"单元观察各种陆生和水生动植物的时候，就了解了动植物和周围环境的相互影响。在 3 年级，他们连续研究植物的生长和发育的时候，在持续两个月种植植物过程中亲身体会到植物的生长情况不但和自身有关，还受到光照、空间、肥料、水分等环境因素影响。到了 6 年级，他们再次种植曾经种植过的植物，这次重点改为通过设计和进行控制单因素变量的实验，来寻找植物的生长和光照、空间、肥料、水分等环境因素的具体关系。这样，随着学生科学探究能力和知识的积累，对"生态系统中生物与环境的相互作用"的核心思想的研究逐渐深入和具体，学生对这一核心思想的理解也更加深入和具体。在我国的科学课程中，也应该有类似的故事线索来帮助学生学习核心思想。

经过长期的实践和研究，像 STC 课程围绕核心思想设计的科学课程已经被证明具有实效。我们在进行课程标准的编写和课程开发时，围绕这些核心思想来设计，从而帮助学生掌握这些科学领域少而重要的概念框架已经是迫在眉睫的事情。

（二）教师应注重围绕核心思想来组织教学并关注学生对核心思想的理解

围绕核心思想构建的课程对教师提出了更高的要求。教师要以核心思想为纲领组织好自己的科学知识网络；教师在备课时要以整体发展的眼光来认识每一节课在学生科学概念发展中的位置，而不仅仅是盯着本节课的概念目标；在课堂上，教师还需要关注学生的前概念，关注每个学生的概念变化情况，帮助学生梳理知识，构建核心思想。

如何帮助教师围绕核心思想来组织教学呢？"助手式"的教育培训会具有实效。在每学期开学前、单元开始前后、学期结束后等关键时间对每一位教师进行"模拟课堂"参与式集中培训，在教师教学遇到困难时，专家给予诊断和处方式的及时帮助，这种教研环境下的教师能够更为有效地完成任务。

第七章

STC 课程中科学实践的研究[①]

一、科学实践的内涵和学习周期

科学实践指的是科学家探究自然界、建立关于自然界的模型和理论时所进行的一系列实践活动。科学实践包括提出问题，界定难题；建立和使用模型；设计和进行探索；分析和解释数据；运用数学和计算思维；建构解释，设计解决方案；投入基于证据的论证；获取、评价和交流信息。

美国国家研究理事会认为，科学家的这些实践活动是科学的核心构成要素，是科学素养的重要组成部分。对于学生认识科学的本质、理解科学知识、增强科学实践能力至关重要。因此，应当作为课程和教科书的内容加以强化。

经过 6 年的教学实验，我们发现 STC 课程在"培养学生全面的科学实践能力"这一设计理念的指引下，基于"儿童的心理"选取多种

---

① 本章为天津市和平区万全道小学课题组子课题研究报告，执笔者为刘树鑫。

策略，有效地促进了学生科学素养的发展。

二、STC 课程科学实践活动设计策略与案例

STC 课程在培养学生科学实践能力方面的一个重要做法，是在教学中设计了"集中—探究—反思—应用"的学习周期，与教学中的科学实践活动有机地结合在一起。

学习周期的开始是集中（聚焦）阶段，让学生在广泛呈现前概念的基础上通过加工和整理明确探究要解决的主要问题。接下来是探究阶段，让学生从事各种探索活动，以便从经验中产生新的观点。然后是反思阶段，让学生通过分析、评价和论证形成新的解释。最后是应用阶段，让学生有机会把新观点运用到不同的情境中去。学习周期具有教学流程的监控和管理特点，强调每一学习环节的基础性，明晰每一阶段的主要任务；强调合作探究；同时强调概念或知识的习得过程。

学习周期和科学实践活动的基本关系如下图所示。

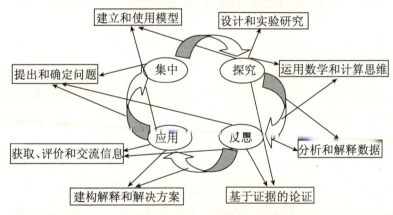

需要强调的是，STC 课程的学习周期与科学实践活动不是简单的对应关系。

从上图中我们可以看出，学习周期的每一阶段有不同侧重的科学实践活动。比如，集中阶段主要是提出和确定需要探究的科学问题；探究阶段侧重于设计和实施研究。但每一个阶段都同时涉及多个实践活动。比如反思阶段，既要进行数据分析，还要开展基本证据的论证活动，并建立解释。更重要的是，有一些科学实践活动同时在不同的

学习周期重复出现，如分析和解释数据，既是小组或个人探究中的重要活动，也是集中交流反思时的重要活动；还有一些实践活动可能贯穿学习周期的每一个阶段，如论证、运用数学和计算思维等。

（一）集中阶段

在 STC 课程中，集中阶段学生参与的科学实践活动主要涉及"提出问题，界定难题"。

例如，在 STC 课程 3 年级"化学实验"单元教学起始就是要求每名学生思考"关于化学物质我们知道什么、在哪里见过、有什么用途、怎样使用、你还想知道什么"。每个学生要将自己的想法记录在科学笔记本上，然后进行全班讨论，集中、聚集大家的思想。

课堂的初始阶段为什么要集中、聚集学生的思想呢？课程设计者认为学生学习之初就要明确目标。目标要指向核心概念，学生对一个学习主题的问题往往是多样的、分散的，并不一定是课堂上所能解决的。只有聚集之后，他们才能知道需要探索什么和能够探索什么，这样才能形成科学的概念。

STC 课程是如何设计集中这一环节的呢？

1. 关注学生兴趣

STC 课程选择了大量的小学生喜欢的科学探究内容。如造纸、饲养蝴蝶、制作小车等。这些都是小学生可以接受的、每名学生都可以完成的科学探究活动。这些活动对小学生有着强烈的吸引力，便于他们提出各种问题，并使他们在亲历各种形式的探究过程中，不断认识科学探究的本质，发展科学实践的能力。

2. 提供良好的课堂文化保障

为了让学生在集中阶段更充分地提出问题和界定难题，STC 课程为学生规定了他们分享时的准则：

- 毫不犹豫地说出自己的想法；
- 不抱成见、持开放性的心态接受一切观点；
- 对同学的观点不要批评和妄加评论；
- 努力把自己的观点与其他同学的观点联系起来。

这为学生创造了无障碍的交流氛围，形成了民主、尊重的课堂文化。

3. 提出任务以促进实践

STC 课程在集中阶段常常给学生提出一项任务。任务非常明确，但有难度，只要学生蹦一蹦就可以够得着。任务一般在一节课之内完成，每位学生都要经历一个科学探究的过程。由于没有旁观者，都是参与者，所以每个学生都会认认真真地投入，人人都会有收获。

4. 教师和学生一样都是参与者

在"植物的生长和发育"单元有对教师定位的表述"你不一定非要是植物学方面的专家。教师教学用书的背景部分，为教师提供了主要信息。假如你发现你和学生一起面对疑难问题的时候，不要感到惊讶。"

同样，在其他单元也有类似的表述。科学课要求每名教师都成为各领域的专家是不现实的，STC 课程强调教师和学生一同成长。这样的策略会使教师以学习者的身份进入教学，以认真的态度投入实验工作，带动学生一起展开探究，使教学活动凸显探索的主要特征。

5. 行之有效的了解学生前概念的方法

STC 课程在教师教学用书中为集中阶段提供了一种有效的方法——头脑风暴。头脑风暴是全班学生一起进行的合作练习活动。在这个合作练习活动中，每个学生贡献（分享）他们对学习主题的想法。头脑风暴活动是从学生头脑中调取他们有关本单元的科学前概念的有效手段。

在这一活动的开始阶段，学生之间的交流会比较混乱，思维时断时续，无法达成共识。当学生将各自的想法都说出来之后，学生才会把自己的观点与其他同学的观点联系起来。这时教师适时启发、引导会很有效。

例如 4 年级"陆地和水"单元第 1 课"关于陆地与水，我们知道什么?"当学生各自发表完自己的想法后，教师适时提出：能否将大家说的分一分类，分类是一种整理材料的良好方法。通过分类，学生发现了大家对"陆地和水相互作用"的认识比较少。对"陆地和水"这个主题的关注点一般停留在陆地的特征、水的特征方面。教师指导学生将问题归成三类后再讨论，有大部分学生提出探究应聚焦在"陆地和水相互作用"这个主题上了。

集中阶段汇聚学生的探究焦点，为整个单元的探究活动指明方向是 STC 课程保障师生在课程一开始就能很顺利进入"以探究为中心"的课程体系的一个重要策略。通过这个阶段的学习活动，学生们会发展提出问题和明确要解决的问题的能力，并对科学家这方面的科学实践有更深入的理解。

（二）探究阶段

探究阶段的科学实践主要涉及"设计和进行探索""建立和使用模型""运用数学和计算思维"。

1．关于"设计和进行探索"

（1）提供充分的实验材料。

在 STC 课程的实施中，学生探究活动的所有材料均由材料中心提供。教师只需在班级里建立一个学习中心，学生就有了一个长期学习的永久的"家"。

STC 课程的学习中心拥有以下作用：

▨ 可以在教室的指定角落长期存放各种实验材料，方便学生做实验时随时取用；

▨ 可以用作学生"自己动手实验"的项目中心站；

▨ 可以用作学生的科学观察站，各小组会将实验样本放置在学习中心，利于所有的同学观察；

▨ 可以用作学生的图书阅读角，学习中心拥有与本单元有关的课外阅读书籍；

▨ 可以当作学生科学作业完成后自由交流、展示的空间。

"学习中心"策略，提供给学生一个自由而有效地进行科学探究的巨大空间，其中包含动手做、阅读、思考、交流、观察、创新等各种可能的学习活动。这一策略，是 STC 课程最能体现学生主动探究学习的方法之一。

（2）重视探究活动的有效性。

第一，对教师的探究教学予以详细的指导，对学生的"探究学习"给予必要的指导。

STC 课程的教师教学用书对教学活动安排得十分细致，尽可能将探究活动的要求显性化，包含许多设计精巧、结构递进、对学生实验过程有指导性的思维问题、明确的实验关键点的指示，并重视教师在教学中行为和技能的示范作用。

如 3 年级"植物的生长和发育"单元关于学生实验操作的指导：

▨ 供水棉纱布只从小花槽下部的方孔中露出 1 厘米；

▨ 肥料粒只放 3 粒；

▨ 小心地向花槽中滴水，一次 1~2 滴，直到有水从每块纱布的底部滴下为止。

在检查自己的工作部分，建议教师要提醒学生：

▨ 确认是不是先把肥料粒放入土壤中，而不是先放的种子。应当将肥料粒和种子放在投影仪上，指出这两种物品的大小差别，让学生知道；

▨ 种子如果播种得太深将不能萌发，必须在适当的深度才能发芽；

▨ 大量的水能够破坏种子萌发。每个部分都应该让水渗透均匀，而且完全是使用纱布进行吸水的；

▨ 确保所有已播种了的正方体小花槽距离灯光 5~8 厘米；

▨ 在离开教室之前，应该仔细检查所有已播种的正方体小花槽都放在了灯光下，而且都和供水的棉线相连。

STC 课程对学生观察活动的指导也很具体、到位。

如 1 年级"固体和流体"单元关于混合液体的指导：

告诉学生，如果他们从杯子的侧面看液体要比从上面看能更好地观察到发生了什么情况……让他们仔细观察，当液体进入水中时，出现了什么情况。例如，当液体进入水中时，它是漂浮还是下沉。液体在水中是怎么扩散开的。

……

洗发水在一开始是蜷缩着的，它将落到杯子底部，并慢慢扩散开。确保学生记下了这种变化以及其他的变化。

为什么对学生的指导要这么细致入微呢？是不是有牵着学生走的嫌疑呢？我们认为 STC 课程的做法是完全必要的。在培养学生科学实践能力的过程中，要想让他们像科学家那样探究科学就必须让他们遵守科学的步骤和流程，让他们认识到科学程序的合法性会决定结果的合法性。STC 课程的培训师曾经在培训中说过，要从学生的孩童时代就让他们知道怎样才能更好地把一件事情做对，要想做得对必须严格执行必要的程序。

第二，在教师教学用书中，为教师提供必要的"背景"信息。

由于教师不一定是某一方面的专家，要求每名教师都成为科学探究课所涉及领域的专家是不现实的。但是为了保证探究活动的有效性，教师必须具有对学习主题及教学的足够了解。为此，STC 课程在教师教学用书中对每一节课都提供了有关的"背景"。

以"磁铁"单元某一课的"背景"为例说明。

"公平实验"是做"控制实验"的另一种方式。学生有"什么是公平，什么是不公平"的看法。比如：他们知道公平的赛跑是所有的赛跑者都必须站在同一条起跑线上，没有风的优势和起跑线的优势。类似地，公平实验是要将你所要研究的对象与其他所有物体都保持在同一水平状态上。

学生在这一课所实施的实验是探索当与其他磁铁相结合时，磁铁强度有多大变化。在这一实验中需要控制的变量是所使用的磁铁种类（使用不同强度的磁铁是不公平的）、压舌板的厚度（使之与磁铁保持同样的距离）和垫圈的重量（如果一个垫圈比其他的重是不公平的）。下图表明了实验设计意图。

在学生开始做实验前，你要要求学生思考两个磁铁是否比一个磁铁的强度强，两个磁铁结合一起的强度有多大。直到实验进行时，答案才会呈现。

你也要问学生怎样才能使实验做到公平。询问学生的看法，鼓励学生思考他们所做的。你可以给学生一个不公平实验的例子，如：

想知道两个同学中，哪一个左臂力量更强（挑选任意两个），他们决定掰手腕，但是一个学生用了整个手，而另一个学生只用了一个小手指，这是"公平实验"吗？怎样才能使他们公平？

第三，精心设计活动内容，促进深入理解。

3 年级"植物的生长和发育"单元引入了蜜蜂，探究蜜蜂与植物的相互关系。这是一个很好的设计。它可以使学生了解在自然界中动植物是如何联系的。学生在观察植物的生长发育过程中，在第 8 课出现了蜜蜂，学生不觉得突然，因为学生们都知道蜜蜂是可以为植物传粉的，但这是感性认识。当学生了解了蜜蜂传粉的完整过程及蜜蜂的解剖形态时，他们对蜜蜂与开花植物的相互依赖关系就有了更深入的理解。原来在进化过程中，为了生存的需要，开花植物产生了一种对自身"没什么用处的"花蜜。花蜜对于产生种子没有直接作用，它的作用只是为了吸引蜜蜂。蜜蜂在得到它时，付出了带走花粉的"代价"。这是互惠互利的交换，这是自然界存在的相互依存的关系，这是植物的"智慧"。

（3）设计递进式的科学实践活动。

STC 课程中的一些科学实践活动看起来是带有重复性的。

例如让学生播种了 3 次：1 年级种植 4 种种子（菜豆、豌豆、向日葵、南瓜）中的一种，3 年级种植威斯康星速生植物；6 年级继续种植威斯康星速生植物。

但是 3 次播种活动间是概念、技能、态度的递进关系，因为目标各有不同。1 年级要建立的概念是生物体有基本需要（养料、水、空气和自我空间）。有些植物是由种子生长而来的。学生经历的活动是初步种植种子，观察植物生长首先长根，然后茎再生长。3 年级要建立的概念是生命周期。让学生按自然生长规律种植威斯康星速生植物，观察没有人类干预的威斯康星速生植物生长的全过程。6 年级要建立的概念是一些变量会影响植物的生长和繁殖过程。学生继续种植威斯康星速生植物，观察有人类干预的植物生长的全过程，以及人类干预活动与实验结果的关系。

STC 课程在学生获取证据的能力方面也把握了渐进性原则。学生最早接触到的植物内容是 1 年级的"生物"单元第 2 课"观察并描述种子"。在这一课中对学生的要求是自然观察法。但对于观察能力的培养已不限于仅仅使用眼睛，而是强调综合运用眼、耳、手、鼻等感官进行观察。要求学生尽可能"观察"到更多的信息，发现更多的差异。

	1.4 粒种子分别是什么颜色？ 2.4 粒种子分别是什么形状？ 3.4 粒种子分别有多大？ 4.4 粒种子分别有多长？
	能听到什么不同特点吗？
	1.能感觉种子的什么特征？ 2.4 粒种子分别有什么特点？ 3.4 粒种子各有什么不同？
	它有什么气味？

到这里关于种子的观察并没有结束，仅仅是开展了对种子外部特征的观察。到了 3 年级"植物的生长和发育"单元，为了使学生对种子内部构造进行观察，课程为学生准备了干、湿两种利马豆粒。干的利马豆粒为的是复习，湿的利马豆粒为的就是观察种子内部构造。但使用的观察方法仍是综合运用眼、耳、手、鼻等感官。知识是新的，但获取知识的手段是已有的。通过学生自身的科学实践达到了新知识获取的目的。

（4）强化对探究活动的完整体验。

第一，两课衔接以复习法导入居多，适时安排复习，加强连贯性。以"声音"单位为例说明。

第 2 课"声音是如何传播的"要求复习第 1 课是怎样用音叉发出声音的。

第 3 课"钉子的声音"要求复习两种音叉的声音，它们有何不同，有何相同。

第 4 课"尺子的声音"通过提问音叉和钉子的型号是如何影响它们的声音的，回忆在第 1 课和第 3 课听到的声音。

第 5 课"音高的探究"让学生回忆和描述他们在第 4 课是如何用尺子发出不同音高的声音的。

......

第 11 课"为弦乐器调音"让学生回忆他们在第 10 课中用弦来产生声音的经历，怎样才能产生高音或低音呢？

第 12 课"不同的弦听起来有什么不同"让学生回忆在前 3 节课中用弦所产生的声音，分享关于拨动长弦和短弦所产生的不同声音的想法。

第 13 课"让弦发出更高的声音"让学生回忆他们通过改变弦所产生的不同音高的声音，通过头脑风暴把想法记录下来。

第 15 课全课复习。

第 16 课"分享我们所学的知识"让学生复习记录单 15 – A、15 – B，相互评价他们的计划。

从引导学生持续进行科学探究的角度来说，复习这个方法更有实效性。这一策略更有利于学生将前一课与本课的内容进行更好的连接，将前一课的思维与本课的思维进行更好的连接。同时达到对前边内容梳理、归纳、总结，自身消化、自我验证、自我修正的目的。

STC 课程是以单元为形式进行编排的，每学期两个单元，每单元一个主题，共 16 课。每个单元必然要涉及多个内容，必须在单元主线的统领下有效组织。而这样的 16 节课又不是每天一节课的连续，如何使教师和学生能清晰地体会到整个单元的持续性、连贯性和递进性呢？STC 课程通常会适时安排复习的内容，加强单元的连贯性。

如"声音"单元的第 12 课"不同的弦听起来有什么不同"中有这样的内容：

▨ 描述在前面 3 节课中使用弦所产生的声音，分享关于拨动长弦和短弦所产生的不同声音的想法。

▨ 回忆一下所用过的弦，你认为粗弦产生的声音是什么样的？细弦呢？

前面 3 课研究的是弦的松紧和弦的长短对音高的影响，本课要换个角度来研究弦的粗细对音高的影响。这样的设计，既复习了前边 3 课的内容，又为新的学习打下了基础，提醒学生在研究粗弦和细弦时同样要注意控制变量，保持实验的公平性。

第二，教学过程中渗透分类、归纳等思维方式。

在学生归纳总结的环节，STC 课程的教师教学用书常常会通过提问的方法让学生对事物进行比较和归纳，以对学习主题产生完整的认识。

以"声音"单元为例说明。

▨ 让学生倾听并探究其他学生制作的弦产生的声音有什么相同，有什么不同，它们都是利用时间的方法来产生声音的吗？

▨ 让学生把注意力集中在弦的振动上。当弦的振动可以被看见时，观察弦的振动和尺子的振动是不同的。

在小组内讨论他们用音叉发出的声音。

▨ 两种音叉发出的声音有何相同之处？有何不同之处？

▨ 怎样描述小音叉的声音？大音叉的呢？

▨ 发出声音时，两种音叉感觉起来有何相同之处？

如"漂浮与下沉"单元，"和学生一起观察班级记录单中各种物体的重量，讨论怎样利用水的重量来推断圆柱体在水中的沉浮情况"。教师通过学生自行回答这样的问题，让学生始终围绕本单元的内容进行思考。这样必然会达到进行持续的科学探究的目的。

第三，交换角色促进学生的观察更加细致与完整。

如"声音"单元第3课"钉子的声音"中，设计了敲击钉子的同学和听声音的同学的角色互换。第5课"音高的探索"压住尺子的同学和倾听尺子声音的同学的角色互换。

在"固体和液体""变化"等单元中设计了"今天你是放入物质的同学，他是搅拌的同学，下一个实验时互换一下角色"的内容。

这不是简单地换了角色，重要的是让每一名学生都经历完整的科学探究过程，也有利于学生间的合作，培养他们与人交往的能力。

2. 关于"建立和使用模型"

为了模拟未知事物的样子，给问题一个合理的解释，科学家常常要建构模型。在科学教育中模型对学生理解科学非常重要。学生需要具有多种方法构建物质世界模型的能力，以帮助他们进行科学预测和推理。

STC课程中关于建构模型的科学实践活动，主要包括画图表示事物、用陈述类比等方式交流发现、制作物体模型、用模型预测和解释现象等。

我们看到，在 1 年级"生物"单元就要求学生用画图的方法反映自己对植物、动物以及它们生存环境的理解。例如：画出观察到的菜豆、豌豆、向日葵和南瓜的种子，用画图的方法对本小组群落中发生的事情做记录。到了 6 年级则要求学生画出电动机的内部构造，并标注各部分的名称。

各个年级对学生在交流时使用的方法表现出渐进式的不同要求。1、2 年级重在陈述，指导学生用词汇或短语描述事物，并展开对所用词语的讨论。4 年级"电路"单元运用了类比的方式，让学生在观察了家用白炽灯泡的构造后，讨论怎样连接导线才能使灯泡发光。5、6 年级则更强调运用图表和表格进行交流。

根据小学生的年龄特点，STC 课程在教学中使用实物模型并指导学生制作模型，以了解事物的固有特征是十分常见的。例如"生物"单元的森林群落和淡水群落、"陆地和水"单元的溪流实验操作台、"生态系统"单元的饲养箱和水族箱……这些模型的使用对学生建立相关的概念都发挥了重要的作用。在"植物的生长和发育"单元学生要亲手制作蜜蜂和花的模型，在"声音"单元制作人的鼓膜模型，在"磁铁和电动机"单元制作电动机模型，这些活动促使学生对相关主题进行更深入的思考，在解决问题的过程中对所研究的事物进行更为细致的观察，进一步激发学生学习科学的兴趣，并使他们获得难以忘怀的实践经历。

关于用模型进行预测和解释，STC 课程在 6 年级的教学中做了相应要求。例如"测量时间"单元设计了让学生使用月相卡预测未来月相的变化的活动，"你认为在未来的 29 天里，月相会怎样出现？"在设计一个沉没水钟的实验中，首先引导学生讨论影响水钟下沉的可能因素，确定一个可以改变水钟下沉速度的变量，然后设计一个实验来检验他们的预测。在这项活动中，学生在前一课使用铝箔和铜垫圈所做的水钟发挥了模型的作用，通过对这一模型的观察和理解，学生识别了变量，并能够对实验的结果进行预测和解释。

3. 关于"运用数学和计算思维"

数学和计算思维对学生的探究学习至关重要，是学生在科学课程中必须经历的科学实践活动。数学是一种具有实用功能的工具，可以作为一种科学的语言来使用。计算思维则在使用证据和进行推理中发挥着重要作用。

在 1 年级"比较与测量"单元中，STC 课程的设计者注重引导学生识别和运用各种量（单位）。学生在第 6 课中利用纸带测量弹跳青蛙弹跳的距离，并将每次测量的纸带放在一起进行比较，学生形成的是有关长度的概念。在第 7 课中，学生将自己的脚长作为"单位"，测量出纸带的长度，首次运用了"单位"这个概念。而在班级交流中，学生发现自己所得的数据（量），只能用于自己的数字统计，与其他人交流起来有些困难，便发现了自己"单位"的局限性，有必要形成共有的"统一单位"。在第 10 课他们找到了将小立方体作为"测量单位"的方法，解决了立起来的问题，又出现了运用小立方体去测量黑板的高的过程中出现的问题，由此引出了测量带这种测量工具。通过上述比较与测量，学生运用了数学，使得物理实体的符号化表示成为可能，同时体验了数学工具的交流功能。

STC 课程的设计者也展示了数学可以使思维以一种较精确的形式进行逻辑推理的可能，可以运用对数和统计的理解能力来分析数据。例如 6 年级"测量时间"单元的第 3 课"是太阳在移动吗"，在记录单中记录了 9：00、10：00、11：00、12：00、13：00、14：00、15：00、16：00 的影长之后，让学生在图中标示 9：30、14：30、15：15 的影子位置。

这个活动运用了两个必须源于统计的推断：①影子方向的变化规律；②影子长度的变化规律。

STC 课程的设计者还展示了运用数学及计算思维对结果进行预测的可能。例如在 6 年级"磁铁和电动机"单元第 11 课"向他人展示你所学的知识"中提供了数字表格和折线统计图，需要学生从不同的角度分析、解释图表数据，并对磁铁上缠绕线圈的数量对磁力的影响作出假设。

（三）反思阶段

反思阶段的科学实践主要涉及"分析和解释数据""建构解释""基于证据的论证""评价和交流信息"。

通过前边的聚集、探究环节，学生获得了大量的信息。如何使自己的数据、收集到的事实成为令人信服的证据，需要学生投入解释证据、相互评价证据、建立基于证据的理论等科学实践活动。

1. 开展班级讨论、集体论证

科学理论的构建必须以大量的事实和证据为基础，"班级讨论"就是由教师有效引导的学生展示自己的数据、分析和解释这些数据，对所观察的现象和数据作出合理科学解释的有效活动。它符合科学家探索科学的方法、行动及思考的方式。科学家在自己的理论被广泛接受和运用前必须经受科学共同体的检验，学生建立的解释也需要经受同伴的检验和质疑。

STC 课程认为，班级讨论、集体论证的意义在于让学生通过提高对现象的解释能力，展示自身对科学思想的理解，无论是基于所观察到的现象作出的解释，还是基于所构建的模型作出的解释，他们都将经历概念转变的过程。应该鼓励学生根据在探究活动中观察到的现象进行解释，并根据证据对自己的他人的解释的一致性进行评价。

课堂上的解释尤其重要，因为有竞争性的解释可以对相同的现象作出不同的解释。学生之间可以根据新证据，找出解释过程中（自己的解释，或他人作出的解释）的缺陷或不足，根据新的证据修正自己的结论。这对学生构建自己对现象的理解、获得对课堂上学到的科学理论的解释能力的理解、获得对科学家是如何工作的理解，都是十分必要的。

2. 设计关键性的提问内容

如 4 年级"运动和设计"单元"分析用螺旋桨驱动小车的运动和设计"一课。在学生组装好螺旋桨小车并尝试运行之后，建议教师在进行分析时提出以下问题：

■ 是什么使螺旋桨能够驱动小车运动？

■ 在转动螺旋桨时，橡皮筋有什么样的变化？

■ 回想前面几课，是什么让轮轴能够驱动小车运动？

■ 本课中，橡皮筋的用法有什么不同？有什么相同？

■ 空气是如何影响螺旋桨驱动小车运动的？

第一个问题是本课研究的核心问题，用一个指向性明确的大问题将学生的思维锁定。第二个问题给学生一点点的提示——关注橡皮筋的变化，缩小问题。第三个问题给予思维方向的细致指导。第四个问题将抽象的要求与实际的操作相联系。第五个问题再次回到本课研究的核心问题——橡皮筋的变化引起螺旋桨的变化，螺旋桨与空气的作用驱动小车。

这样的设计使每个问题都具有启发性，并没有直接提供给学生问题的答案，但每一个问题都指向科学概念的建立。

再如 5 年级"漂浮与下沉"单元第 12 课"水有多重"中的提问：

▨ 如果想比较某个圆体和水的重量，我们应取多少水？

▨ 怎样称量这些水的重量？

▨ 你认为圆桶的重量会影响这些水的重量吗？如果会，又有怎样的影响呢？

这里是教学中关键性实验方法的指导。第一个问题，用一个指向性明确的大问题给学生的思维定向。第二个问题给予实验方法性的指导。第三个问题促使学生形成自己的观点。

为什么 STC 课程的设计者要帮助教师设计这些关键性的提问内容呢？我们认为这些关键性的问题对学生科学概念的建立起到了很好的指导作用。如"如果想比较某个圆柱体和水的重量，我们应取多少水？"这个问题直指学生对该问题的想法，对学生的思维予以方向性的引导。"多少水？"不是问如何取水，取什么样的水，而是指水的量。因为教师提供的所有圆柱体都是体积相同的，这难以推动学生去想水量与圆柱体体积的关系。"怎样称量这些水的重量？"有了思维的正确指向后，再用这个问题指导学生的行为。如何将思维的方向转化为具体的操作方法呢？"想"办法。学生想到了圆桶，引出了下一个关键性的问题——"你认为圆桶的重量会影响这些水的重量吗？"这个问题突破后，"水的量如何与圆柱体进行公平比较"的问题就解决了。关键性的问题为学生评价证据也起到了思维解释的功能。

如 5 年级"漂浮与下沉"单元第 6 课"使一个下沉的物体上浮"中，学生已经通过科学实践观察到了一个下沉的物体上浮了，这是一个事实。这个证据会不会是一个"魔术"呢？如何对这个证据进行评价呢？这就需要深入思考。作为个体的学生如何评价呢？STC 课程设计者帮助教师设计了这些关键性的提问内容：

　　■ 你认为是什么原因导致第 5 课中下沉的重物漂浮起来了？

　　■ 什么原因使轻的物体反而下沉了？

　　学生通过回答这些问题，再一次回忆实验过程中自己的做法和观察到的现象，使得证据链条再次勾连，以达到评价证据的目的。

　　关键性的问题是 STC 课程设计的一大亮点，在课堂中实实在在地起到了关键性的作用，使得科学数据、科学事实转化成了科学的证据。

3. 提供良好的思维工具——维恩图

　　维恩图是一种选择、分类和比较信息的常用工具。在记录信息方面，维恩图是比较有效的方法。它用两个甚至更多相互交叉的圆圈来表现信息的相同与不同部分。与一种观点有关的信息写在一个圈里，与两种观点都有关的信息写在两个圆圈交叉的部分，并不是每个单元都建议使用维恩图，但它在对结果和观察到的现象进行比较方面确实是一种非常有效的手段。

4. 教会学生利用表格和图表

哪种植物的生命周期最短？

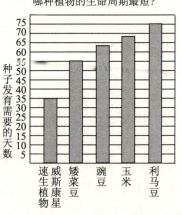

　　STC 课程从 3 年级"植物的生长和发育"单元第 15 课"解释图表"就开始指导学生学习如何解读柱状图。本课首先让学生自行观察图表，然后教师向学生提出如下问题：

　　■ 威斯康星速生植物产生种子需要多长时间？

　　■ 在威斯康星速生植物之外，哪种植物产生种子的速度最快？

　　■ 豌豆产生种子需要多长时间？需要特别指出的是，图中的条线到 60～65 天的时候停止，要估计出这之间的最佳时间。

　　■ 柠檬种子产生时间是 75 天，棉花产生种子仅需要 68 天，柠檬种子产生的时间要比棉花多几天？

　　STC 课程设计者为什么要进行这样的设计呢？第一个问题是引导学生学习怎样读取图中的数据，明确横坐标、纵坐标的意义。第二个问题是引导学生如何进行图表中的数据比较。第三个问题解决条线间的数据如何读取。第四个问题适时运用数学和计算思维分析与解释数据。STC 课程设计者如此细致地指导学生，就是为了使学生尽快能学会利用表格、图表形成解释，培养学生寻找、分析和解释证据的能力。

　　再以"运动和设计"单元为例说明。

　　在学生做完小车载物实验之后，坐标记录图表示不载有任何负荷的小车运行平均用时介于"1 秒到 2 秒"之间。如果进一步分析数据，因为 1 秒所对应的彩色圆圈比 2 秒所对应的多，学生可能会认为众数大约是 1 秒。当小车载有一块木块时，众数与中

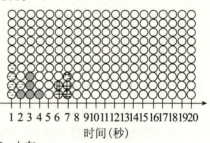

　　小车
　　小车+1块木块
　　小车+2块木块

位数都是 3 秒。学生也可能认为载有一块木块的小车运行相等的距离所用的时间在"2 秒到 4 秒"之间。STC 课程的教师教学用书在这里提示：

　　为了帮助学生认识测量结果的变化，你可以向学生提这样的问题："小车运行与工作台高度相等的距离大约需要多长时间？"或"中间的数字是哪一个？""小车载有一块木块时，哪一个秒数出现得最多？"鼓励学生明确他们想怎样确定最后的数据。

　　这样的设计强化了科学与数学的结合，并提高了学生寻找证据的有效性。

（四）应用阶段

　　STC 课程主张将科学课与其他的学科教学联系起来。在 STC 课程中，无一例外地我们会发现每课都会联系数学、语言艺术、社会研究和艺术等其他学科。它鼓励学生多领域的课程学习，认为学生用文字和图画记录实验结果，是发展其语言技巧和绘画水平的一种有效方式。

这样的多学科联系将有助于学生在德育、智育、体育、美育、劳育等方面的发展。

1. 在"总结"环节精心设计，指向明确的事实和活动

如 1 年级"固体和液体"单元的第 4 课"滚动的固体"提出的需要解释的实际问题是：

▨ 圆柱形固体的移动方式是如何不同于球体的移动方式的？

▨ 你认为为什么钢球使盘子移动那么远？

▨ 你认为为什么乒乓球没有使盘子移动那么远？

3 年级"岩石和矿物"单元的问题是：

▨ 有人收集到石头与矿物吗？如果有，是怎么将它们进行分类的？

▨ 你了解一些其他的依据固体的属性进行分类的科学家吗？（例如，人类学家是如何将骨头进行分类的）

▨ 对其他固体我们是如何依据其属性进行分类的？

这样的提问很自然地将教学引向了应用阶段。

2. 在单元设计中注意各课之间的联系，后一课是前一课的应用延伸

例如"生态系统"单元第 2 课"建造饲养所"是孤立的观察各种单一植物。第 4 课"把动物放进水族箱"，除了新加入的鱼，学生还要随时观察水族箱中原有的植物和藻类的关系。第 6 课"把动物放进饲养所"，学生要根据观察到的现象，指出饲养所中蟋蟀、潮虫和植物的关系。第 7 课"连接饲养所和水族箱"，是将两个生态系统，由原来的孤立状态变为互相影响和相互依存的关系。这样的设计能产生前边所有课的叠加效果。

这种前边所有课的综合应用，能使学生完整地把握观察对象，在观察过程中观察的深刻性得以显著提高，表现为观察能力中的分辨力、判断力和系统化能力有明显的提高，能够揭示事物的本质特征。

3. 利用想象将所学到的知识运用于实际情境

在 4 年级"陆地和水"单元"水的流量"一课的延伸活动中提出：

让学生想象他们是在暴雨过后漂流在湍急的溪流中的一片叶子。他们将会进行怎样的旅行？他们的旅行将会在哪里开始和结束？在溪流的哪一段他们会游得更快或更慢些？激发学生的创造力，让他们想象他们是叶子上的蚂蚁，那么他们希望漂流在怎样的溪流中，缓慢的还是湍急的？让学生以故事的方式解释其原因。

三、我们的建议

STC 课程是让学生以科学实践为途径去探究科学的。在实践中，学生提出问题、界定难题；建立和使用模型；设计和进行探索；分析和解释数据；运用数学和计算思维；建构解释，设计解决方案；投入基于证据的论证；获取、评价和交流信息；等等。这些有益于学生对科学的理解，丰富了学生对自然界的认识，促进了学生科学概念的发展。针对我国科学教育的现状，我们提出如下建议。

（一）加强对科学实践的认识，丰富和完善学生的科学学习过程

科学教育不仅是学生获取大量静态知识的过程，而且包括学生科学实践能力的发展。近年来，国际科学教育界加强了对科学实践的研究，强调进行科学探究的过程中要同时强调知识和技能两个方面，正确地理解科学探究在科学中的意义。

从我国小学科学课程改革的现状来看，无论是课程编制者还是教师，对科学探究的理解都有待于进一步提高。观察和实验不等同于探究，对证据的使用和评价，基于证据的论证和解释必须进入我们的视野。我们十分需要展开对科学实践的研究，使科学课堂上所进行的教学活动能充分展现科学探究的原有含义，让学生更深入地理解科学家从事工作的方式，进一步发展他们的科学实践能力，积极构建建立在科学实践基础上的科学课程。

（二）科学实践和工程实践要做到并重

科学课应让学生认识到科学和技术之间有着相似性和差异性。科学课应把科学实践和工程技术实践结合起来，让学生意识到技术的发展有赖于科学的进步，科学的发展也有赖于技术的进步。作为科学课的教师应该进行这两方面的实践教学，做到科学实践和工程实践教学并重。

（三）让学生主动参与学习，在时间上给予保证

在引导学生参与科学实践的过程中，教师要舍得花时间，给予学生必要的时间和空间。只有这样，学生才能实实在在地主动参与科学实践的全过程。教师在教学中要关注全班学生的积极参与，教材在设计活动时也应该留有充分的余地。

（四）尊重学生，鼓励他们积极进取

在学生的科学实践过程中，教师必须尊重学生的意见，充分保护学生的热情，包括学生在实践过程中所显现的意见、想法、行为、观点以及获得的结论等。如果教师按照标准化、机械化的要求去衡量，学生的科学实践一定不无缺憾。但是我们必须承认学生的学习是探索未知的过程，不完善是由小学生的年龄特点决定的，不可苛求学生完美，求全责备，否则会扼杀学生对探索的热情，使学生在今后的探索过程中畏难而不进，丧失他们所特有的开拓创新的勇气。所以，教师要尊重学生，关注其长处，以让学生积极进取。

第八章

STC 课程的教学评价研究[①]

一、问题的提出与研究任务

（一）问题的提出

2006 年 9 月，我校在中央教育科学研究所小学科学教育研究中心的指导下，参与了"探究式科学教育实验"研究项目。2010 年 3 月起，结合教育部门开展的高效课堂建设工作，我们对 STC 课程的评价系统展开了分析与思考，并进行了深入的实验与研究。

目前，我国课堂教学评价存在着一些亟待解决的问题，包括局限于理论构建，缺少课堂实证研究；缺乏对课堂教学客观、准确、精细的描述；局限于评价标准与指标法，缺乏有效方法的综合运用；等等。因此，研究发达国家尤其是美国的小学科学教育评价体系，对我国教育工作者研究教学评价有着很重要的借鉴意义，可为我国小学科学教学改革提供一定的经验。

------

① 本章为浙江省温州市温州实验小学课题组子课题研究报告，执笔者为施昌魏、黄卫华、胡程怡、谢彬林。

（二）研究的任务与意义

本研究基于 STC 课程 24 个单元的教师教学用书中的所有评价内容，分析提炼出广泛运用于此课程的评价策略与方法，并讨论评价方法实施的教学内容及环境与条件，从学生的多个方面发展与课堂表现中思考评价方法的运用效果与优劣。

研究对象为美国 STC 课程。该课程是在美国《国家科学教育标准》的指导下编写的中小学科学课程，以培养科学素养为总目标，与之配套的评价体系作为基本的反馈机制，包括数据收集和解释，贯穿"引入（聚焦）→活动（探索）→交流（思考）→拓展（应用）"的学习周期始终。

STC 课程善于采用多样化的评价方法，利用收集到的数据对多元化的评价主体做出全程化的评价，通过评价不仅能得出教师应该教些什么，学生应该学些什么，而且评价更集中在较高水平的技能方面，即学生的理解能力、推理能力和对知识的运用能力——即通过探究而培养起来的各种能力，甚至评价学生学习科学的机会，同时强调学生参与对自己或他人学习成果的评价。

STC 课程评价体系依据的是美国《国家科学教育标准》。规定评价标准是为了提供衡量准绳，以判断评价的质量。评价标准包括以下五个方面。

▧ 所做的评价要与基于所做评价做出的决策保持一致。

▧ 不仅要评价科学学习所取得的成绩，也要评价为科学学习所提供的机会。

▧ 所收集数据的技术质量与基于这些数据而采用的措施可能产生的结果要匹配。

▧ 评价的方法要公正。

▧ 从对学生科学学习所取得的成绩和为科学学习而提供的机会所做的具体评价中得出的结论要凿凿有据。

STC 课程所做的评价反馈给学生，学生因而可以了解他们现阶段已在多大程度上达到了教育标准所确定的预期目标；反馈给教师，教师因此可以了解学生现阶段的学习情况；反馈给学校，学校因而可以了解教师是否都称职，他们制订的计划是否都卓有成效；反馈给决策者，决策者因而可以了解他们所做的各项决策是否在发挥作用。这种反馈反过来亦可以促进决策的改变，引导教师专业发展的方向，激发学生改进自己科学学习的状况。

二、STC课程教学评价的条件与策略

STC课程的24个单元，每个单元的教学内容虽然不同，但是评价策略相似，可分为4种类型，即单元前测和单元后测、嵌入式评价和补充性评价。按照评价功能可分成诊断式评价、形成性评价和总结性评价。诊断式评价即单元前测，出现在单元起始，是为了了解学生关于这一单元主题的前概念以及学习期待而实施的评价。形成性评价包括嵌入式评价和补充性评价，是在教学过程中为调节和完善教学活动、保证教学目标得以实现而进行的确定学生学习成果的评价。总结性评价即单元后测，是在单元的最后一课，对学生知识和技能发展所做的评价。

（一）诊断性评价

在STC课程中通常以单元前测的形式出现，每个单元中的第1课都是单元前测。教师一般采用"头脑风暴"的方式教学。在讨论中，学生间将分享他们对于本单元主题的已有经验和理解以及他们的学习期待。教师便能了解学生关于这一单元主题的前概念，以及他们希望学到些什么。

STC课程中的诊断性评价展示了学生的前概念与学习期待。为了集思广益，最大限度地拓展每个学生的思维，激发灵感，树立尊重他人的意识以及提高沟通表达能力，实施"头脑风暴"时要求师生之间遵守以下原则。

▨ 不加批判地接受所有的观点。

▨ 对他人的观点不做批评或不必要的评论。

▨ 尝试着把自己的观点和他人的观点联系起来。

STC课程中的诊断性评价一般采用混合型方式获取学生的前概念信息。教师根据学生不同的表达方式，选择性地采用自由讨论、绘图记录、概念图、纸笔测验等方法，收集大量的数据信息，对学生进行评价。

1. 自由讨论

自由讨论是一种以每位学生作为讨论对象的基于社会情境的课堂学习法。STC 课程把自由讨论视为诊断性评价的重要组成部分，组织学生对某一单元主题进行公开研讨。这是一种具有刺激性和引导性的学习，可以帮助学生更好地思考概念和问题，更是教师用来了解学生对此主题所知所想的有效方法。一旦学生掌握了诊断性评价的规则，他们将会在活动中变得更加熟练。

案例 "测量时间"单元第 1 课 "时钟发明之前"

当教师提出"谈谈关于时间和计时仪器的想法"的问题之后，学生各抒己见，以下为学生的讨论实录。

生：我觉得八卦图可以计时，另外我还认为正常人的心跳也能计时，因为正常人的心跳一般是 1 分钟 60 到 100 下，摸着人的脉搏就可以来计时间了。

生：我有五个想法。第一个是古时早晨公鸡叫的时候，我们就得起床了；第二个是寺庙中每到整点就有个小和尚去敲钟；第三个是一炷香约等于半个小时的时间；第四个是太阳从东边升起的时候大约是早上五六点钟，落下是傍晚五六点钟；第五个是古时候有个说法是子至亥时，共 12 个时辰。

生：古时候那些人都用打结来计时间，比如一个小时打一个结。

生：我知道我国有一个最古老的钟，那个钟是通过太阳射下的影子来计时间的。还有就是有一个地方的喷泉，它每到一个固定的时间就会喷出水来。

生：我想补充张盛博的，他说的那个喷泉叫时间喷泉，他说的那个钟叫太阳钟。另外我想到了两句关于时间的诗词："一天之计在于晨，一年之计在于春"，"光阴似箭，岁月如梭"。

生：我知道古代一天有 12 个时辰，一个时辰等于 2 个小时。

生：为什么一天有 24 小时，为什么 1 分钟是 60 秒？计时器还能用来干其他的事情吗？

生：古时候我们根据太阳计时，那时候其他地方也是按照这个方法计时的吗？为什么不能确定一个统一的时间呢？

生：公鸡一般是在早上打鸣，如果我们不知道时间，随便把时钟调整到黑夜的时间，那公鸡是否会发生生理变化？而且我想问，如一个人站在操场上，太阳照过来，他的影子会随着时间流逝而增长或缩短，那如果在晚上，月光下是否也会这样？

生：秒表是根据什么原理计时间计得那么准的？

……

学生发言次数统计（实验 1 班）

问题	实际人数	发言次数
1. 如果学校里没有钟表和日历会怎么样？		9
2. 如果没有表，怎么知道时间呢？	26	21
3. 谈谈关于时间和计时仪器的想法。		20
合计		50

这是 STC 课程中一个典型的头脑风暴式自由讨论，通常用班级日志形式记录下来。在交流过程中，教师依据诊断性评价原则，如实记录学生的发，不予以任何评判。从"学生发言次数统计"表中可以看出，本次自由讨论涉及的学生面是比较广的。从讨论实录中可以看出学生的发言既是对自己前概念的梳理，又是对他人前概念的补充。在今后的学习中，他们随时可以对粘贴在教室中的班级日志或学生笔记进行补充或修正。

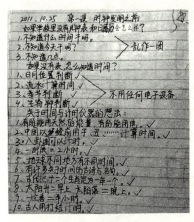

学生单元前测记录

2. 绘图记录

心理学认为，对于人类，特别是孩子，图画和颜色的吸引力远远大于文字。因此，STC 课程在诊断性评价时，经常使用绘图法了解学生的前概念。绘图是多数学生喜爱的表达方式，尤其对低年级孩子，当他们的语言组织与表达能力还不够完善时，绘图能较好地反映出学生科学记录和观察事物的能力和水平。

案例 "陆地和水"单元第 1 课 "思考陆地与水"

下图是实验 1 班学生在笔记本中通过绘图记录的 "关于水循环，我知道什么？"

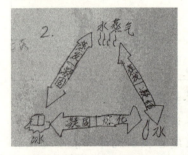 

关于水循环的单元前测 1　　　　关于水循环的单元前测 2

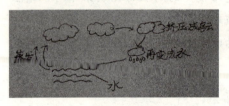 

关于水循环的单元前测 3　　　　关于水循环的单元前测 4

关于"水循环是什么"的问题，绘图能清晰、完整地展现学生的前概念。有箭头式的、有图文并茂的、有漫画式的，有详有简，有深有浅。从部分学生的记录以及班级实验笔记统计中可以看出，只有少数学生知晓水循环的变化过程，多数学生是混淆的。同样的，对于混淆的前概念，教师不予以评价，在今后的学习中，学生随时可以对粘贴在教室中的班级日志进行补充或修正。

3. 概念图

概念图最早是在 20 世纪 60 年代由美国康奈尔大学诺瓦克教授等人提出的，概念图法在诞生之初就被应用于研究儿童科学知识的掌握上。诺瓦克就是用它来检测儿童的原有认知和抽象概念的。STC 课程中"食品化学"、"陆地和水"等单元同时采用维恩图与 K/W/L 整理表等概念图法进行单元前测，帮助学生整理与单元主题相关的信息以及信息之间的联系，有助于教师对学生前概念做出初步评价并作为总结性评价的参照物。

（1）维恩图。

维恩图是表示事物之间区别和联系的图形，在 STC 课程的诊断性评价中经常使用。在活动中，学生在两个圆中记录自己的观察结果，能清晰地呈现他们的科学前概念，同时发现事物之间的联系，以便在学习过程中进行比对与整理。

案例 **"食品化学"单元第 1 课"思考一下我们所吃的食物"**

这节课设计了一个背景，让学生研究食物以及营养素。通过记录单中的维恩图，学生们开始思考维持人类身体健康的各种营养素之间的关系。

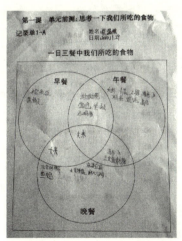

单元前测"思考一下我们所吃的食物"

学生分别在不同的圆中写出了一日三餐的食物。通过整理，学生在早餐与晚餐的交叉部分写上"大米",后来又在三圆交叉的部分写"大米",说明维恩图便于学生梳理凌乱的前概念,以帮助学生找出事物之间的联系。

(2) K/W/L 整理表。

K 是 Know 的首字母,即"我知道什么?"(What do I know);W 是 What 的首字母,即"我想学什么?"(What I want to learn);L 是 Learn 的首字母,即"我已经学会了什么?"(What did I learn)。K/W/L 整理表在单元学习过程中由教师帮助学生填写。

K/W/L 整理表适用于整个学习过程,学生可以把自己学习过程中 K—W—L 三个阶段的情况,一一罗列出来。K/W/L 是一个很好用的学习策略,能培养学生成为积极的思考者,并协助教师在教学中与学生有更多的互动。

K/W/L 整理表

学生对这种形式非常感兴趣,感觉就像自己的学习故事集。如此分明的表格便于学生对前概念进行分类。

4. 纸笔测验

纸笔测验指的是以记录单的形式了解学生前概念的开放式测验。记录单可以包括与单元内容紧密相关的活动记录或能了解学生前概念和学习期待的经典测验内容。可以以图表、绘图、文字等形式体现,STC 课程认为纸笔测验可以安排在任何一个学习单元中。

"微观世界"单元第 1 课"观察一枚硬币"

案例　**"磁铁和电动机"单元第 1 课"关于磁铁和电动机的思考"**

下面是学生"对磁铁和电动机你已经知道了什么"记录单上三个问题的回答。问题如下所述。

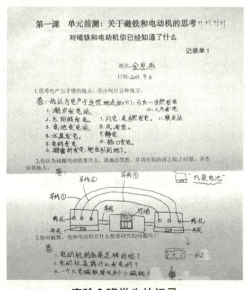

实验 2 班学生的记录

1. 电产生于哪些地点，至少列出五种地方。

2. 你认为线圈电动机像什么，请画出简图，贴上标签，并告诉其他人。

3. 你对磁铁、电和电动机有什么想要研究的问题吗？

对问题 1 的科学前概念非常丰富，提出了不同的发电方式：风能、太阳能、潮汐能、核能等，基于生活经验，班里的学生一致认为：电池、雷电都是电的来源。

对问题 2，很多学生特别是男生对"马达"非常熟悉，甚至许多学生拆卸过，只是不知道"电动机"的科学名称，所以对这个问题全班的回答是五花八门的"科学幻想画"。

问题 3 显示了许多学生的困惑。

5. 诊断性评价的作用

我们认为诊断性评价在 STC 课程教学中发挥了如下作用。

（1）充分展现学生的科学前概念与学习期待。

在"时钟发明之前"的案例中，通过"谈谈关于时间和计时仪器的想法"，教师了解到学生对这方面的前概念是比较丰富的。他们知道古人能利用鸡鸣、敲钟、打结、太阳等方法来计时。部分学生能够围绕单元主题从古诗词中提炼出关于时间与计时仪器的信息。一些学生甚至提到"一天中由于太阳移动，物体影子的变化"等，但没有形成"太阳钟"的概念。另外，他们想知道计时器是谁发明的；为什么一天是 24 个小时，一分钟是 60 秒；为什么古代不统一时间。在"思考陆地与水"的案例中"关于水循环，我知道什么？"从学生各式各样的绘图中，教师可以发现学生对于水循环是有一定的模糊认识的，他们停留在水循环的表面现象上，如地面上的水会蒸发再变成雨降下来再蒸发，但不清楚为什么会发生这样的循环。STC 课程的诊断性评价通过各种方法，将学生内隐的前概念外显，充分展现学生对单元主题已有的经验和理解，以及他们的学习期待。这便于教师理解前概念在学生身上的具体表现，并由此找到科学概念的生长点，选择发展学生科学概念的有效方法。

（2）有助于教师了解学生的个别差异来调整教学策略。

在 STC 课程中，教师深信每个学生都是独特的独立个体，由于生活经历的不同，学生对在生活中发现的各种现象、遇到的各种问题形成了自己独特的看法，这是正常的，也是必然的。如在"关于磁铁和电动机的思考"案例中，"关于磁铁和电动机的思考"，每位学生所知道的均不一样，男生女生也不一样。学生的认知差异较大，有一些是正确的，有一些是不正确的。当科学概念和前概念较一致时学生就容易理解科学概念，反之则会对科学概念的形成和发展带来困难，而且错误的前概念一旦形成，就很难改变。这就需要教师围绕着学生的前概念分析原因，并调整教学策略，以促进学生的前概念逐步转变为科学概念。

（3）提高学生表达、描述与归纳的能力，有利于学生树立尊重他人的意识。

在 STC 课程单元前测中，教师采用不同的方式，充分激发学生思维，要求学生边想边写或边画，鼓励学生口、手、脑并用，充分表达自己的所思所想，增强了学生表达、描述与归纳的能力。如"思考陆地与水"的案例中，每位学生都尽可能地用自己喜欢的方式记录对水循环的了解，展现了学生的综合能力。在交流时，教师一直强调不加批判地接受所有的观点，对他人的观点不做批评或不必要的评论，尝试着把自己的观点和他人的观点联系起来。同时教师也以身作则，反复表达"这是你的想法"，有利于形成民主、和谐、互相尊重的交流氛围。

（二）形成性评价

形成性评价是在教学活动过程中，为使活动效果更好而不断进行的评价。这种评价方式能及时了解阶段教学的结果和学习者的学习进展、存在的问题等，以便及时反馈、调整和改进教学工作，从而获得最优化的教学效果。STC 课程的形成性评价主要有嵌入式评价和补充性评价两种。

1. 嵌入式评价

嵌入式评价指的是在单元教学进行到一定程度时，单独设置一课或在某一课的某部分自然穿插的评价。它既是对前几节课教学效果的评价，也是为后几节课的学习奠定基础，常常与单元中的指导性活动难以区分。嵌入式评价贯穿在每个单元的教学中，评价的内容基于测试，与学习活动相辅相成。参与嵌入式评价的学生往往感觉不到他们是在参加"测试",而是在将所学应用于实际,在应对挑战。教师通过观察学生在课内评价活动中表现出的技能、知识和理解,能够对学生的进步情况有更深入的了解,同时收集大量信息,以便评价学生及决定教学进程。在嵌入式评价过程中,教师观察评价量表是重要的评价工具。

(1) 教师观察评价量表和观察日记。

在 STC 课程中,教师既是"教学引导者"也是"课堂观察者"。教师连续观察是了解学生学习信息最基本的来源,通过观察了解学生知识与技能发展的实际情况以及遇到的困难。从观察信息到评价,关键的一步是要决定通过观察学生的哪些活动和行为来评价学生的进步。

在 STC 课程中,教师为每位学生制订了评价量表。它们可以是在一节课中对多数学生进行的评价,也可以是针对某位或某几位学生进行的评价。在活动中,教师除了指导学生实验外,必须追踪、评价学生的学习与技能以及研究进展情况。在交流时,助教需完成记录并分析学生综合能力的发展。

学生 / 目标	
第1课：单元前测（记录单1）	
第2课：画出磁铁可以做什么	
第3课：预测的表格,找到不同的材料	
第4课：测量磁力大小时的数据记录	
第5课：制作一个指南针	
第6课：笔记加入磁铁对指南针的影响	
第7课：用一个电路制造磁场	
第8课：两种电磁铁	
第9课：笔记里加入测量电磁铁强度的实验计划	
第10课：记录电磁铁实验中收集到的用册	
第11课：笔记里加入关于学到了什么的叙述	
第12课：笔记里加入关于怎样控制电动机转动的解释	
第13课：制作一个旋转的线圈电动机	
第14课：写个关于如何重新安装电动机的计划	
第15课：画出并且写入笔记里控制电动机运转的方法	
第16课：画出并且写入笔记里使电动机转动的方法	
第17课：单元后测	
具体技能：能够演示磁铁的几个特点	
能通过实验区分有磁力和没磁力材料	
能够用实验结果做一个表格	
能够制作一个指南针并使之保持平衡	
能成功地用指南针来决定正确的方向	
能做一个电路并且调查电对磁力指南针有哪些影响	
会做电磁铁并用它能够吸起物体	
能通过小组合作的方式引出实验计划	
通过小组合作,能够完整操作一个实验	
能用电磁铁引起指南针指针的旋转	
会做出一个转动电动机的线圈	
能够对电动机进行拆卸、测试和重装	
能够演示电动机的运动产生电	
总体技能：能举两方面	
通过画图、语言和测量记录观察的情况	
团队合作	
多参加讨论	

"磁铁和电动机"单元班级评价表

在 STC 课程中，每一节课有一个助教进入班级与执教老师一起利用课堂评价表观察、记录学生实验操作时的表现。每节课教师都会对学生的课堂表现进行观察，对学生是否达到该课的学习目标进行评价，并用"＋""－"符号进行记录。当学生的"＋"号到达一定程度后，及时与班主任以及家长沟通，如"您的孩子现在知道了电动机的作用了！""孩子最近的研究很努力，记录很认真！"等等。

案例 "磁铁和电动机"单元第 2 课"磁铁可以做什么?"

教师观察日记：2011 年 9 月 9 日

今天的课堂上学生很愉快地进行了探索。记得我在杭州培训时，对于这节课几位老师很木讷，觉得没有什么好玩的。但是把这五件材料分发给学生之后，他们的反应让我十分惊喜，每个孩子都是仔细地端详完材料之后就开始操作起来，弄出了各式各样的玩具，并且把玩具一一展示出来。

"磁铁和电动机"单元课堂现场

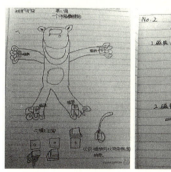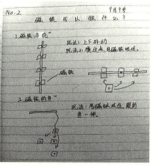

"磁铁可以做什么?"课堂记录

为了帮助教师正确地进行形成性评价，科学地收集学生的学习信息，STC 课程的教师教学用书几乎在每一课的结尾都对评价提出了相关指导。这对进行形成性评价起到了重要的保障作用。

"造纸技术"单元教师教学用书第 5 课的课堂评价要求

评 价

1. 小组分享实验结果并进行班级讨论。

▨ 用什么方法能让学生更好地把单独一个实验的不同结果交上来？

▨ 关于实验，学生交流他们的观察结果和意见的能力怎么样？

▨ 学生是否已经开始意识到纸实验的重要性？能暴露一些什么问题？

▨ 关于样纸和水、墨的联系，学生进行得怎么样？

▨ 对于探究纸的属性，学生是不是开始有了举并投入了热情？

▨ 学生建立的对于纸实验的意义的意识有了怎样的提高？

▨ 学生的交流能力发展得怎么样了？

2. 纸属性的总结。

▨ 为了确定这些材料是否与样纸的用途有关，学生是怎样对五个实验结果进行分析和解释的？

▨ 对于这些样纸很重要的属性，学生是怎样识别的？

▨ 学生是否给样纸加入了其他的一些属性，使它对纸的用途更有帮助？他们的理由有多充分呢？

3. 阅读部分。

▨ 学生是否意识到，来自不同文化的人们都对纸的发展做出了贡献？

▨ 学生是否认识到并认可纸在他们生活中的重要性？

（2）嵌入式评价的类型。

在 STC 课程的嵌入式评价中，对判断学生知识增长和对概念理解的具体标准，以及衡量学生观察、记录、交流等具体技能的方法，都在教师教学用书中给出。一般包括制作模型、使用科学仪器、设计并完成实验、设计并制作产品、练习记录单等。

①制作模型。

STC 课程通常在某些单元中要求学生独立或者小组合作制作模型，

通过制作模型的活动展现学生的知识建构、技能训练与合作交流情况，以评价学生的学习进展。如"电路"单元学生制作复杂的家庭电路模型；"动物研究"单元学生建立招潮蟹、青蛙、蜗牛的模拟生存空间；"陆地和水"单元学生制作水循环模型、设计和建造一处景观等。

"植物的生长和发育"单元第14课"制作一个蜜蜂模型"课堂评价的要求

评　价

1. 可以用以下标准评价蜜蜂模型。

▨ 这个模型是否体现了蜜蜂的每一个部分？

▨ 它身体的各部分是否在合适的位置？

▨ 学生是否能解释他的模型？

▨ 模型制作是否漂亮优美？是否迷人？制作它需要花多大的功夫？

2. 观看学生表演或阅读他们写下的故事时，可以用以下标准进行评价。

▨ 用词恰当。

▨ 故事叙述的顺序合理。

▨ 理解异花授粉的过程，明白蜜蜂和花儿之间相互依存的关系。

②使用科学仪器。

科学观察需要使用许多仪器与工具，规范使用科学仪器与工具至关重要。STC 课程在教学中，经常会穿插一些与操作技能相关的活动，对学生使用科学仪器的能力进行观察，再结合学生笔记，进行实时评价。如"微观世界"单元学生反复练习使用显微镜观察不同的标本；"食品化学"单元学生使用蛋白质测试纸等测试工具检测液体和食品中的成分；"天气"单元学生反复练习使用温度计；等等。

"食品化学"单元第12课"检测液体中的蛋白质"评价的要求

1. 实验。

▨ 当学生领取蛋白质检测纸的时候，是否正确地使用了镊子？

▨ 这个检测比原先所进行的检测要复杂。学生是否正确地遵守了检测步骤？

▨ 学生是否有能力进行最基本的清理工作？

2. 讨论。

▨ 学生能正确表达他们的检测结果吗？

■ 学生能够分析出为什么同一食品却得出不同检测结果的原因吗?

■ 学生是否能够得出水中不含有任何本单元中研究过的营养素?

■ 学生讨论过"在每一种食品中,都含有不同的营养素"这一事实吗?

3. 记录。

■ 学生的记录单是否在清晰度与准确率上有所提高?

■ 在对"水"进行班级讨论时,他们是否利用了自己笔记本上记录的关于"水"的信息?

■ 学生是否能够证明由于每一种食品中蛋白质的含量不同,所以检测结果也不同?

③设计并完成实验。

科学实验设计能力并不仅是实验操作能力,而且是一种综合能力。STC课程通常在进行指导性活动后,为了评价学生之前的活动效果,以及自主设计并完成探究活动的综合能力,在单元中设置一些设计实验的活动。要求学生在特定的情境中经历设计、实施、整理、分析、归纳、总结的科学探究过程。因此,学生完成实验往往也是一个团队共同努力的结果。如"植物实验"单元,小组综合设计并完成不同因素对植物的生长影响实验;"陆地和水"单元,小组合作设计完成预防洪水的水坝,建筑水坝,并完成洪水模拟实验;等等。

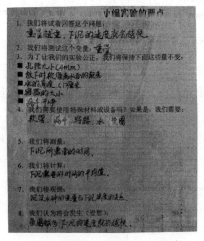

"设计一个沉没水钟实验"小组实验要点

④设计并制作产品。

杜威把教学过程看成是"做"的过程，也是"经验"的过程，即所谓"做中学"和"一切学习都来自经验"，只有通过"做"才能使获得经验与技能的综合能力明显提高。在 STC 课程中，当指导性活动进行到一定程度时，以设计并制作产品的方式来评价学生综合能力的例子比比皆是。如学生设计并制作指南针、风向标、风速计、比重计、能完成一定任务的小车和小船、运用磁铁和电流使指南针旋转……与"设计并完成实验"一样，这时的嵌入式评价，教师与学生的关系是观察与被观察的关系，而不是指导与被指导的关系。

"运动和设计"单元第 5 课"根据需要设计小车"挑战任务卡
挑战性设计

你是一个著名工程设计队中的一员，你们的队伍曾经受雇于"太空运载工具"公司，这家公司致力于空间探索运载工具的开发。你们需要设计并制作一个月球探测器，它靠轮子在绳子的拉力下在月球表面慢慢移动。

设计要求如下。

▨ 开始时使用标准小车，然后添加一些零件使你的小车更具特色，要有创造性。

▨ 保证你的小车能够运载月球上的石块（石块用木块代替）。

▨ 你的小车在通过工作区域时能够在绳子拉动下运动 4 秒到 6 秒。

▨ 时间要求：30 分钟内完成你的设计。

⑤练习记录单。

当指导性活动进行到一定程度后，STC 课程有时会要求学生适时地完成练习记录单，让学生在新的情境中应用学到的知识来解决新的问题，以了解本阶段学生的学习进展，这样的记录单颠覆了以往我们对"考试"的印象。STC 课程一般在小学高年段的嵌入式评价中会设计这样的练习记录单。

关于透镜，你已经了解了什么？

姓　名：
日　期：

A	B	C	D	E
窗玻璃	透明的玻璃球	黑色玻璃球	金鱼缸	透明立方体

1. 看一下上面图中的物体。哪些物体会有放大功能？圈出代表能放大物体的字母。

2. 下图中哪一个最像从一侧看到的滴在蜡纸上的水滴？（　　　）

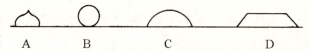

A　　　　　　B　　　　　　C　　　　　　　D

3. 说出家里或学校里上面带有放大镜的一种工具或者器材。

4. 仔细观察老师给你的物体，列出该物体的五个特征。

a.

b.

c.

d.

e.

5. 描述一个放大镜，它能做什么？你可以用这张纸的反面来做。

"微观世界"单元第4课"用放大镜来观察"练习记录单

2. 补充性评价

　　每个STC单元都设有补充性评价，提供一个学生展示自己所学知识和技能的机会、教师客观记录与观察学生表现的平台，表现为非常人性化的自我评价记录单。

（1）补充性评价的类型。

经常性的自我评价是调动学生积极性、扩大参与和自我反思的重要途径。在单元中或单元后学生完成自我评价记录单，是 STC 课程评价系统的重要组成部分。记录单从学生角度出发，主要考虑学习者对单元内容的关注度、兴趣点、合作协调以及记录的完成情况等，体现了评价主体的多元化。同时，自我评价也为学生提供了一个衡量自己进步的标准。在活动时，教师会与学生单独讨论自我评价的内容，这样既能为学生提供有针对性的指导，又能让教师了解学生对自我的认识。

学生的自我评价可以分为两种形式：一是问答式的自我评价，学生用描述性的语言回答自我评价表中的问题；二是等级评估式的自我评价，学生对自己所达到的能力水平进行自我评估，此间也可加入描述进行补充。

①问答式的自我评价。

案例　"食品化学"单元的问答式评价

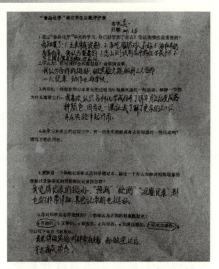

"食品化学"单元学生自我评价单

第1、3、4、5题分别是对知识进行横向和纵向的联系，深化了学生的认知结构，提高了学生的自我评价能力。第2、6题则关注了学生的学习兴趣。

②等级评估式的自我评价。

案例 "微观世界"单元学生的等级评估式自我评价

学生等级水平自我评估单

学生用两种符号在等级水平评估栏中进行标记,"△"表示在单元学习之前学生自我评价的水平,"√"表示在单元学习之后学生评估现在的水平。

在前5项等级水平评估中,涉及了使用实验器材的能力、记录能力、交流汇报能力、时间管理能力以及对本单元中学习能力的总体感觉。"∧"与"√"的位置十分明显地显示了学生经历一个单元的学习后,自我评价能力是否提升及提升的程度,当然在最后一项学生对自我总体能力的评价中出现了单元前比单元后更高的评价,我们回顾该学生单元前测中一系列表格中的反馈,可以看出该学生在单元前自我评价良好,也能十分细致地进行观察,因此自我评价较高,而在单元学习后自我评价相对来说有所降低,说明该学生在学习过程中认识到了自身的不足,从侧面说明了该学生的自我评估能力更加准确且具有针对性。

(2)补充性评价两种自评方式的比较

问答式的自我评价与等级评估式的自我评价,分别体现了质性评价与量化评价。作为质性评价的问答式自我评价,结果不具有量的意义上的代表性，没有统一的标准或程序，但在单元学习的任一时间都可以进行，该评价方法重视评价发生的动态过程。而作为量化评价的等级估计式的自我评价，其评价时间往往是在单元学习后，无法追踪教学进程展开的过程，只能对较为明显的几个目标能力进行评估，很难全面了解评价对象的具体想法。因此，可以说两种评价之间，前者的长处正好是后者的短处，后者的长处也恰恰可用来弥补前者的短处，因此，在整个单元的学生自我评价中，将两者有机结合起来运用，无疑能提高评价结果的可靠性，共同来揭示评价对象的不同侧面。

3．形成性评价的作用

我们认为，形成性评价在 STC 课程中发挥了如下作用。

（1）充分体现学生在真实情境中的所知与所能，促使学生在评价中进行反思。

STC 课程的形成性评价不是刻意的测试，而是贯穿于每个单元的教学过程，作为一节课或一节课中的一个活动，既是评价也是学习。它能使学生在毫无负担的情境中真实展现自己的学习效果，最大限度地呈现技能发展水平以及科学概念的形成水平。评价的过程也就是学生的学习过程、反思过程、完善过程。在评价中，学生也要经历设计、实施、整理、分析、归纳和总结的过程。这不仅提高了评价结果的可信度，也丰富了课堂教学的内容。

（2）及时了解学生的学习进展，激励学生主动表现，并扩大参与和自我反省。

如补充性评价中的案例"磁铁可以做什么？"教师按照教师教学用书的评价要求观察学生的行为，关注他们对材料的使用，关注他们对自己看法的执着程度，是否会模仿他人，等等，同时关注学生对磁铁的思考，看他们的图文记录是否能表达他们的思维，词汇用得是不是科学，观察是否细致、准确等，尽量将学生的变化如实地用"＋""－"号记录在学生的发展表中或课后撰写的教师观察日记中，对学生的综合表现进行梳理。这样就能及时了解学生的学习发展情况，激励学生主动表现，同时促使学生自我反思。再如"食品化学"单元的补充性评价，通过一系列有结构的问题：你已经学到了什么？你认为哪些是重要的？列举出一些你在学习该单元的过程中最感兴趣的一些活动，你为什么喜欢它们？重新看一下你的记录单以及科学笔记本，你对检测现象的观察以及你事先的预测情况记录得怎样……对学习过程进行回顾，使评价指向每位学生，全面呈现学生的学习兴趣、学习发展程度以及情感态度价值观。这种学生自我评价的方式，较全面和充分地揭示和描述了评价对象的各种特质，为评价提供了丰富的开放性的材料，扩大了学生的参与度，促使了他们的自我反思，使学生对自己的成长有了一个较为清晰的认识。

（3）将回溯性评价与前瞻性评价有机结合。

STC 课程的形成性评价，既是对前几节课教学效果的评价，也在为后面几节课的学习奠定基础。如嵌入式评价中的案例"根据需要设计小车"，学生在前几节课学习的基础上，设计并制作一个月球探测器，从一开始的简单设计到后期的改良作品，这个循环的学习周期既是对前几个指导性活动学习效果的检测，又是对以后活动的前测，不仅能激励学生主动表现，深化了学生对科学概念的理解，还能使学生的各项技能得到协调发展。再如嵌入式评价中的案例"微观世界"单元第 4 课"用放大镜来观察"中的练习记录单，通过练习记录单教师能清晰地了解学生的学习进展。

嵌入式评价与补充性评价两者相辅相成，在课堂环境中有效使用可以为学生自我效能感的提高提供积极正面的信息，使学生成为积极主动的学习者。

（三）总结性评价

总结性评价一般是在某一相对完整的教育阶段结束后，对完整阶段教育目标的实现程度做出的评价。STC 课程主要以单元后测的形式出现总结性评价。STC 课程的每一单元最后一课都是单元后测，学生将重新回答单元前测的问题或整理单元前测，补充与修正其中的内容。通过这样的比较，可以了解学生在知识和技能方面的增长情况。在单元后测部分，学生回顾并讨论在单元前测头脑风暴中所提出的问题。学生在笔记本上反思整个单元所学，或画单元前测时画过的一个仪器、一个有机体。通过比较两个图片，学生能够感受到他们的进步，所有这些活动都能让教师有效跟踪学生的发展轨迹，同时也能检测单元教学目标的实现程度。

STC 课程的总结性评价类型与诊断性评价类型相似，一般也采用以下方法：自由讨论、绘图记录、概念图和纸笔测验等。

案例　"磁铁和电动机"单元"分享我们所学到的知识"

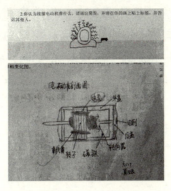

"磁铁和电动机"单元前测与后测

　　该生在单元前测中认为手摇式发电机即是电动机，单元后测中该生用解剖图的方式来描述电动机，这里也呈现出他对电动机内部结构的混淆概念：用"电蕊"标注"铁芯"；转向器旁边标注的"磁铁"，而在外壳中缺乏"磁铁"的图示。通过对比，说明该生对电动机的结构已形成了较完整的概念，体现了学习的有效性。

案例　"食品化学"单元"分享我们所学到的知识"

"食品化学"单元后测

该单元前测中关于食品与化学学生只有简单的生活经验：人可3日不吃食品，肉类中含有丰富的蛋白质，水果中含有丰富的维生素，食品添加剂是化学物质，化学很神奇，化学很危险。通过该单元的学习，学生发展了一系列科学概念：当碘酒测试物体变成紫蓝色后，说明是阳性的（＋），含有淀粉；如果没有变色，说明是阴性的（－），不含有淀粉。玉米淀粉中含有淀粉，玉米糖浆中含有大量葡萄糖。牛奶中含有大量蛋白质，而油中含有少量蛋白质。但将化学与食品的知识综合地罗列出来，说明该生对化学与食品的科学概念分类还有一些混淆之处。

案例 "造纸技术"单元后测

该单元结束时，举行了班级汇报会。学生对造纸技术进行了回顾，发布了新产品，学生对根据自己需求制造的新产品——特殊用途的纸也进行了交流。科学教室的墙壁上张贴了学生亲手制造的纸产品、小组合作完成的造纸技术发展介绍小报等。各组将不同时期的造纸产品进行呈现，并标注了自己的分析。

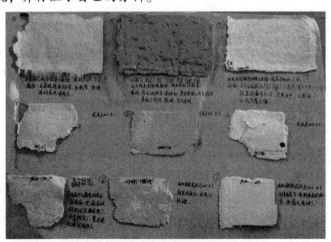

"造纸技术"单元后测

丰富多彩的总结性评价让学生根据个人爱好充分展现了他们通过单元学习获得的概念与技能发展。学生回顾小组的造纸技术发展中，记录了每一张纸的制作时间、原料张数、摇晃力度等，并从纸产品的属性——光滑、透明度、吸水性、吸墨性等方面评价了产品。

我们认为，总结性评价在STC课程中发挥了如下作用。

（1）通过多角度综合性的评价方式，全面反馈学生的发展。

STC课程总结性评价策略的多元化，给予学生一个宽广的平台展示自我，为教师提供了全面的信息。如案例"测量时间"单元后测"分享我们所知道的关于测量时间的知识"，教师让学生整理单元前测并补充单元收获，在梳理中学生利用单元学习后的知识对自己原有的认知进行了修正，同时补充了自己原有的认知。一个个钩钩叉叉，一条条补充内容，都能让教师有效跟踪学生的进步轨迹，同时也能检测实现单元教学目标的程度，了解学生在学习过程中考虑了什么，忽略了什么，学习的迁移能力、概括能力、推理能力、组织能力、合作能力等发展的程度，对促进学生思维能力和问题解决技能的发展是非常重要的。

（2）将评价融入学习过程中，促进学生多方面能力的发展，确定后续教学的起点。

STC课程评价以尊重学生个性、强调学生全面发展为出发点，提供了多元的评价标准来评价学习的内容、方式和目标。有关注学生记录的，有关注科学探究能力的，有关注学生情感态度价值观的，有关注学生语言发展和写作能力的……通过普遍存在的问题，引发学生的延伸性思考，有利于学生在自我评价的过程中深入探究更高层次的问题，在评价中更深入地学习。STC课程的教学内容是螺旋上升的。在1年级，学生通过观察、测量和发现事物的特性来学习科学。如"天气"单元的学习主要是观察风、雨、雪和气温，并运用温度计、风速计、雨量计等来初步测量天气变化。2、3年级学生要学会寻找证据，从现象中总结规律，找到事物之间的相关性。如"平衡与称重"单元，学生学习重量、重心和支点的概念，了解平衡的规律，还用不同的食物在平衡尺上找平衡，探究重量、密度和体积的关系。4、5年级开始进行因果判断的训练，如"生态系统"单元中，学生模拟盐、化肥、酸雨等污染物质对环境的影响，并用食物链推导出这些污染物将会对微型生态系统的影响。6 年级学生可以通过一系列科学方法的训练，积累经验，最后学会设计可控的实验，如"植物实验"单元，学生要研究影响一种速生植物的有关因素，并研究怎样控制这些因素。通过观察和记录植物的生长情况，得到研究结果，然后进行交流。因此，某个年级结束时的总结性评价结果，可以作为确定在下一年级的教学中从何起步的依据，反映学生在认知、情感和技能方面的学习准备情况，成为下一个教学内容的起点。

三、实验的效果与分析

6 年的 STC 课程实验已经告一段落，STC 课程的实验已经形成了一道独特的风景线。两个实验班的学生一路走来收获颇丰，任教 STC 课程的几位教师更是迅速成长。由科学教师组成的科学教研团队也因为 STC 课程实验而提高了科研能力。现通过以下几个方面来简述 STC 课程为科学教学带来的发展。

（一）促进了学生的全面发展

1. 探究能力方面

（1）实验设计与实施能力的增强。

STC 课程中，学生经历了在特定情境下问题解决的过程，学会了对一个研究问题先找出可能的影响因素，再确定某一因素进行单因素变量的实验设计。从低年级的"平衡与称重"单元开始引领学生进行"公平实验"，再到高年级的独立设计并完成实验，STC 课程伴随单元内容的螺旋上升，有计划地培养学生的实验设计与实施能力。6 年级学生已经可以脱离教师，自主进行小组探究，并且十分熟练。

（2）与探究相关的画图与记录能力、分析与推理能力的提升。

经过 6 年一系列实验研究过程的体验，学生对于科学探究的过程设计已经十分熟悉，这些学生在 6 年级时所做的研究报告，其中直接体现出来的记录能力、语言表达与归纳能力让人感到欣慰。实验班中一位学生的研究项目"含羞草的应激性实验研究"在 2011 年温州市网络科学观察日志评比中获得一等奖，其研究报告中的记录表和总结部分如下。

【实验现象】

	1 号	**2 号**	**3 号**
温度	0—5℃（冰箱内）	20℃（打开浴霸灯 2 个灯泡，等室温达到 20℃）	35℃（打开浴霸灯 4 个灯泡，等室温达到 35℃）
2 分钟后用手触碰，观察含羞草的变化	①反应出乎意料地慢，5、6 秒钟后，触碰到小叶慢慢地开始闭合。②30 秒钟后，部分小叶已闭合，但仍有部分小叶未闭合。③1 分 20 秒，小叶基本闭合。	①触碰到的小叶即时闭合，反应灵敏。②20 秒钟后，小叶基本闭合，叶柄下垂。	①3 秒钟后，触碰到的小叶慢慢闭合。②35 秒钟后，小叶基本闭合，叶柄下垂。

【研究结论】

1. 含羞草并不是对外界的所有刺激都有反应。它对声音、小水珠和光线的刺激无应激反应，而对气流、烟雾、风、火烤这些外界刺激应激反应灵敏。

2. 含羞草的应激反应与光线的强弱、水分、温度有着密不可分的关系。

（3）想象力的保持，产品设计与制作能力的提高。

STC 课程的评价具有很大程度的包容性，充分尊重学生的想法，让学生在一个轻松的氛围中表达观点，并尽最大可能满足学生探究活动的需要。从 1 年级开始，学生的每一次科学活动都带着属于儿童的想象与创作特征，如写"卵到虫"的科学想象作文、制作蝴蝶生命周期的转盘、设计并制作一个月球探测器，到 6 年级的"磁铁可以做什么"的活动，每单元都有不同的创作成果，相对于非实验班而言，实验班的学生更具有活力和想象力。

（4）质疑能力与课外延伸再学习能力的提升。

STC 课程每个单元的诊断性评价中，学生都要对自身的知识进行反思提问，即"我知道了什么，我还想知道什么"。相应地，每个单元的总结性评价中都设计了几个精心编制的问题，引发学生的延伸性思考，因而指向更深层次的课外自主学习。右图是一名实验班学生在 2 年级时进行课外科学探究活动后写下的科学研究日记，发表在《温州都市报》上，从中可以看出学生开始饶有兴趣地在课外开展科学探究活动。

学生发表的课外科学探究日记

（5）科学仪器的操作技能得到发展。

各种嵌入式评价促进了学生更加熟练地使用各类科学仪器，如显微镜的使用。STC 课程中还有不少是学生自己制作的测试仪器，如"漂浮与下沉"单元的弹簧测力计，全部由学生自己亲手制作再用来测量。这一过程，让学生充分认识了弹簧测力计的工作原理，其操作技能也大大提高。

2. 情感、态度、价值观方面

（1）更懂得尊重他人，更习惯反思自己。

经过 6 年的科学学习，实验班学生对于诊断性评价中头脑风暴必须遵循的原则十分清晰，同时贯彻在自己的言行中。他们能够接受同学的观点，对同学的观点不做批评和不必要的评论，尝试把自己的观点和他人的观点联系起来。到 6 年级时，学生在交流环节体现出来的互相尊重使得单元前测这一环节十分有序。

（2）认识到科学探究强调亲身经历，注重科学实践。

几年来，学生中渐渐树立起一种正确的价值观，即实验获得了证据就是成功的。有时候，学生在一些实验中会发现一些特别的变量对所研究的现象没有什么影响，他们也会认为这是一个很有价值的结果。由此可见，学生的科学态度逐渐严谨。同时，在实验过程中学生也增加了情感投入。如 4 年级"动物研究"单元，学生课后对"金蛙搬家"

后的环境适应进行探究。他们全身心付出，认为金蛙需要一个新家，于是小心翼翼地为它安置一个新环境，并仔细观察。发现异样后，他们认为金蛙需要一个同伴，就马上为它增添了一些新伙伴。这一过程充分体现了学生珍爱生命的强烈意识和丰富情感。

3. 学习动力与自我评价方面

（1）学习兴趣始终浓厚。

实验班的学生从 1 年级开始接触科学内容，从好玩到好奇，随着年龄的增长，到 6 年级时，科学学习的兴趣仍然十分浓厚，与使用其他科学教材的学生相比，这一点令人十分欣喜。

（2）自我评价的元认知能力不断提高

通过多个单元后的自我评价表，无论是等级评价式的自我评价，还是问答式的自我评价，学生熟悉了这一整套自我评价的方式。从他们的自我评价中可以看出，学生在学习过程中认识到了自身的不足，他们的自我评估能力更加准确且具有针对性。

（二）促进了教师的发展

教师了解了小学科学教学的更多形式与内容，并熟练运用于日常的教学中。教师已经可以从 STC 课程中找到与国内教材的衔接点，并选取部分活动进行教学，做到了用教材教，而不是教教材。如"纸的属性"中有关吸水性的测试活动，教师将"对不同纸张的吸水性研究实验"在"它们吸水吗"一课中作为大实验活动进行深入研究，使学生的科学概念更加深化。

通过整套课程的实施，教师掌握了了解学生前概念的多种途径，并学会从中选取最适合的方式来了解学生的学习期待，减少了教学资源不必要的浪费，用较为有效的方式了解学生间的个体差异。教师开始尝试用访谈或问卷的形式进行前测或后测，对前概念的把握和处理更加清晰，同时更加熟练地运用图表、分析、交流等方式进行知识的发现与巩固。

通过参与一整套课程的培训与教学，教师深刻感受到小学科学教学体系中以学生为主体的理念，在教学过程中实现了自我完善。课程中的活动不一定很多，但每一个都可以做到实处，在每一个细节都体现出对学生真正全面的关注，每一项评价都是学生成长的记录，而不是评判。教师在教学中从一位单纯的指导者，转变成了一位指导及观察者。与此同时，教师对实验学校科学教研组的影响也是不容小觑的，例如关于教具与实验活动的改进，关于学生纸笔测验的形式，关于单元前测与后测的实施建议，等等，实验教师都能为同行教师提供相应的帮助。

（三）促进了学科的发展

1. 评价策略多元化，使课堂教学活动丰富多样

如诊断性评价中利用班级日志的自由讨论形式充分展现学生科学前概念与学习期待；嵌入式评价中的制作模型、设计并制作物品等；体现学生主体的自我评价与促进团队合作的小组互评；多角度综合性的总结性评价方式；等等。评价策略的多元化给予了学生一个宽广的平台展现自我，提供给了教师更全面的评价信息。

2. 学生学习效果的展示方式多样，提高了学生自我评价的参与程度

经历 6 年的实验研究后，我们发现实验班的学生对于诊断性评价的参与度以及聚焦问题、迅速整理相关信息的能力得到非常大的提高。低年级时，学生通常对于单元前测只能"散讲式"地发言和绘图，年级愈高愈能有针对性地整理生活经验、呈现相关科学前概念。学生积极参与单元中期或者后期的自我评价、同伴互评以及合作小组评价等。

3. 师生评价反馈及时，使评价与学习融为一体

由于教师能根据评价反馈实时调整课堂教学进程，单元的教学实现了建构式推进。评价系统侧重于学习的过程和认知的改变，建立了评价者与被评价者的互动关系，将评价与教学相结合。

4. 贯穿始终的评价体系，使课堂教学的结果与过程并重

将诊断性评价、形成性评价和总结性评价有机地结合起来，不但可以使教师了解学生的情况，更强调了学生是如何获取知识、如何解决问题的，这为教师更好地修改教学计划或选择教学策略提供了依据。教师开始关注学生在解决问题过程中考虑了什么、忽略了什么，学习的迁移能力、概括能力、推理能力、组织能力、合作能力的发展水平，这对促进学生思维能力和问题解决能力的发展发挥了重要作用。

5. 质性评价与量化评价相结合，将源自课堂的事实作为学生发展的证据

STC 课程的评价强调对整个探究活动进行整体而深入的研究，重视所有对实现教育目标提供有效证据的评价途径。通过自然调查、定性描述、解释的方法全面充分地评价探究活动的各种特质，以便对其价值作出判断。STC 课程实验的开展，使教师逐渐建立了这方面的意识，并获得了一定的能力。

四、对我国现有教学评价方式的反思

评价是一种导向，旨在促进每一位学生的全面发展。通过对本课题的研究，我们发现 STC 课程贯穿始终的评价体系很好地诠释了这一点，它们在这一领域所取得的成果为我们提供了非常丰富的经验。鉴于我国课程与教学评价理论研究的相对滞后，我们立足于对 STC 课程评价体系的实践研究，站在实践者的角度，对我国小学科学教学评价提出以下几点建议。

（一） 编写评价内容显性化的教科书

对每个单元进行整体考虑，在学生使用的教科书中明确设置单元前测、单元中的嵌入式评价、补充性评价的自我评价和单元后的总结性评价等活动。尤其是要编制所需的量表，以增强教科书的实用性，也可以编写与教科书配套的其他评价工具。

（二） 进行深入且具体的具有前瞻性的教师培训

教师是评价的主体之一，是推动评价的主要实施者，因此教师培训是必要且重要的行为。建议在参与式培训中渗入对教学评价的培训，旨在将先进的教学评价理念和方法融于教师平时的教学评价中。这同时亦是对教师的再教育，以求先进的评价观念得以在教师群体中达成共识，推进先进的教学评价方法的施行。培训时，对于新教师，要加强他们对先进的评价理念的理解，并对新教师实施评价过程的跟踪指导；对于已培训过的教师，应关注他们对先进评价方式的看法和想法，

增进评价方式的研讨。

（三）编写包含评价指导的教师教学用书

教师教学用书是教师备课时的辅助读物，对教师的教学具有一定的指导作用。因此，在教学工具书中不能仅仅只有简单的每个单元的评价建议，而应该有针对每节课的具体、细致的评价指导，对教师使用哪一种量表、评价的重点是什么、如何评价等提出具体建议。

当然，在评价改革过程中，无论是理论和理念的研究与架构、师资培训、评价工具的研讨还是实践，都毋庸置疑地需要投入大量的人力、物力和财力，并进行课程与教学评价的系统实验，但我们只有通过反复实践，取得经验，提高认识，才能形成适合我国国情的课程与教学评价理论。

第九章

STC 课程材料支持系统的分析与研究①

一、引言

在为期 6 年的 STC 科学探究实验项目的教学研究中,我们始终惊叹 STC 课程有充足的课程资源作支持,这些资源的支持保证了科学探究活动按照设计得以有效的实施。课程资源已不是以往《自然》教学中的那种简单的"材料"的概念,也不是仅满足于"做"科学的需要,更不是简单的教辅层面的问题。课程资源已成为现代科学教育中的一个重要组成部分,且已融入到教学目标之中,是课程建设的重要一环。各种类型的工具、材料和技术,使这一资源呈现了形式多样化、作用显性化、组合科学化的优势,为学生亲自动手操作、参与科学实践活动提供了保证。学生在亲历科学家式的科学实践活动过程中,借助脚手架,越来越趋近于对科学概念的正确理解,越来越了解其广泛的生活和社会应用。

① 本章为辽宁省沈阳市和平区南京九校课题组子课题研究报告,执笔者为王庆志、薛昆、田玥、张玉梅、杜明。

二、STC 课程材料支持系统概述

（一）材料支持系统的组成

每个 STC 单元都配有 1～3 个工具箱，里面装有如下几种主要材料。

1. 教师教学用书

教师教学用书为教师提供了具有一定深度和相当细致的教学指导，包括材料管理和安全说明、材料清单、单元介绍、学生评价指导、教学实施策略、学生操作指导和活动用表等。在材料部分还详细指导了如何使用和处置涉及的化学物品、如何保护和处理所用到的生物活体等。STC 课程的教师教学用书在修订后新增加了单元概念体系，完善了评估内容，利用表格强化了科学与数学的结合，并突出了对学生寻找证据、做科学笔记的指导。其中，对于实验材料的规格、数量及在课程中的使用数量、使用个数等都作出了说明，下面以"漂浮与下沉"单元中的材料表为例进行说明。

教师教学用书 对物品的描述	包装列表中 对物品的描述	第几课使用（含数量）
铝制螺母	每包装 15 个铝制螺母	3、5、14 课各 15 个
黑色 1.25 厘米 × 1.25 厘米乙酰基聚甲醛树脂圆筒	每包装 15 个 1.25 厘米 × 1.25 厘米乙酰基聚甲醛树脂圆筒	16 课、补充评价 2 各 15 个
黑色 2.5 厘米 × 2.5 厘米乙酰基聚甲醛树脂圆筒	每包装 15 个 2.5 厘米 × 2.5 厘米乙酰基聚甲醛树脂圆筒	16 课、补充评价 2 各 15 个
盒装木制牙签	盒装木制牙签	13 课 30 根

教师教学用书 对物品的描述	包装列表中 对物品的描述	第几课使用（含数量）
盒装大号回形针	每盒100个大号回形针	3课1盒；4课450个
盒装1.5千克食盐	每盒1.5千克食盐	1课1盒；13、14、15、17课各2盒
等臂天平	全套部分	3、4、5、12课各2个
直径32毫米鱼漂	每包30个	3、5、9、14各15个
直径38毫米鱼漂	每包15个	9课15个
直径45毫米鱼漂	每包15个	9课15个

此外，教师教学用书还提供了需要教师自己准备的用品清单，下表所示为"漂浮与下沉"单元的部分用品清单。

课序	1	2	3	4	5	6	7	8	9	10	11	12	13	14	15	16	17	评估2	评估3
铅笔	√	√	√	√	√	√	√	√	√	√	√	√	√	√	√	√	√		√
笔记本	√	√	√	√	√	√	√	√	√	√	√	√	√	√	√				
水	√	√	√			√	√	√	√	√		√	√	√	√				
公告牌	√	√			√			√			√								

注："√"号表示该节课要用到的物品。

2. 科学材料及器材

STC课程每一个单元的工具箱都包含实验材料及一些基础的实验器材，以每个班30名学生即15个两人小组的需要为标准进行配备。除了上面提及的一些通用性材料需要教师自行调配以外，每个工具箱都能满足教学需要。

教师还可以通过电话、传真和电子邮件订单的形式与地区材料中心联系，得到教学中需要的任何活体生物，比如威斯康星速生植物种子、马陆、青蛙、蝴蝶等。如"生物"单元第1课最后部分就有这类内容的提示。

参考第6页，以获得在如何对你的有生命的物体进行排序方面的必要信息。你将需要打电话、发传真或发邮件，把有生命的物体的订单发送到Carolina，以预定第4课和第5课的植物、第7课和第8课的蜗牛和孔雀鱼、第9课和第10课的黑蝇和马陆。

现在花一点时间看一下你的日历，确定什么时候发出你的订单。记住，从预定到收到你至少需要留出20天的时间。

3. 教师用视频资源

每个单元的工具箱中还为教师配备了一张光盘，里面有20分钟左右的视频资料。

这些视频资料主要是对STC课程的介绍和各单元主要活动的操作及材料使用指导。

4. 学生活动手册

学生活动手册为可重复使用的实验手册，一般包括"思考""材料""自主探究""拓展"四部分内容，用儿童化的语言进行叙述，并与教师教学用书中的诸环节相对应。这些信息与所附的阅读资料、操作指导、词汇表等一并为学生的探究活动提供了充足的信息，保证学生能够有序、科学地开展科学探究活动，并完成相关任务。

5. 学生科学读本

从 3 年级开始，每个单元都配备了与教师教学用书相配套的科学读本，因为课程设计者认识到，在科学教育中必须通过提高儿童的阅读量来帮助儿童感受自然界。于是专门的研究委员会从研究儿童的基础和兴趣到设置主题进行了一系列工作。在学生科学读本中设计者采取的手段是：①编写充满趣味性的故事，让儿童通过日常生活的内容了解科学家在做什么以及为什么这样做；②配备大量图片，让儿童了解和认识自然。

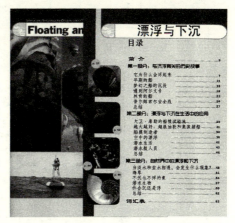

该读本为胶版印刷，设计精美、色彩明亮，每个读本有 64 页内容，为教师联系学生的科学活动进行拓展性学习以及与其他领域课程进行整合学习提供了支持。特别是在语言艺术、历史和社会研究等方面，设计者选取了大量古今著名的科学家和发明家的故事。例如在"漂浮与下沉"单元中从"历史上的漂浮和下沉""漂浮和下沉在生活中的应用""自然界中的漂浮和下沉"三方面组织了 17 篇图文并茂的科学小故事，这些故事既可以供学生课后阅读，也可以供教师选取部分内容在课堂上使用。这样，在帮助学生提高阅读理解能力的同时，既加深了学生对核心科学概念的理解，又介绍了相关的新思想，深化了学生对科学的理解。

（二）材料支持系统中的材料类型

STC 项目：1—3 年级　　　　蝴蝶的生命周期

产品编号	产品描述	工具箱中的数量	单　价	购买数量	总　价
工具和印刷品材料					
BG－97－1501KD	"蝴蝶的生命周期"单元工具箱（全套）		$275.95		
BG－97－1504	"蝴蝶的生命周期"单元更新材料包		$149.95		
BG－97－1592	"蝴蝶的生命周期"单元升级工具包		$199.95		
BG－97－1597	"蝴蝶的生命周期"单元教师用 CD-ROM	1	$64.95		
BG－97－1598	儿童的发现：蝴蝶，一包 8 本	3	$27.95		
循环利用的材料					
BG－97－1505	蝴蝶生活日历	1	$4.95		
BG－97－0434	小号存储箱，紫色	1	$19.95		
BG－97－1110	有双镜片的放大镜，一包 30 个	1	$25.95		

续表

产品编号	产品描述	工具箱中的数量	单　价	购买数量	总　价
消耗性材料					
BG－97－1514	穿孔的 Kimwipes 牌 1 盎司塑料杯的盖，一包 30 个	1	$6.95		
BG－97－1526	喂养点（1 包海绵，2 个培养皿，4 包 1 盎司包装糖，4 个 6 盎司的纸杯）	1	$3.95		
BG－97－1520	大的塑料饲养笼（1 个笼射，1 个底，1 个顶）	2	$18.95		
BG－97－1517	塑料勺子和画笔	1	$.95		
可替换材料					
BG－97－0132	双镜片的凸透镜		$.95		
BG－97－1527	视频：小菁麻赤蛱蝶生活周期（可选）		$12.95		
活体材料					
BG－97－1500	"蝴蝶的生命周期"活体材料全套装	1	$.72.00		
BG－97－1510	小菁麻赤蛱蝶幼虫及食物（套装）		$59.25		
BG－97－1512	幼虫食物（套装）		$12.50		

上表是"蝴蝶的生命周期"单元工具箱所附的材料征订单，从中我们可以发现，STC 课程各单元工具箱中的材料可归结为"工具和印刷品材料""循环利用的材料""消耗性材料""可替换材料"和"活体材料"五大类。其中，"工具和印刷品材料"包含全套材料、更新材料包、升级工具包、教师用光盘和儿童科学读本等；"可替换材料"包括根据本地区、本学校实际情况可以进行替换的一些材料，也包括对观察对象进行恰当的替换，以保证实践活动的顺利开展。

三、STC 课程材料支持系统的特色分析

（一）材料支持系统的基本管理模式

1. 建立材料分发中心

在美国培训师受邀来华对实验教师进行培训时，他们所做的第一项工作无一例外都是提前拿出工具箱，然后在培训教室中预先设置好材料分发中心。上图为 2010 年 9 月在慈溪第 9 期培训会上史密斯·浩特先生和布伦达·特里女士在翻译的协助下布置"漂浮与下沉"单元的材料分发中心。他们根据单元特点有时还会事先发来电子邮件，告知需要提前做好的一些准备工作。如在对"植物的生长和发育"单元进行培训之前就通知要提前一个月分批次种植威斯康星速生植物，以确保培训时能够看到处于不同发育时期的植株。对"生态系统"单元培训前培训师也要求准备好潮虫、蟋蟀、食蚊鱼、水草等活体材料。

他们所强调的一点是，准备材料是探究活动取得成功的关键要素。材料分发中心是用来存放与分配这些材料的，它的建立有助于确保每个单元都处于一个有秩序的进程之中。材料中心一般都设置在教室的

一侧或中间位置，摆放一张桌子，将课堂上所需要的实验材料放到上面，依据学习进度安排学生到分发中心自行领取。这样做的目的主要是对学生的实验操作进行调控，避免这些材料干扰学生的思考，营造手脑并重的探究情境，以保证学生自主探究的顺利开展。为此，也就要求教师事先做好如下准备工作。

■ 识别工具箱中的物品，提前收集本单元需要但工具箱中没有提供的材料。

■ 课前把本节课将用到的材料准备好，有时也需要重新安排或整合物品。

■ 为每种材料准备一个标签，标注名称和建议领取的数量。

■ 准备垃圾桶、纸巾。活动后要求学生习惯性地把废弃材料放进垃圾桶并清理好桌面，最大限度地保持整洁。

■ 为便于学生领取和返还材料，可以对每个成员进行分工。

2. 材料的使用与整理

"自助式"的材料分发中心已被证明是一种节约时间的好方法。学生可以根据材料中心的材料标签说明，或参照自己所设计实验的需要，按需领取材料（下左图为"运动和设计"单元的材料中心）。有时要在学生通过的材料中心两侧提供领取路线提示（下右图为"平衡与称重"单元的材料中心，画有领取路线），以确保学习活动的有序开展。

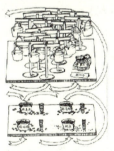

3. 补充建立学习中心

根据单元内容不同，STC 课程还建议适时在材料中心之外再补充建立一个学习中心。对于这个中心，学生可以以许多方式来使用。可以为材料中心再补充一些替换材料；可以将学习中心作为一个自己"独立"进行项目

研究的中心；可以作为一个观察的中心；可以作为一个科学读物中心；可以仅仅作为作业完成后打发剩余时间的地方；等等。为了使学生对这个中心保持浓厚的兴趣，可以经常更换或补充一些新的科学材料。上图所示为"磁铁和电动机"单元建议设置的补充学习中心。

该中心包含了下面一些组成部分。

▨ 用硬纸板、硬纸盒等材料，采取布告栏的形式，布置本单元的补充学习中心。

▨ 围绕"电和磁"的发展历史，提供一个历史年代表和一张地图，罗列一些科学发现史的信息。

▨ 设置一个陈列有关"电和磁"科学读物的书架。

▨ 展示与电磁科学新发展、新应用有关的图片等资料。

▨ 展示学生关于磁和电动机的已有想法和想知道的问题的记录单，存放科学笔记本。

▨ 给学生提供类似"怎样制作一个电磁铁"这样的新建议，帮助他们更深入地进行探索和实验。

（二）材料支持系统的基本功能

STC 课程教学离不开观察与实验，观察与实验又离不开精心准备的材料。这些材料中既有有生命的材料——植物、动物等，也有基础的物质材料——磁铁、灯泡等，还有反映学生学习过程和结果的材料——记录单（表）、提示卡等，以便让学生在观察与实验的具体实践中使用。教师把材料交给学生开展活动，不但自己要明确，还必须让学生知道为什么要做这些活动，以发挥他们的积极性、主动性和创造性。

1. 对概念发展的支持

美国著名教育家兰本达曾就科学课选择材料的标准提出五个指导原则。

▨ 材料应和科学上重要的概念有关；使用这些材料应该能揭示许多有关的现象，这就是我们称之为"结构"的特性。

▨ 这些材料应能引起孩子们的兴趣，能适用于不用年龄或能力悬殊的孩子们。学生由这些材料带给他们的经历，可以在不同水平层次上具有意义。

▨ 这些材料之间应有多种相互作用；应该有较广的余地，能用许多不同的方法进行探究；应该让孩子们能在研讨中提出不同的发现；因为这些发现中的大多数将会和相关的从属概念有关，每个人都会对建立起一个概念和使之丰富做出贡献。

▨ 每个孩子都应有足够的材料。每样东西的数目不一定和学生的人数相等，但是在探究相互作用时关键性的材料，每个孩子都应该具有。

▨ 这些材料不应使人从心理上想出一些标新立异的活动。

STC 课程与兰本达的这一思想是完全相同的，也可以认为是美国科学教育的一个历史传统。STC 课程材料支持系统为学生深入地学习一个独立的主题及与该主题有关的概念还做出了以下努力。

（1）设计专用材料，为概念构建创设情境。

STC 课程的探究活动为学生提供了足够的材料。足够，不是仅仅指每个学生都有材料，而是指这些材料会带给不同水平的学生不同层次的体验和经历。此外，这些材料应蕴含着比较丰富的意义，能满足学生探究的各种需要，使其对科学概念形成深刻的理解。

下面以 3 年级的"声音"单元为例说明。

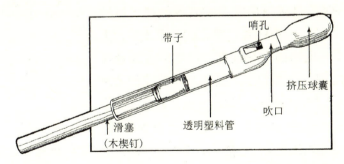

该单元中有一个别具特色的材料——滑哨。学生在探索尺子的发声时，能够看到"振动"的现象，但声音并不总是通过可以看见的振动产生的。比如滑哨的声音是通过哨子里面空气的振动产生的，但这样的振动是难以被直接观察到的。该活动中的滑哨，是通过一个可挤压的球囊把空气压入哨管里，这样便提供了一个产生声音的有效途径，既不传播细菌又不产生过高的声音。用这个哨子，学生可以通过改变管内振动的空气柱长短来调节声音的强度。透明的塑料管可以让学生看到和测量空气柱的长度。学生还可以通过增加和减少穿过管内的空气来改变哨声的音高。轻轻挤压球囊，使少量空气通过哨子，可以产生音高较低的声音。但如果学生用力挤压球囊，哨子就会发出音高很高的尖叫声——超高音。低音和高音可以通过滑动哨子改变空气柱的长度来获得。

该单元另一个关键的乐器是"四弦琴"。由弦所产生声音的音高是由三个可变因素所影响的——弦的长度、松紧度、粗细。而这三个条件在"四弦琴"

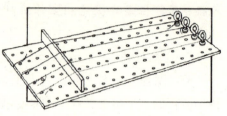

上都能够得到调控。更令我们震惊的是连共鸣板的振动都在考虑之中。这样的设计就使得我们的"四弦琴"与实际的乐器更加相似，尤其是学过某些乐器的孩子很容易就能把"四弦琴"与他们所学的乐器联系起来，找到它们的共通之处，也就理解了他们所用乐器的原理。

再以 2 年级的"植物的生长和发育"单元和 6 年级的"植物实验"单元为例说明。

在这两个单元都用到了威斯康星速生植物种子，该种子是威斯康星大学教授保罗·威廉博士花了大约 15 年的时间精心培育而成的，大大加速了该植物的生命周期，便它的生长速度比它的祖先快 10 倍以上。这种开小黄花的植物仅仅需要 6 周的时间就能闪电般地完成它的整个生命周期，从种子发芽、生长、开花到结种。

这种植物的突出特点是：它们产生出大量的花粉和卵细胞，进而产生出许多可繁殖的种子；它们的种子没有休眠期，所以可以立即种植；这种植物小而稠密；它们密集丛生，繁茂兴旺；它们在持续的光照下茁壮成长。如果学生根据小组的实验计划进行播种，通过资料的收集、测量、观察和记录，会发现控制变量会对它们产生影响。

（2）配置结构性材料，为概念的连贯性把握服务。

提供充分的、有结构的材料是学生概念形成的基础。要让学生开展科学探究，教师必须为学生提供有研究价值的结构性材料，为学生形成科学概念创造有利条件。

STC 课程的实验材料一直都非常严谨，包括对每一个细节的设计。对于"固体和液体"单元来说，课程对提供的 20 种固体从颜色、大小、形状、材质、磁性等方面进行了严格的审定，每一个方面都有用意，不能随意更改。例如，考虑到 1 年级孩子的手都很小，所以这 20 种固体都非常容易拿取，没有特别重、特别大或特别小的材料。又如，该单元第 1 节课中用到的钢球和蓝色勺子。对于小孩子来说，将两个物体进行比较比将精力集中于一个物体上面要容易。比较也能使学生注意到物体更多的属性。如果不将一个钢球与其他的物体相比较，他们就不会将它描述为"小的"，当将钢球与勺子相比较时，尺寸的概念就可能出现了。再如，该单元第 3 课研究滚动的固体与能平放的物体时，重的、圆的钢球和轻的、圆的乒乓球以及大的、圆的橡皮球在滚动的速度上也有不同，学生们能够很容易地意识到其特点与材料的设计有关。

概念教学是帮助学生从感性认识发展到理性认识的过程。教学时，提供正面的本质属性和反面的非本质属性有利于学生概念的构建。例如"植物的生长和发育"单元让学生建立"生物相互依存"的概念时，就通过"观察植物的花和蜜蜂→蜜蜂采蜜、授粉→制作花和蜜蜂的模型→用模型模拟蜜蜂采蜜的过程"这样一系列活动，让学生经历一次概念的抽象概括过程，使其概括出"生物相互依存"的概念。

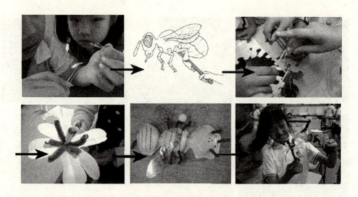

又如"漂浮与下沉"单元提供了3种大小不同的鱼漂，"声音"单元提供了大小两种规格的音叉，"岩石和矿物"单元提供了黑、白两种瓷片，这些都有利于学生从个体特征中抽象出共同特征。

5年级的"漂浮与下沉"单元根据儿童以往的观测和经验所提供的材料，由颜色、形状、材质、体积、重量这几个维度形成了多层次、可分析、逐步指向最终概念的材料实体，为学生的研究和分析提供了便利。

（3）补充辅助性材料，为概念构建提供帮助。

STC 课程中的图表主要有三类：一是收集、整理证据后制作的科学图表；二是指向活动操作指导的图表；三是用于活动评价的线图、图片和信息卡。第三类图表在概念建构上发挥了重要作用。

第一，资料卡的重要作用。

"土壤"单元附录中提供了资料"你可能在挖掘土壤时找到的其他生物"，拉近了课堂与生活的距离，潜移默化中让学生认识到"科学无处不在""生活即科学"。

你可能在挖掘土壤时找到的其他生物

土壤是大量小型生物的家园。可能在你的花园土壤样本中安家的有蚂蚁、小跳虫、甲壳虫、蚯蚓、蜗牛、蛞蝓和潮虫。根据你所居住地点的环境不同，也可能会看到其他生物。

在这一单元，要求学生在土壤表层挖掘——无论是第1课中要求的花园土壤样本还是在这一单元后面提到的户外土壤。在这

些研究中，学生们可能会惊喜地发现大量的小型生物。虽然少数学生可能会有所犹豫，但大部分学生都将对他们的发现感到兴奋。在这时，他们的好奇心将被唤起，学生会提出各种有关这些陌生生物的名字和习性的问题。

学生们遇到的这些生物可分为两大类：微生物和无脊椎生物。微生物一般靠水或是土壤来移动。无脊椎生物则可以自行移动。微生物太小以至于它们的食物链是看不到的，也就无法用肉眼进行观察。然而，即使是这些最微小的分解者——诸如细菌或真菌——当它们在一个地方聚集时，仍然是可以被辨认出来的。

"蝴蝶的生命周期"单元提供的"蝴蝶的生命周期图例"则为学生的探究活动提供了一个框架，引领孩子们亲自去观察蝴蝶的一生，在观察、比较中加深对生命周期的理解。"植物的生长和发育"单元也提供了作用与此相类似的威斯康星速生植物生长发育周期的图示。

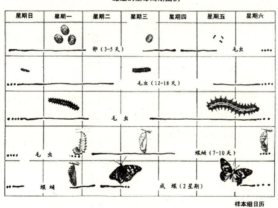

"岩石和矿物"单元通过安排学生将自制的岩石记录单和矿物概况表与科学家描绘的 12 种岩石信息卡、18 种矿物鉴别卡、12 种矿物的阅读资料进行比较，帮助学生加深了对岩石、矿物结构的理解。

矿物鉴别卡

硫黄

触觉：部分光滑，部分粗糙

颜色：黄色

条痕的颜色：白色

硬度：柔软，用硬币刻画刚刚能有划痕

透光性：无

光泽：蜡的光泽

形状：大部分没有完全形成结晶，有一些则是晶体

玄武岩

玄武岩是世界上最普通的火山岩。它常常是熔岩冷却和凝固形成的。有时整个岛屿都是由火山岩岩石形成的。在新泽西州的老火山斜面上你可以看到玄武岩。

玄武岩一般是灰黑色或黑色。虽然玄武岩是一种火山岩，但它并不像黑曜石一样闪光，也不像浮石一样布满小孔。玄武岩致密坚硬，质地很好。

玄武岩是铁矿石和铜的原始材料。在加拿大的 Superior 湖四周分布的玄武岩含有大量的沉积物铜。用来做珠宝首饰的美丽的深色蓝宝石是在玄武岩中发现贵重的矿物之一。如果你出生在九月，蓝宝石就是你的幸运石。玄武岩是所有岩石中最坚固、耐用的岩石之一。正因如此，玄武岩用作建筑物的外部结构、路和墓碑。

岩石信息卡

萤石

萤石又叫氟石。萤石晶体形状像立方体。有时候，这些晶体细小得以至于你根本无法看到它们。萤石有透明的、黄色的、紫色的、蓝色的或浅绿色的。

萤石是一种相当柔软，但又易碎的矿物。它们经常被使用以达到工业目的。当萤石被碾碎时，它常被作为一种化学物质使用。这种化学物质有许多用途；它可以利用在钢铁工业中，以加速钢铁熔化的过程；它还有助于抵制牙齿被蛀烂；萤石还是氟化物——一种经常存在于你所使用的牙膏里的物质的主要资源。

你认为在你的这组矿物中存在萤石晶体吗？

第二，照片的重要作用。

最具代表性的是"陆地与水"单元中为每个小组准备的 B5 大小一

套9张的卡纸，正面分别印制着编号1~9的不同地貌的照片及说明，背面则印有针对照片内容的一些问题。

照片1:美国大峡谷国家公园　照片2:布莱斯峡谷国家公园　照片3:贾斯珀国家公园

照片4:班夫国家公园　　照片5:班夫国家公园　　照片6:贾斯珀国家公园

照片7:布莱斯峡谷国家公园　照片8:北卡罗来那海岸平原　照片9:贾斯珀国家公园瀑布

照片编号、名称	照片背面的问题
照片1 美国大峡谷国家公园	①从这幅照片中你看到了什么？ ②你认为这个大峡谷是怎样形成的？
照片2 布莱斯峡谷国家公园	①你为什么能够看到这些树的根部？ ②当下雨时，你认为大树附近的土壤会怎么样？
照片3 贾斯珀国家公园	①你认为这里为什么会有一个瀑布？ ②描述一下这幅照片中水流的速度。
照片4 班夫国家公园	①指出在这幅照片中，你在哪些地方看到了水（任何形态的水均可）。 ②用这幅照片描述一下水的循环。

续表

照片编号、名称	照片背面的问题
照片 5 班夫国家公园	①指出在这幅照片中，你在哪些地方看到了水（任何形态的水均可）。 ②在这幅照片下面的小溪将会怎么样？
照片 6 贾斯珀国家公园	①这幅照片与你前面看到的几幅有什么不同？你认为这幅照片是在哪儿拍的？为什么？ ②关于峡谷的形状，你注意到了什么？你认为它为什么会有这样的形状？
照片 7 布莱斯峡谷国家公园	①你认为这里为什么是这样的？ ②你为什么认为这幅照片中的土壤有不同的颜色？
照片 8 北卡罗来那海岸平原	①将这幅照片与照片 9 进行比较。它们哪些地方相似？哪些地方不同？ ②你认为这里为什么会生长着大量的植物？
照片 9 贾斯珀国家公园瀑布	①这幅照片中水对地形有哪些影响？ ②这幅照片中地形如何影响水流动的方式？

第三，线图的重要作用。

此类资源主要以附录的形式（个别课的最后部分也有）出现，供师生在研究和拓展性学习时来用。下图所示为"生物"单元附录中提供的几种生物的轮廓图、"变化"单元第 1 课最后部分提供的一组主题为"变化无处不在"的图片，这些对学生的拓展性学习和前概念调查活动的顺利展开发挥了重要的作用。

轮廓图　　　　　　　　　　　　"变化无处不在"

第四，视频的重要作用。

"陆地与水"单元提供了18分钟的视频资料"生活在边缘"。该视频对学生产生了强烈的感官刺激，触动了孩子们的内心，使其与探究活动中的相关素材产生共鸣，对生态环境恶化问题的关注得到加强。尤其片尾那句"我们已经失去了很多，只是要请大家想一想，我们还剩下什么？"

2. 对科学实践活动的支持

（1）特色材料使科学实践活动的深入进行成为可能。

首先，关注基础。

我们以4年级"运动和设计"单元为例说明。在这个单元中，学生们要确认一辆交通工具必须运动的距离以及通过这段距离所需的时间。车子可以根据任务的不同进行改装，比如"设计一辆能携带4个木块在4秒或者更短的时间内行驶1米的载重小车"。这个挑战可以确认学生们是否能够使用一个特殊的概念，比如"重力"。为了完成富有挑战性的设计，并且探求关于运动的概念，学生们会应用一整套的建造部件。这些部件以各种方式连接，为学生们提供了创造性设计的可能。

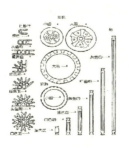

每一组的构件图　　　　零件组装图

第 3 课 拉力小车　　　第 4 课 拉力载重车　　　第 6、第 7 课 弹力小车

 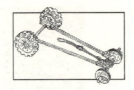 

第 8 课 摩擦力（一）　　　第 8 课 摩擦力（二）　　　第 9 课 风帆小车

 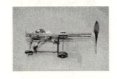 

第 10 课 风帆小车　　　第 11、第 12 课 螺旋桨小车　　　第 14 – 16 课 自己设计的小车

　　我们再以 1 年级"比较与测量"单元为例说明。在该单元中，学生从一些简单仪器的使用开始，学习测量物体和材料的长、宽和高度，先是用小立方体一个接一个地进行测量，然后 10 个一组一组地测量，再发展到用纸带代替小立方体测量，最后引出尺子这一工具。

　　在小学 6 年中，学生还要学会用温度计测量温度；用钟表测量时间；用天平和弹簧测力计测量重量；用放大镜观察物体和生命体；用显微镜观察植物、动物、岩石及其他材料的细微部分；等等。学生们还要提高使用计算器和计算机的技能，这些虽然都是简单的设备和工具，但却能帮助学生们收集到更准确的数据，开展更为深入的研究和讨论。

　　其次，强调科学性。

　　在"植物的生长和发育"单元和"植物实验"单元为学生种植威斯康星速生植物提供了一组生长周期的卡片和种植过程的详细操作指导。操作指导为每一幅图示都提供了详细的文字说明。种植过程的指导与发育周期的图示相呼应，为学生种植活动的顺利开展提供了保障，也确保了学生实践活动的科学性。

生命周期卡片

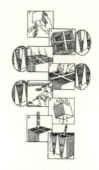

种植操作指导

（2）儿童化、规范化的材料便于证据的收集与整理。

不积累有关事物的丰富事实，就不会全面地认识事物。材料应该能够吸引特定年龄的孩子们，让他们通过适当的努力，开展适合他们的研究。通过观察，学生们以口头的、文字的、图画的、简单的图表等方式收集证据。

首先，再现科学家工作情境。

"运动和设计"单元作为"技术领域"的一个单元，在引领学生设计制作满足不同要求的小车，并对其运动情况进行进一步研究的同时，更适时地关注了对"科学设计"的基本特征和方法的指导，例如，如何设计、如何呈现设计方案、如何交流、如何修正等。下图所示为制图指导，这也是科学家在进行技术设计时必须经历的过程。

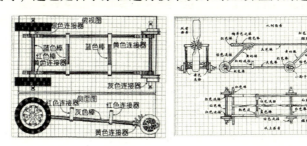

第2课 二维视图　　　　**第11课 三维视图**

与方法指导相呼应的是学生设计能力的指导。该单元第5课和第14课分别提供了"挑战性设计"卡片，要求学生按照卡片中的要求完成小车的设计。

挑战性设计

你是一著名工程设计队伍中的一员，你们的队伍曾经受雇于"太空运载工具"公司，这家公司致力于空间探索运载工具的开发。你们需要设计并制作一个月球探测器，它靠轮子在绳子的拉力下在月球表面慢慢移动。

设计要求如下：

▨ 开始时使用标准小车，然后添加一些零件使你的小车更具特色，要有创造性。

▨ 保证你的小车能够运载月球上的石块（石块用木块代替）。

▨ 你的小车在通过工作区域时能够在绳子拉动下运动 4 秒到 6 秒。

▨ 时间要求：30 分钟内完成你的设计。

在对小车进行测试时，通过统一每辆小车的起点、在小车终止运动的地方用便贴做上标识提供定量获取数据、制表方面的提示，帮助学生对小车运动情况做出准确的判断，并学会怎样分类、制表、如何得出科学结论。

在"变化"单元中，实验杯下的垫圈、不同颜色的小便贴等也是在模仿科学家进行科学研究时的一些常规做法，它能让学生更准确地观察到实验现象，从小树立像科学家那样做的规则意识。

其次，基于科学图（表）处理证据。

STC 课程的 24 个单元中采用了多种记录图表的形式。这些图表的使用都是为了满足数据整理的某一需要而适时出现的，这有助于学生对图表的作用有更清晰、更准确的认识。如"固体和液体""生物"单元的维恩图、"比较与测量"单元的二维表、"天气"单元的概念图、"漂浮与下沉"单元的柱形图、"运动和设计""植物实验"单元的坐标图、"食品化学"单元的散点图、"平衡与称重"单元的线图等。

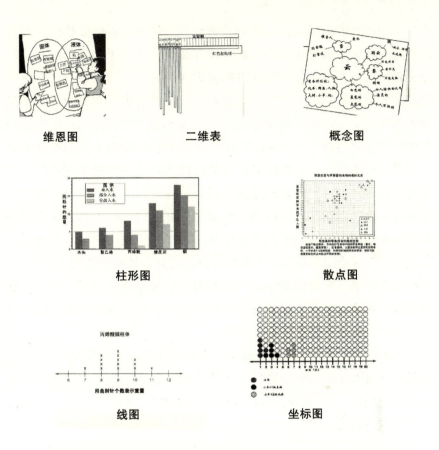

维恩图　　　　　　　二维表　　　　　　　概念图

柱形图　　　　　　　　　　　　　散点图

线图　　　　　　　　　　　　　　坐标图

第三，基于工具或模型检验证据。

"漂浮与下沉"单元中向学生介绍了一种测量重量的工具——弹簧测力计。学生要使用这个工具对物体的重量进行测量，并帮助他们探究一个物体的重量与其所受浮力之间的关系。学生将用大回形针作为标准重量来校准弹簧测力计。

事实证明让学生自己校准弹簧测力计是非常重要的。校准的过程会使学生更好地理解重量的概念与测量时表征重量单位之间的关系。虽然学生在用自己校准的弹簧测力计进行测量时数值可能会有变化，但这些变化将促进学生的比较和讨论。通过重新校准弹簧测力计的刻度，学生将发现这个过程是达到更准确测量的一个途径。

"陆地与水"单元和"生态系统"单元都属于学生认识并利用模型来探究问题的单元，溪流实验操作台和生物圈的建立，都是为了帮助学生理解发生在很久以前或者非常巨大、微小、遥远或难以开展实地研究的物体、系统和事件。材料设计简便，有助于学生的观察、记录和理解。选择使用合适的材料能有效地提高实验的效果，使学生能更清楚地理解所要研究的内容。例如在"陆地与水"单元中，为学生准备的溪流实验操作台所使用的材料就要求是 40 厘米 ×28 厘米 ×15 厘米的带盖塑料箱，为学生在实验中把土壤堆成 20 厘米长的块状并建造缓坡提供条件。这种规格的材料从高度和长度上都为学生们研究水循环的过程、水流和陆地的坡度共同影响侵蚀和沉淀、构成陆地的水流系统、地形由于流水的运动而形成等做好了研究的准备。这些材料能让学生在接下来的一系列实验中从土地模型中找出依据来支持自己的观点。为了模拟自然界中土壤的成分，使其最接近真实的实验效果，教师教学用书还要求模型中的土壤按照一定的比例来混合。操作台底部还安有放水的塞子，学生可以直接从出水口收集排出的水，进行对比，对学生概念的建立有显著帮助。

"动物研究"单元在第 7 课要求学生制作"生命周期轮"、"生态系统"单元在组装完成生物圈后在第 7 课要求学生制作"陆地食物链转图"，这在学生实践操作和已有认识的基础上，利用模型进一步提高了学生的理解力。

四、关于材料支持系统的现实思考

国内外的科学教育实践已经证明材料支持系统在科学教育实践中占有举足轻重的地位。缺少材料，学生收集证据的活动便无从谈起，探究活动便成了无米之炊。但在我国，科学教育中的材料支持堪比"木桶原理"中的那块短板。新课程改革十年来，从一线教师到各级行政领导，从材料的使用方——学校到材料的提供方——厂商，都对小学科学课程中的材料建设投入了很大的关注。基于我们对 STC 课程材料支持系统的分析与研究，我们从设计与使用两个维度提出以下建议。

（一）材料支持系统的设计

我们认为，最理想、最具时效的材料支持系统应包含三个要素。

1．设计——由教材编写团队与教材编写同步完成

材料支持系统与教材建设同步是最佳的选择。教材编写者在编制教材的同时提出材料配置方案，无论是对科学实践活动的支持，还是对概念发展的支持都将具有最佳的匹配度。他们会选择最能支持实践活动、最有结构性、最有助于学生概念形成的材料，将其配备到材料系统中去，而且除了实物材料外，还会优选图片、视频、读本等多种形式的材料为实践活动提供物质保障。即使教材编写团队不能同步完成这一方案，也应由具有实践经验的人员主持方案的设计工作，以往那种参照教科书《配备目录》的要求进行"抓药方"式的配备方法已不能满足材料支持系统的设计需求。

2．形式与数量——用单元工具箱形式承载能满足小组需要的材料（关键性材料满足每个学生）

我们认为包含实验材料、基础科学器材及教师教学用光盘、学生科学笔记本和儿童科学读本等的单元工具箱是材料支持系统的最佳形式。考虑到国情，建议按照满足每个班 48 名学生即 12 个四人小组的需要为基本标准进行配备，个别在探究活动中起关键性作用的材料应满足每个学生的需要，以确保每个学生在科学实践中都能得到足够的材料支持。

3．耗材与活体材料——消除材料支持系统的盲点，体现完善的支持功能

长期以来，耗材与活体材料的提供问题都是束缚小学科学课程实施的瓶颈。如果继续处于无解状态，必然会影响到工具箱作用的发挥。借鉴美国"配送中心"的操作流程并结合我国国情，我们建议设立"耗材（活体）补充配送制度"，即一次性购置全套或滚动购置全套工具箱后，另提供生物活体的供应目录供学校选择，以满足后续学年使用。

（二）材料支持系统的使用

1．教师——便捷、高效

准备恰当、充足的材料是探究活动取得成功的关键要素。但我国小学阶段没有专职实验员协助完成教学活动，而小学科学教师过多的课时量又使其没有充裕的时间来完成材料的准备与整理。单元工具箱对满足教学材料的需要具有事半功倍的作用，它减少了用于材料整理的时间，减轻了教师负担，进而有助于教师引领学生高效地完成科学实践活动。

2. 学生——适用、安全

在以往的器材《配备目录》中，小学与中学都配置同样的标准化的实验器材，如玻璃量筒、烧杯、托盘天平等，这些器材对小学生而言，或安全性较差易出现意外，或操作过于规范不便于学生使用。我们建议参照 STC 工具箱配备原则以塑料量筒、量杯替代玻璃量筒、量杯，以操作方便的简易等臂天平替代托盘天平等。也就是说，尽可能以塑料制品替代玻璃制品，以简便器材替代过于规范的科学器材，让学生在适用、安全的前提下，能自行开展科学实践活动。

第十章

STC课程阅读材料及其使用的研究[①]

一、科学课程中阅读材料的作用和意义

本课题以 STC 课程从 1 年级到 6 年级的 24 个单元的阅读材料作为研究对象，紧密结合日常的课程实践和学生的发展，对 STC 课程中阅读材料的概况、分类特点及其使用策略、运用效果等进行分析。

从收集到的文献和资料中我们发现，阅读材料作为学习资源中重要的一部分，其他学科的研究成果相对较多，但是小学科学课程中的研究成果相对较少。因此，对 STC 课程阅读材料的研究具有一定的重要性、紧迫性和挑战性。

（一）阅读在学生获取科学知识的过程中所扮演的角色

建构主义理论认为：学习实际上是学生主体与学习对象之间的一种建构活动，学生应该成为教学活动的中心，其中也包括进行阅读活

---

① 本章为浙江省慈溪市慈溪实验小学教育集团课题组子课题研究报告，执笔者为吴旭聪。

动。在阅读中，教师需要以学生的已有经验和需要为基础，鼓励学生结合自己的日常生活和兴趣阅读材料，并帮助学生通过阅读建构科学概念，通过阅读来解决要探究的现实问题。

（二）阅读在提高学生科学素养方面的作用

美国《国家科学教育标准》要求学生学习如何从书本上获取科学信息，同时能评估和理解这些信息。这一要求提醒我们，阅读并评估信息的能力是科学素养的一个重要方面。阅读和理解的技能需要在学校中培养，并且要从低年级开始。

美国的科学课程在这些年中发生了很大的变化，为教师和学生提供了越来越丰富的资源，包括了教师教学用书、工具箱、学生笔记本、学生阅读材料、教师资源库等。STC 课程中的阅读渗透在教学环节中，要求教师根据阅读材料的特征，有效地结合教学内容，融入学生开展的科学探究活动（讨论、调查、访谈等），激发学生主动建构具有个体意义的科学知识，发展科学思维的能力，提高自身的科学素养。

二、STC 课程阅读材料的特点和使用方法

（一）阅读材料的概况

1. 数量

STC 课程的 24 个单元中共有 86 篇阅读材料，都在文后，有些课文后面有两三篇，有些课文后面则没有。

2. 篇幅

24 个单元共有 3289 页，其中阅读材料占 202 页，约占总篇幅的 6.14%。平均每一篇阅读材料约占 2.35 页的篇幅，可见阅读材料在教材中所占的比例，而且每一篇阅读材料的内容都十分饱满。阅读材料的内容涉及营养学、物理、化学、植物学、地质、环境保护、健康、科学史、科学技术与社会、历史等诸多领域，覆盖的学科范围很广。

3. 图片

在阅读材料中共有 252 幅图片，平均每一篇阅读材料有 2.93 幅。

这些图片生动有趣、色彩鲜艳，印制也十分精美。

4．形式

大部分阅读材料由标题、文字、图片三个方面组成。

阅读材料的体裁丰富多样，有适合儿童阅读的故事、准确通俗的科普介绍等。表现形式也十分多样，包括数据表和示意图等。

（二）阅读材料的内容特点

1．提供了丰富准确的科学知识

（1）横向上的扩展。

阅读材料不但涉及学科多，而且内容从时间和空间上跨度也很大。分别有：各地区早期的历法；伽利略发现摆的等时性的故事；书写媒介的发展历史；阿基米德原理的发现过程；胡克发明显微镜的过程；普利姆索尔线；船的历史；等等。这些都有效地发展了学生的知识体系。

（2）纵向上的深入。

STC 课程编写者试图对大部分阅读材料在学科上进一步深化。阅读材料提供了维生素、蛋白质、糖类、脂肪等一些营养物质的介绍及应用；切萨皮克海湾的生态系统危机分析；各种不同的岩石和矿物的知识介绍；等等。这些都能在阅读材料中找到。

2．强调了与科学技术、社会的联系

美国《国家科学教育标准》指出，科学与技术之间的关系非常密切，科学的目标是探索自然界，而技术的目标是对这个世界加以改造使之适应人类。如果学习科学时不培养对技术的理解力，则这种科学图景是不准确的。从个人和社会的视角认识科学，尤其应该让学生理解科学和技术的应用既能为社会作出贡献，又有其局限性和潜在的危险性。

STC 课程中的阅读材料联系了科技产品，帮助学生了解这些产品的原创者和产生的方法以及对它的评估。这些阅读材料非常注意科学工具理性，强调它们在科学发展中起着非常重要的作用，鼓励学生理解科学家是如何知道他们所知道的信息的。

在阅读材料中涉及科学技术与社会的内容很多。例如，普利姆索

尔线是船只装载的安全线，英国实现立法后要求所有英国商船都要标记载货安全线，从法律上能有效地阻止因为超载而造成的沉船等危险事故的发生，切实保护船员的安全。这使学生认识到科学不是孤立的，而是与社会有着不可分割的密切关系。

3. 渗透科学发展史

在美国《国家科学教育标准》中提到，历史实例的介绍可以帮助学生认识到科学事业是富有哲理的，能够让学生更准确地理解科学探究和科学与社会之间的相互影响，理解作为人类奋斗目标的科学事业。跟随科学史的足迹，他们也可以体会到科学家要打破当时被普遍接受的观点是多么的困难！

阅读材料中涉及了许多科学家，例如，古希腊物理学家阿基米德、意大利物理学家伽利略、荷兰微生物学家列文虎克、亚历山大等。

4. 帮助学生进行调查研究、推理、陈述和论证

学生可以利用阅读材料进行调研、科学推理、讨论、陈述理论和数据。学生还可以学习进行一项特定研究的方法。

5. 与数学等其他学科相关联

阅读材料能帮助学生提高对图表的阅读能力和理解能力，包括数据表、示意图和几何图形。图形读写能力是科学素养的一个重要方面。对各变量之间根据大量的数据建立联系是对学生的一项基本要求。

（二）阅读材料的分类

我们对 STC 课程 24 个单元的阅读材料进行了分类，以了解阅读材料的主要内容及作用。

1. 按年级分类

1 年级学生天真活泼、爱好新鲜的事物，他们对事物的认识通常靠的是感知而不是思维。阅读材料中的科学小诗《热》《雪朋友》等，可以给他们提供有趣的天气现象、儿童化的语言描述。这些阅读材料贴近学生生活，读起来朗朗上口，可以引导学生对天气进行描述和感知。

1 年级共有阅读材料 11 篇，其中不少内容都是介绍一些发明的故事。这是为了激发学生学习科学的兴趣，让他们意识到科学发明就在

身边，发明是为了满足社会生活的需要。积极鼓励学生，只要留心观察，他们也有可能成为一位科学家。

同时，1 年级学生的思维一般具有"前因果性"，思维常常需要借助于"实物操作"，而不能只通过文字、图片或图表这些抽象的形式来进行。阅读材料中包含了有关操作的故事。如"比较与测量"单元第 15 课的阅读材料是"制作一个更长的测量带"。它的主要内容是理查和卡莎用自己制作的长长的纸带去测量后院的各种东西，在不断测量的过程中，发现纸带不够用，于是在不断的实践中制作成了更长的测量带。

2 年级学生的形象思维十分活跃，能较熟练地做自己想做的事情，并把想法简单地记录下来。只要故事比较清晰，他们就能理解人物、背景和时间顺序，如果有恰当的线索，他们甚至能预见将会发生什么。

2 年级共有阅读材料 12 篇，大部分都是讲述课堂上所学知识在生活中的应用。都是一些比较典型、清晰的事例，比如讲到肥料时引入安妮塔的肥料堆等。这些阅读材料都是为了让学生了解得更多，使他们感悟到原来学习科学知识还有那么多的故事和作用，大大地激发学生学习科学知识的兴趣，让他们意识到科学就在身边。

3 年级学生仍然会使用"前因果性"观念，但是很少有学生特别强烈地持有这种观念。他们能意识到在观察或解释事物原因时出现的矛盾，虽然仍然依赖感知来认识世界，但此时也出现了一些逻辑思维的迹象，具有了一定的分类能力。如"岩石和矿物"单元第 3 课"无处不在的岩石"，阅读材料按照形成的原因不同介绍了沉积岩、火成岩和变质岩，并让学生明白这三种类型的岩石分别是怎样形成的。文字通俗易懂，促进了学生逻辑思维能力的发展，知道了岩石也可以按其成因来分类。

3 年级共有阅读材料 19 篇，都是对所学知识的补充，通过阅读让学生获得更多关于本单元内容的知识。

4 年级学生的思维发展水平正处于由具体形象思维向抽象逻辑思维的过渡阶段，抽象逻辑思维逐渐成为一种重要的思维形式。这是一个由量变到质变的飞跃过程，学生的语言发展水平也由口头语言向书面语言过渡，书面语言水平逐步超过口头语言水平。这一阶段，学生的独立意识开始增强，是培养学生写作能力和阅读能力的关键时期。

4年级共有阅读材料11篇，都是拓展和延伸性的。学生通过阅读能了解更多的关于课堂上探究的知识及其应用，拓展了学生的知识面和视野。

5年级学生的分类能力已经获得很大的发展，他们可以进行相当复杂的思考，更倾向于利用客观具体的因果关系来解释一些现象的成因。如"生态系统"单元的第15课"分析一个实际的环境问题"。学生已经了解了切萨皮克海湾是一个面临危险的生态系统，阅读材料要求他们根据不同的角色、从不同的角度来考察该海湾，从观点、影响和处理方法三个角度来进行分析。学生通过思考来了解各种不同的观点，促进学生对生态系统的整体认识，帮助学生建构起丰富的认知体系。

5年级共有阅读材料16篇，都是为本单元的内容专门撰写的。这些内容强化了学生对本单元重点知识的理解，拓宽了他们的知识面。阅读材料以提供信息的说明性问题为主，也有为学生提供的实验所用标本的背景资料，还有介绍将要学到的领域内的科学家或发明者的故事。有的阅读材料通过创设虚拟人物，将单元内的科学概念应用到新情境中。这些阅读材料在科学与其他基础学科之间架设了桥梁，并且为学生的探究活动提供了指导。此外，阅读材料所提供的资料也使整个单元更加符合美国《国家科学教育标准》的要求。

6年级学生正在完成从具体形象思维向抽象逻辑思维的过渡，但仍然习惯于与感性经验相联系。阅读材料提出的问题，使他们能够比较完整地思考分析，把问题放在具体情境中，概括信息，进行不同信息的综合，取得比较完整的认识。

6年级共有阅读材料17篇，都是有关联系学生所探究的内容在现实生活中的利用的。比如学生在课堂中学习了造纸，阅读材料的内容就是纸币的制造。这样的安排使学生感到自己所学的内容是非常有意义的，更体现了科学与生活相联系的观点，使学生体会到生活中有很多的科学原理及现象，这些大大地提高了学生学习科学的兴趣和积极性。

2. 按功能分类

按照阅读材料所具有的教学功能，对24个单元的86篇阅读材料进行分类，情况如下。

类型 年级	I 深化知识	II 联系实际	III 科技发明	IV 科学史	V 开阔眼界	合计
1 年级	4	4	3	0	0	11
2 年级	4	5	1	1	1	12
3 年级	13	4	2	0	0	19
4 年级	5	6	0	0	0	11
5 年级	8	3	0	5	0	16
6 年级	6	1	2	3	5	17

阅读材料中最多的是深化知识类。年级段越低，联系实际和科学发明类的越多，年级段越高，科学史类的越多。可见，STC 课程的阅读材料内容丰富，融知识性、科学性、趣味性和教育性于一体。有一些是教学内容的延伸、拓展和应用，既与教学相联系，又丰富补充了教学内容，开阔了学生的视野。科学诗、科学史、科学故事的介绍；生产、生活中实用技术的介绍；发明史，甚至是最新科技成就的介绍，更是丰富了学生的学习内容。

（四）阅读材料与单元学习目标的关系

1. 以任一课的阅读材料为例说明

"固体和液体"单元第 4 课的教学目标是"让学生讨论能滚动的最远的固体的相似之处以及不能沿斜坡滚动的固体的相似之处"。课后出现了阅读材料"对固体进行分类：科学家每天都要做的"。

正如你曾经在科学课上探究过的固体一样，对于岩石和矿物，我们能通过它们的特性来进行描述和分类。对它们的分类是一项艰巨的任务，因为它们有上百种不同的类型。地质学家，如 Sorensen 博士和 Wise 博士，是根据它们的相似性来进行分类的。他们把这种矿物家族叫种类。

在课堂上重点探究了固体的相似性之后，阅读材料里有了相关应用的阅读。实际上这是告诉学生，要学以致用，分类是科学家惯用的方法。

固体的一种特性——颜色，会很难处理。这是因为同一类矿物的颜色可能有很多种。例如，矿物石英的颜色可能是粉色、紫色、棕色或黄色。有时它的颜色又会如冰一样清澈。因此你不能只通过颜色来分辨一种矿物。

那么你认为哪种特性对这两位博士最有帮助呢？这个特性你们曾经在科学课上进行过探究。

如果你说是形状，那么你说对了！每一个矿物家族都有它们自己的形状。即使石英被发现有很多种颜色，但是它们的形状却始终一样。石英通常有六面，有一些的形状是立方体。矿物的形状始终一样，是因为构成每一种矿物的很小很小的粒子始终按相同的结构排列。

因此，当 Sorensen 博士和 Wise 博士开始分辨一种矿物时，他们就会看它的形状。它有几个面？这个矿物是像铅笔那样又长又细，还是像篮球那样是圆的？它的一些面是否是通过许多点来结合的？回答完这些问题后，他们就能对一种矿物进行正确的分类了。

这段文字是想说明，科学家也是利用物质的一些特性来进行研究的，所用的就是我们课堂上所学的方法，我们也能像科学家那样进行科学研究。这对学生来说是一种极大的鼓舞。

但是有时候地质学家也需要额外的帮助，即使使用非常厉害的显微镜，他们也并不总能看到一类矿物的特殊形状或粒子的排列结构。

这是启发学生，当利用现有的知识不能解决问题时，我们应该借助工具，或请教其他的专家。这其实也说明了探究是这样一种过程：需要不懈的努力和持续的探索。

"漂浮与下沉"单元第 10 课的教学目标是"物体排开的水量与物体浸入水中的那部分体积有关，而与物体的重量无关"。课后出现了阅读材料"找到了！阿基米德发现浮力的故事"，通过阅读这则故事，学生将知道阿基米德是如何利用排水量解开谜底的。这对学生深入理解本课的教学目标具有非常大的促进作用。

"比较与测量"单元"平衡"一课，实验的目的是"希望学生认识到杠杆的平衡与重量大小、重物的位置和支点的位置有关系"。为了确保学生能够成功搭建平衡结构，教师要采用多种形式帮助学生，如阅读相关的背景材料，分享他们的生活经验等。为了让学生进一步理解平衡，教师不仅要让学生分享他们的操作经验，还要让他们结合生活实例来讨论他们的观点。在本课中有一段介绍中国人走钢丝打破世界纪录的视频。这段视频，对于帮助学生科学概念的形成和理解产生了非常好的效果。

2. 以任一单元阅读材料为例说明

以 5 年级"生态系统"和 6 年级"测量时间"单元为例进行说明。我们认为这两个单元的阅读材料对学生科学概念的形成起到了促进作用，同时对培养学生的科学态度也起到了积极的作用。

从后面的"生态系统"单元的点阵图中可以看出，单元的阅读材料对学生形成本单元的科学概念方面起到了很大的作用。单元的阅读材料可以分为两部分：一部分是关于生态系统中生物的特点的，另一部分是关于生态环境的。

阅读材料"浮萍、伊乐藻、海藻：它们为什么重要"，主要介绍了浮萍、伊乐藻和海藻都是以独特的方式起作用的，以及它们喜欢生活在什么样的环境里。在本节课，学生自己建造水族箱，根据教师提供的材料添加沙砾、水、浮萍、海藻和伊乐藻。但是学生并不清楚为什么要将浮萍、伊乐藻、海藻加入到水族箱里。通过阅读材料，学生们了解到这些植物不但能使水中保持健康的气体交换，而且还能为其他水生动植物提供食物和庇护场所，从而深化了"生物可以按照它们在生态系统中的作用进行分类：生产者、消费者和分解者""生态系统中的生物既相互依靠又彼此独立，食物链说明了这一点"这两个科学概念。同时阅读材料还介绍了藻类喜欢生活在潮湿的地方，环境优越时，浮萍就会生长得异常迅速。这就深化了"影响生物生长及繁殖的因素包括光、水、温度和土壤"的科学概念。

阅读资料"切萨皮克海湾：濒危的生态系统"，主要介绍了切萨皮克海湾地区庞大而复杂的生态系统被污染的主要原因，以及对海湾中生物的影响。通过阅读，学生的注意力从自己制作的生态模型转向切萨皮克海湾生态系统，发现海湾的许多污染问题都在班级实验中得到了反映。这就增进了学生对生态系统的感性认识，理解人类行为会对环境产生积极或消极的影响，同时也培养了学生研究生态系统的兴趣。

"生态系统"单元阅读材料与单元学习目标的关系

阅读材料题目 — 单元学习目标	浮萍、淮藻:它们为什么重要	食蚊鱼:健壮的小型鱼;蜗牛:头长在脚的末端	植物生长:种子如何焕发生命力	等足类动物:夏像一只龙虾;近距离观察鼠妇	酸雨背后的故事:农作物和牛——问题出在哪里?当盐不再安全	切萨皮克海湾:濒危的生态系统	观点活页:普通市民,地产开发商、游船船主、渔民,乳牛场主
概念 生态系统是由生物及其与环境之间的相互作用构成的					●	●	●
生物可以按照它们在生态系统中的作用进行分类:生产者、消费者和分解者	●		●	●			
生态系统中的生物既相互依靠又彼此独立,食物链说明了这一点							
影响生物生长及繁殖的因素包括光、水、温度和土壤	●		●				
自然和人造物体都会破坏生态系统的平衡					●	●	●
所谓污染物,是指如果往生态系统中释放过量,就会危及生物生存的物质。污染则是污染物和环境相互作用所导致的一种状态					●	●	●

续表

单元学习目标 \ 阅读材料题目		浮萍、伊乐藻、海藻:它们为什么重要	食蚊鱼:健壮的小型鱼;蜗牛:头长在脚的末端	植物生长:种子如何焕发生命力	等足类动物:更像一只龙虾;近距离观察蟋蟀	酸雨背后的故事:农作物和牛——问题出在哪里?当盐不再安全	切萨皮克海湾:濒危的生态系统	观点话页:普通市民,地产开发商、游船船主、渔民、乳牛场主
概念	污染物会影响生态系统的平衡,可以配制一些溶液降低或消除污染物的影响					●	●	●
	可以用生态系统模型了解地球上存在的复杂关系							
技能	正确使用放大镜、pH试纸、测量仪器和其他实验设备							
	进行日常观察记录和整理							
	计划、操作,分析实验并根据实验结果得出结论							
	预测并验证你的结果							
	分析生态系统是平衡的还是失衡的,并辨别生态系统人为因素破坏了自然生态系统					●	●	●

315

续表

	单元学习目标 \ 阅读材料题目	浮萍、伊乐藻、浒苔藻：它们为什么重要	食蚊鱼：健壮的小型鱼；蜗牛：头长在脚的末端	植物生长：种子如何焕发生命力	等足类动物：更像一只龙虾；近距离观察蟋蟀	酸雨背后的故事：农作物和牛——问题出在哪里？当盐不再安全	切萨皮克海湾：濒危的生态系统	观点活页：普通市民、地产开发商、游船船主、渔民、乳牛场主
技能	阅读更多有关生态系统和污染的资料					●	●	●
	通过写作、绘画和讨论交流信息							
	运用以前学过的知识分析问题并提出解决办法	●						
态度	培养对生物的感性认识，理解人类行为会对它们产生积极或消极的影响		●	●	●	●	●	●
	尊重实验结果，认识到这些结果可以帮助我们做出决定							
	培养我们研究生态系统的兴趣					●	●	●
	认识到反复进行实验得到正确结果的重要性							

"测量时间"单元阅读材料与单元学习目标的关系

	单元学习目标	太阳钟	由太阳光下的影子知道的	早期的历法	月亮传说:为什么月亮会有圆缺	水钟	伽利略钟和摆
概念	可以通过观察自然界中太阳和月亮的周期运动测量时间	●			●		
	太阳投射形成的阴影可以用来测量和预测一天的时间	●	●				
	月相的周期变化可以用来测量和预测一个月的时间间隔				●		
	用设计好的仪器来测试确定的时间间隔					●	
	时钟的精确性与它的设计、材质和使用的能源息息相关						●
技能	观察和记录有关太阳和月亮运动周期的信息。				●	●	
	学习确定和控制实验中的可变因素。						
	预测和测试怎样改变一个可变因素从而影响实验结果。						
	解释结果并总结该如何影响实验结果的可变因素。						

续表

单元学习目标 / 阅读材料		太阳钟	由太阳光下的影子知道的	早期的历法	月亮传说：为什么月亮会有圆缺	水钟	伽利略和钟摆
技能	通过在笔记本上的记录来交流结果；用图表、表格和曲线图来组织信息进行交流。						
	阅读和研究科学资料以获取更多的信息。	●	●	●	●	●	●
	利用以往学习过的概念和技能来解决问题。						
态度	培养探索和调查时间的兴趣。	●	●	●	●	●	●
	认识重复实验证实验结果的重要性。					●	
	认识到前人在测量时间和解释自然现象方面所做的贡献。	●	●	●	●	●	●

从前面的"测量时间"单元的点阵图中，我们可以清楚地发现，单元的阅读材料对形成本单元的科学概念以及培养学生的态度价值观起了很大的作用。

"水钟"阅读材料，主要介绍了古往今来人们使用过的许多不同种类的水钟以及水钟在使用中的一些缺陷。本节课是让每个小组制作一个沉没水钟，通过实验了解水钟能计时。阅读材料让学生了解了更多的水钟，让他们不断地思考，还能不能制作出更精确的水钟来测量时间。这就深化了"用设计好的仪器来测试特定的时间间隔"的概念。同时，介绍的关于水钟的演变过程，也让学生体验到人类正是在不断地实践中，通过不断地改进，不断地思考，才有了测量时间的先进工具。

"伽利略和钟摆"阅读材料，介绍了伽利略通过吊灯总是有规律地来回摆动的现象，用脉搏计算之后发现每摆动一次所需的时间是一样的，意识到可以用一些有规律地摆动的物体来测量时间，从而有了摆钟。通过阅读，学生们对伽利略的认识更立体、更全面，认识到前人在计时器发展方面所作出的巨大贡献，也意识到仔细观察的重要性。

（五）使用阅读材料的方法

1. 方法一

提供每单元的阅读导引。STC阅读材料的导引会提示教师发现学生在阅读相应的内容时对内容的最初观点，同时帮助教师将所选阅读内容和学生正从事的研究内容之间紧密地联系起来。每一篇阅读材料都包含"目录和上下文的联系"及"选读介绍"两部分。

2. 方法二

带着问题阅读内容。为了使学生更好地从阅读材料中学习，教师需要利用学生们提出的问题，在材料理解和科学问题学习中，将新的信息整合到已有的知识体系中，并通过建立相关参考情境或智力模式来建立理解。当学生阅读材料时，教师可以将注意力放在语言和特殊用词上，以方便交流。教师要先解析一些关键的概念，这些概念可能与学生所要阅读内容的中心主题有关。在教师解析关键的概念时，要不断刺激学生已有的知识，让他们联想更多其他的词或概念。这些词和概念将被捆绑在一起，并被分类。教师可以安排学生在实际阅读前建立框架，并在阅读时进行补充。

（六）关于 STC 系列图书的情况介绍

STC 的课程资源内容是非常丰富的，阅读材料也同样如此。虽然我们研究所涉及的只是文本后面的部分，但作为完整的 STC 阅读材料体系，系列图书是不可或缺的，对我们理解 STC 课程体系很有裨益。

2004 年，美国国家科学资源中心和卡罗来纳生物供应公司出版并发行了《儿童的科学和技术》系列图书的第一部分。其中美国国家科学资源中心开发了《儿童的科学和技术》与《中学的科技概念》；卡罗来纳生物供应公司出版了两套（12 册）4—6 年级学生使用的 STC 单元配套读物。每本书包括 15—18 个选读材料，约 64 页。这些书都是彩色印刷，并且设计精美。

三、实验简析

STC 课程的编写者充分开发了阅读材料的功能，使之成为课程中必不可少的组成部分。经过 6 年的 STC 教学实验，我们和学生一起经历、共同成长，从阅读材料中汲取了营养，提高了自己。通过认真的教学实验，我们可以清晰地发现阅读材料在教师、学生科学素养发展中的作用。

（一）阅读，拓宽了学生的知识广度

1. 有利于学生形成一个丰富的知识体系

阅读材料既是对教学内容的延伸又贴近现实生活，既能提高学生的动手能力又能激发学生的学习兴趣，可谓一举多得。如不添加这些内容，有可能造成学生知识体系的不完整。因此，在相应的教学内容后面增加一篇阅读材料是非常有必要的。

以"植物实验"单元第 2 课"识别变量，设计一个公平实验"的结束阶段为例说明。

师：刚才我们对实验计划进行了初步的设计，在下一课我们将继续深入思考，真正制订好计划。为了使接下来的活动更顺利，同学们需要了解更多的知识，现在请你阅读"威斯康星速生植物的生命周期"。

师：通过阅读，你们有什么收获？

生1：种子种下24小时后，会发芽。大约4小时后，子叶钻出地面。在第4、第5天，真叶开始生长。第8、第9天，出现花蕾。植物的第2周生命活动频繁，需要多一点照顾。第9、第10天，茎会更长。第13—18天，花全部开放，传粉之后，花儿凋谢，开始结果产生新的种子。

师：阅读材料大致讲了什么时间之后植物会发生什么变化，这对我们接下来播种植物有一定的启发。虽然我们种的不是威斯康星速生植物，但是大致的生长过程是相同的。谁还有什么补充？

生2：第13—18天，异花授粉很重要，所以我们在种植的时候也要在特定的时间里给花授粉。

师：他刚才讲到了异花授粉的重要性。这对研究授粉这个变量的小组有帮助，我相信每一个同学都或多或少受到了启发。你们课后也可以多找些资料读一读，因为阅读是科学学习的一个重要手段。

在这一课中，我们可以很明显地看到阅读材料在课中所起的作用。很多时候，知识不是通过探究得到的，阅读就是解决这些学生不能亲自探究的问题的很好方法。这节课中每个小组要在6个变量中选择其中的一个进行设计，而接下来小组的种植活动也将重点研究这个变量对植物的生长所带来的影响。有关的种植活动已经在3年级的时候进行过一次，所以在课的最后，让学生阅读"威斯康星速生植物的生命周期"，可以使学生大致了解自己所种植物的生长周期。通过阅读，每个小组可以很好地掌握自己小组的变量是从哪个时期开始起作用的，这时候的阅读已经成了课堂教学的有机组成部分。

2. 有利于学生将科学学习与生活和社会联系起来

STC课程的阅读材料不但能引导学生构建知识体系，还能不断拓宽他们的视野。

如"食品化学"单元第5课"了解更多的关于淀粉的信息"，第8课"了解更多的关于葡萄糖的信息"，第11课"了解更多的关于脂肪的信息"。课后的阅读材料介绍了有关淀粉、葡萄糖和脂肪对人体的作用以及含有这些营养成分的食物主要有哪些。这既是对前面3课教学内容的有效补充，也是对知识的进一步拓展，更是"从科学走向生活，从生活走向科学"这一科学理念的具体体现。这种类似的阅读材料在 STC 课程的阅读材料中的比例是较高的，大约占 50%。

我喜欢 STC 的阅读材料

......

有些课文的后面，还有些阅读材料，这些阅读材料让我增长了很多知识，有些故事还特别的有意思。

比如 5 年级"生态系统"单元第 8 课后的 8 篇阅读"酸雨背后的故事""农作物和牛——问题出在哪里？""当盐不再安全"给我的印象比较深刻。在第 8 课之前，我们用塑料瓶等一些材料制作了一个生态系统，知道了动物的生存需要一定的条件，一个生态系统中有生产者和消费者等。第 8 课时，我们讨论了生态系统失衡的问题，很多同学都说到了一些环境污染的现象，通过阅读后面的这几篇文章我了解了这三种污染物对生态系统的破坏性，如"酸雨背后的故事"让我认识了以前从不知道的酸雨，小时候听爸爸妈妈说，还幼稚地以为酸雨和醋差不多，现在才知道酸雨是大气污染物和水结合时产生新的化学物质污染了雨水后，降落到大地形成的，才知道酸雨有多可怕、危害有多大，它可以摧毁植物、伤害动物和建筑物。阅读丰富了我的课外知识，拓展了我的知识广度，改变了我一些错误的想法。

......

周博恩

（二）阅读，培养了学生的探究兴趣

科学探究的兴趣是科学素养形成的动力和源泉。要培养学生的科学素养，就必须激发学生的科学探究兴趣，使其真正成为学生科学学习的动力。STC 课程中的很多阅读材料都能够起到培养学生科学探究兴趣的作用。但是，这需要教师的精心设计和适当安排。

如"运动和设计"单元，这是一个具有挑战性项目的单元。第 14 课开始就是一个富有挑战性的设计，这一课的阅读材料"如何从普通

小孩转变成工程师"能激发学生的探究热情。文中的琳达和胡安总是喜欢拆东西，有着强烈的探究欲望，经常修理一些破的东西，通过阅读说明书来检查机械的不同部分。这篇阅读材料，对学生的影响非常大，因为他们也经常做这些事情，并且有着强烈的成功愿望。带着这种热情，孩子们在这节课的任务中表现得非常出色。

再如 1 年级"天气"单元，第 1 课后有一首小诗叫作"热"，描述了人感到热时的种种表现，很能激发学生探究天气现象的兴趣。

（三）阅读，提高了学生的技能，促进了学生思维的发展

学生的科学学习过程充满了探索性与挑战性的活动。教师根据阅读材料的特征，结合教学内容，适时引导学生开展科学探究，有利于激发学生主动发展探究技能和提高科学思维的能力。

如"平衡与称重"单元第 5 课。学生在课堂上用一根吸管、两片红纸片和几个曲别针制作了一个简单的风铃。阅读材料"亚历山大·考尔德：发明风铃的人"中介绍了许多不同的风铃，其中有一个甚至比校车的体积还要大。阅读材料要求学生找出这个风铃的各个支点和各悬挂物的重心。在寻找的过程中，学生已经不满足于自己课堂上制作的简单风铃了。在这篇阅读材料的启发下，他们课后都试着去做更加复杂的风铃，动手操作的能力得到了提高。

思维是在解决问题的过程中得以完善和发展的。科学史由于触及的科学事件比较重大，对某一个时代的影响比较深远，因此也特别能触动学生的心灵。

如"漂浮与下沉"单元第 15 课的阅读材料"普利姆索尔线的故事"，学生已经发现液体比重计在盐水中会比在清水中上浮得高一些，并且已经知道了原因。在阅读时，学生是带着"普利姆索尔线的工作原理与你在这节课用吸管制作液体比重计的活动有什么相同的地方"这一问题开始阅读的，所以学生的积极性很高。在阅读的时候，学生会不断地思考，与前面所学的知识联系起来。

（四）阅读，培养了学生的情感、态度和价值观

STC 课程中的许多阅读材料是介绍科学家的发现的。科学家一般

具有一些共性的特点，如对自然现象抱有强烈的好奇心和求知欲；尊重科学原理；对科学有浓厚的兴趣；富有创新意识；敢于依据客观事实提出自己的见解，并能根据科学事实修正自己的观点；有强烈的社会责任感和为社会服务的意识；等等。这对学生树立科学价值观和科学态度都有十分积极的影响。

1. 树立科学精神

科学史上的任何一项成功都离不开科学家科学严谨的治学态度。"找到了！阿基米德发现浮力的故事"这篇阅读材料介绍了阿基米德原理是如何被发现的。这个故事激发了学生热爱科学、勇于献身的科学精神。科学史中科学家们对科学问题不断探索的漫长历程，也让学生体验到科学先辈为追求真理前赴后继求真精神的可贵。

阅读"伽利略的钟摆"

......

比如在"测量时间"单元第19课中的阅读材料"伽利略的钟摆"对我印象尤其深刻，在这一课中我们的探究目标是研究摆的频率与摆长、摆幅、摆重是否有关。进行实验后，得出了频率与摆长有关，摆长越长，摆的频率越慢；与摆幅、摆重无关的结论。

而阅读材料"伽利略的钟摆"写的是伽利略19岁时观察到比萨大教堂的吊灯有规律地来回摆动，他用脉搏计算，发现吊灯完成一次摆动所需要的时间是一样的，无论怎样摆，无论吊灯是勉强地摆还是大力地来回摆动，都不会有什么问题。他在家里做了许多个摆长不同的钟摆，经过多次的实验和比较，证明了钟摆来回摆动一次需要的时间与摆动幅度的大小无关，无论摆幅大小如何，来回摆动一次所需时间是相同的。伽利略是第一个发现钟摆原理的人。伽利略为了钟摆和物体的运动方式，放弃了报酬丰厚的医生职业，去学习数学和自然科学。

......

这篇文章让我明白了我们要养成善于观察、执著追求的科学品质，收获很大。

韩宇捷

2．了解科学史实

STC 课程中的阅读材料把科学发展史上不同学派间的争论展示给学生，打破了传统教学给学生留下的科学发展是直线前进的印象，使学生了解到，科学发展史是一部理论与实践交叉、成功与失败并存的历史。不同内容的史实，可以使学生得到不同方面的教育。如"早期的历法"阅读材料讲述了很久以前各种早期文明制订的历法。不同的地区由于民族差异对如何制订历法存在很多不同的方法，这可以潜移默化地让学生认识到不同文化对科学发展都产生过价值。

3．增强民族自豪感

"平衡与称重"单元中有一段视频介绍的是中国人走钢丝的情景，看了之后学生的民族自豪感油然而生。"蝴蝶的生命周期"单元中的一篇阅读材料名为"一个中国的传说和丝绸的历史"，讲述了蚕结茧后能够吐丝做成丝绸，是中国最早发现了丝绸，而且还出现了很多杰出的丝绸工艺。学生阅读之后为自己是中国人而深感自豪。同样，如"造纸技术"单元，学生在学习这一单元的时候主动性明显比其他单元更强。

（五）阅读，拓展和完善了教师和学生的知识与能力

STC 课程是一门综合性课程，这就需要教师具有十分完善的知识结构，而且科技的发展、教学改革的深化，对教师的知识面有了更高的要求。阅读材料中提供的大量的最新科技成果、科学知识的最新应用、各种不同岩石和矿物的介绍等，许多内容是教师不熟悉的或不了解的，这就需要教师不断学习和思考。教师查找资料、思考问题的过程实际上就是一个知识不断拓展和完善的过程。

如"岩石和矿物"单元，在这一单元中共有 9 篇阅读材料，而这 9 篇阅读材料中有 8 篇是专门对 12 种矿物的补充材料。很多知识是教师本身也不了解的。如对长石的介绍中写到长石是一种异常漂亮且稀有的宝石，也叫作月长石。又如在介绍硫黄时写到在食物中我们需要硫这样的矿物质，它能帮助我们将食物转化为能量，并促进骨骼的生长，等等。这些知识不但是学生缺乏的，也是教师所缺乏的，阅读之后能够让我们对矿物了解更加深刻，知识面更加广阔。

我们在 6 年级"植物实验"单元的教学之后，收集了实验班每一位学生对本单元阅读材料的看法。下面是几个学生所写的体会。

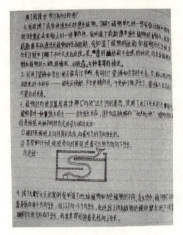

（6 年级　岑亦简）

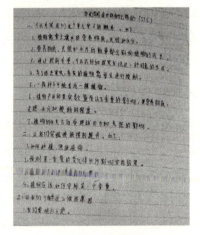

（6 年级　唐敏雁）

（6 年级　裘萧忆）

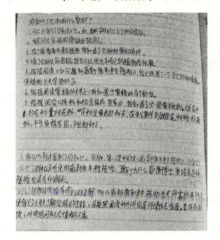

（6 年级　王亦浏）

我们从四位学生写的 6 年级"植物实验"单元的阅读体会中能够清晰地发现，这些阅读材料的确发挥了它们独特的作用。例如裘萧忆同学，她从五个方面对自己的提高作了分析：丰富了自身的知识体系、对实验操作深入了解、概念的理解更加深刻、做实验的目的性更明确、能对照资料比较实验效果。其他三位同学也从细节和总体，对自己的阅读收获作了分析和说明。这些学生从不同的角度写下的收获，说明阅读材料让他们获益匪浅。

四、对比和建议

（一）对比

综合对比 STC 课程和国内教科书的阅读材料，我们发现以下几个不同之处。

1. 阅读材料的放置方式

STC 课程中的阅读材料往往是放在某一节对应的课后，相对而言，这更有针对性，国内教科书往往是集中在对应单元的最后。

2. 阅读材料的丰富程度

项目 教材	单元数量	阅读材料篇幅	阅读材料所占页数	平均每篇占的篇幅	插图数量	平均每篇阅读材料的插图量
STC 课程	24	86	202	2.35	252	2.93
国内教材	32	100	103	1.03	241	2.4

3. 重视程度

STC 课程的每一篇阅读材料都在教学步骤中规定了什么时候让学生阅读，如"造纸技术"单元第 2 课的其中一个步骤，是让学生阅读"现代木材造纸厂"，要求个人阅读或两人一组进行阅读。而国内教科书很少有这样的规定。

4. 教学要求

STC 课程中基本都要求学生带着问题去阅读材料。如"造纸技术"单元第 10 课。当学生读完"循环报纸：你能使用的信息"之后，他们要思考并把答案写在记录本上。①你对报纸是如何循环中的什么感到惊奇？②在哪些方面与木材造纸相像？在哪些方面又有所不同？③在哪些方面与制造再生卫生纸相似？在哪些方面不同？④你现在知道了哪些以前不了解的有关制造再生报纸的事？国内教科书大部分阅读材料没有问题和要求。

我们认为学生在进行阅读时，应学会贯穿课文的相应信息。如有机会进行对比：与他们已有的、同学间形成的想法对比；与实验方法进行对比；将阅读材料中所报道的内容与自身所持的观点和体验进行对比；等等。

（二）建议

1. 教师要借助阅读材料中的内容，引发学生产生共鸣

关于阅读如何开展，每册教师教学用书最好能够有一些指导性的建议，方便教师在具体的教学中指导学生用探究发现的眼光去阅读材料。培养学生用陶冶自身情感和价值观的心境去阅读材料的习惯。鼓励学生有敢于质疑的勇气。

2. 教师要有具体的方法指导，提高学生对材料的阅读能力

开放课堂时间，把课堂还给学生。紧密联系实际，发挥阅读材料的作用。培养学生在阅读中"勾画"记录的好习惯。培养学生带着问题去阅读材料的习惯。

3. 教师要善于搭建便于学生阅读的平台，提高学生的阅读效率

充分利用多媒体技术，与阅读材料相衔接，提高学生的阅读效率。指导学生将阅读与科学实践相结合，提高阅读的有效性。根据教科书的安排，分年级（分册）向学生推荐合适的科学读物，增强学生阅读的针对性。开展"亲子共读""师生共读"，形成良好的科学阅读氛围。

我国现行科学（3－6年级）课程标准中指出，要引导学生利用多种资源进行科学学习，将学生的科学学习置身于广阔的背景之中，帮助他们不断扩展对周围世界的科学现象的体验，并丰富他们的学习经历。我们相信，随着课程改革的不断深化，对阅读材料的重视和相关研究也会越来越深入，并不断显现出它独特的作用。

附录：

1 年级阅读材料分析

单　元	课　题	阅读材料	类　型	主要内容概述	指向的概念	价　值
天气	第 1 课：共享我们知道的有关天气的知识	热	I	用科学小诗的形式，形容人感到热的种种表现	引人的起始	激发学生探究天气现象的兴趣
	第 2 课：观察天气	和气象学家观察天气	II	Barbara 是一个真正的气象学家，如何利用她的感官来观察天气	气象学家是研究、观察和记录关于天气信息及用这些信息预报天气的科学家	激发学生热爱科学的情感，留心观察周围的一切变化
	第 11 课：探索水坑	伞的发明	III	Katie 为什么要发明"泥坑侦察员"？人们为什么要发明伞	天气的一个特征：降雨量	人们的需要就是发明的基础
	第 12 课：检测防雨布	使你保持干燥的外套	II	雨衣是怎么发明的	天气影响人们决定他们穿什么衣服和他们的户外活动	提供了学习雨天穿什么衣服的机会
比较与测量	第 7 课：用我们的脚长的测量	非常大的伞	II	玛卡斯和凯特为制作的大伞找一个盒子的过程	脚不是一个标准的测量工具	测量时要用同样的标准
	第 15 课：制作一个更长的测量带	长长的测量工具	III	理查和卡莎如何制作工具来测量水管	用测量带来测量更长的物体	皮尺是如何发明的

续表

单 元	课 题	阅读材料	类 型	主要内容概述	指向的概念	价 值
生物体	第13课:淡水植物和陆生植物的比较	四种令人惊异的植物	I	介绍大花草、水百合、仙人掌和捕蝇草的特点	植物有一些共同的特征	了解更多的植物来加深学生对植物共同特征的理解
	第15课:我们与植物和动物的相同点与不同点	鳄鱼来到动物园	I	介绍鳄鱼需要的生活环境	动物有一些共同的特征	通过为鳄鱼安家来加深学生对动物共同特征的理解
固体和液体	第4课:滚动的固体	对固体进行分类:科学家每天都要做的	I	地理学家是如何通过形状给石头以及矿物质分类的	固体的属性之一:滚动	
	第9课:探究两种新固体	雪朋友	II	描述两个女孩是如何想办法不使雪人融化成液体的	固体的另一种状态:液态	固体的属性
	第14课:将液体混合	海面溢油:打扫干净,保持清洁	II	水与油混合将会出现的现象	固体在水中是否会漂浮或下沉	

2 年级阅读材料分析

单元	课题	阅读材料	类型	主要内容概述	指向的概念	价值
蝴蝶的生命周期	附录 B	一个中国的传说	V	丝是如何被发现的	发展学生对研究昆虫的兴趣	拓宽学生对丝的相关知识
	附录 B	丝的历史	IV	丝被用在许多地方，介绍了丝的历史	发展学生对研究昆虫的兴趣	使学生了解丝在不同地方的用途
土壤	第 5 课：关于湿土壤的更多知识	你今天看到过沙子或黏土吗	II	讲述了沙、黏土和砖在各个地方的使用情况	沙、黏土是构成土壤的主要成分	促使学生了解有关蚯蚓的知识
	第 10 课：为什么植物在土壤中有根	蚯蚓：大自然的犁	I	讲述了蚯蚓对土壤的各种作用	包括土壤在内的许多因素会影响植物和根的生长	从安妮塔的肥料堆和学生的袋子中了解更多关于肥料的东西
	第 13 课：打开肥料袋	安妮塔令人惊奇的肥料堆	II	讲述了安妮塔如何制作出令人惊奇的肥料堆	成肥作用——回收枯死植物和其他废弃有机物的有效途径	从诗歌中让学生知道我们的身边有很多事物在不停地变化
变化	第 1 课：思考事物怎样变化	身边的变化	I	讲述了身边世界万物的变化	我们生活的世界中每时每刻都发生着变化	从故事中让学生知道水到哪里去了
	第 3 课：水到哪里去了	七月里的雪人	I	从故事中知道水的三态变化	物质可分为固体、液体和气体，并在一定条件下可以相互转化	

续表

单　元	课　题	阅读材料	类　型	主要内容概述	指向的概念	价　值
变化	第 13 课：袋中的气体	把"泡泡"放进碳酸饮料	II	讲述了碳酸饮料中为什么会有泡泡，以及泡泡的来历	物质的外形可发生变化而本质保持不变	从故事中让学生知道碳酸饮料中的泡泡原来就是二氧化碳
	第 16 课：展示变化方法	和外公共进早餐	II	在做早餐的过程中渗透了一些物质的变化	两个或更多的物质混合时可能会发生化学变化，其标志有：颜色、温度的变化或产生新物质	让学生知道我们所学的东西跟生活是联系在一起的
平衡与称重	第 3 课：探究杠杆式天平	茱莉叶的平衡艺术	II	一名学生是如何在平衡木上前后走动、做空翻、保持平衡的	平衡受重量大小、重物位置和支点位置的影响	对前面的内容进行补充，使学生感受到科学就在身边
	第 5 课：做风铃	亚历山大·考尔德：发明风铃的人	III	讲述了亚历山大是如何发明各种各样风铃的	平衡受重量大小、重物位置和支点位置的影响	拓展风铃制作，激发学生的制作兴趣
	第 11 课：用图表示物体的重量	称量动物园里的动物	I	讲述了如何来称量动物园里各种各样的动物的	称重是将一个将物体与一定数量的标准单位相平衡的过程	对前面的内容进行补充，使学生感受到科学就在身边

3 年级阅读材料分析

单 元	课 题	阅读材料	类 型	主要内容概述	指向的概念	价 值
植物的生长和发育	第 3 课:播种	威斯康星速生植物	Ⅱ	威斯康星速生植物的发明	激发研究植物的兴趣	激发对科学的兴趣
	第 10 课:观察植物的花	十字花科家族	Ⅰ	介绍十字花科植物的特点	通过阅读了解更多的植物	了解归纳的重要性
	第 11 课:为花授粉	蜜蜂和苜蓿:相互依存	Ⅰ	介绍蜜蜂和苜蓿是怎样相互依存的	开花植物可以通过蜜蜂的授粉完成受精过程	激发了解更多动物和植物相互作用的兴趣
岩石和矿物	第 3 课:进一步研究岩石	无处不在的岩石	Ⅰ	介绍不同类型岩石的成因	了解对岩石分类的方法	
	第 5 课:关于矿物知道什么	长石	Ⅰ			
	第 6 课:观察矿物:它们有什么相似点和不同点	硫黄	Ⅰ	补充介绍 12 种矿物	每一种矿物仅由一种物质组成,这一物质在所有的矿物标本中都是一样的。矿物的不同主要体现在:颜色、质地、气味、光泽、透明度、硬度、形状和对磁铁的反应	培养研究矿物的兴趣
	第 7 课:描述矿物的颜色	赤铁矿、石墨	Ⅰ			
	第 8 课:用光照射矿物	方解石、白云母	Ⅰ			

续表

单元	课题	阅读材料	类型	主要内容概述	指向的概念	价值
岩石和矿物	第9课:探究矿物的光泽	方铅矿、石膏	I			
	第10课:研究矿物的硬度	金刚石、滑石	I			
	第11课:用磁铁验证矿物	让天然磁石为人们指引方向	III			
	第12课:描述矿物的外形	石英、萤石	I			
化学实验	第6课:探索晶体	晶体的世界	II	了解生活中的晶体及其用途	蒸发和过滤是将液体和固体混合物分离的两种途径	了解化学物质在我们生活中的重要作用
	第12课:鉴别未知的固体物质	化学用品无处不在	II	介绍小苏打、糖在生活中的应用	能运用学过的知识和科技能解决新问题	
	第15课:用紫甘蓝汁鉴别常见液体	生物体内的酸、胃酸消失的因子	II	介绍生物的酸碱度,利用中和反应治病	学习酸、碱、中性物质的知识	体会科学对生活的作用

续表

单元	课题	阅读材料	类型	主要内容概述	指向的概念	价值
声音	第4课:尺子的声音	超声波与狗,大象的隆隆声	I	介绍人耳听不到的两种声音:超音波与次声波	音高是由振动的频率决定的	不能感受到的声音可以通过其他方式来认识
	第6课:看不见的振动	世界各地的管乐器	II	介绍世界各地用简单的东西制作的乐器	声音通过空气的振动传声	
	第8课:制作一个鼓膜模型	保护我们的听力	I	为什么要保护我们的听力和怎样保护我们的听力	人耳中有鼓膜。声波沿外耳道到达鼓膜,使其振动,再经过其他结构传导,把这种信号传递给大脑就产生了听觉	认识听力安全的重要性
	第14课:利用空气和弦制造声音:人的声带	利用我们的声带产生声音	I	介绍声带怎样发出声音的	讲话的声音是气流通过喉引起声带的振动产生的	了解更多关于声带的知识

4 年级阅读材料分析

单元	课题	阅读材料	类型	主要内容概述	指向的概念	价值
动物研究	第 5 课：生长在水陆交界处的生物：招潮蟹	研究海豚的行为	Ⅰ	讲述了海豚研究所的人员是如何研究海豚行为的	生物的身体结构和习性决定了它对周围环境的适应程度	我们无法带着学生去研究海豚，通过阅读可以让学生了解海豚的行为
	第 15 课：没有什么地方像我家那样最适宜生存	哪些身体结构使海狸鼠适应特定的生存环境	Ⅰ	讲述了海狸鼠的生活环境以及它的生活习惯	一定的行为习惯以及身体结构使动物在特定的生存环境中生存下去	使学生了解有些动物能适应不同的环境
陆地和水	第 2 课：水循环：制作水土循环模型	利用水循环	Ⅱ	讲述了大自然中水的循环，以及在美国不同地区是如何收集雨水来解决水资源缺乏问题的	地面水蒸发、上升、凝结，然后落到地面，汇集到河流、湖泊、海洋、土壤和岩石中，这个过程被称为水的循环	了解大自然的水循环，使学生们意识到今天我们所学的水循环非常有意义
	第 6 课：水流到哪里去了？地下水及径流	我们的饮用水是从哪里来的	Ⅱ	讲述了我们平常所饮用的水是从哪里来，又是经过了怎样的净化过程	人类能以各种方式影响侵蚀和沉淀。	使学生了解饮用水是从哪里来的，激发学生学习的兴趣
	第 7 课：土壤到哪里去了？侵蚀和沉积	冰川：冰的河流	Ⅰ	讲述了冰川是缓慢移动的、巨大的冰河，在流下山坡时，会侵蚀土壤	土壤的性质和水的流动会影响侵蚀的程度	使学生了解更多的冰川侵蚀知识，拓展了学生的知识面

单元	课题	阅读材料	类型	主要内容概述	指向的概念	价值
陆地和水	第12课：水坝：人类如何改变水流方向和流量	排水	Ⅰ	讲述了水库的作用，主要介绍了利用水库的排水作用来进行水力发电	人类可以通过一些方法人为控制陆地和水的相互作用	使学生了解了更多的知识，拓展学生的学习视面
	第16课：保护我们的家园：测试陆地与水的相互作用	流水公寓：赖特的杰作	Ⅱ	讲述了赖特先生设想、设计、建造流水公寓的过程	人类与各种自然物质相互作用，影响着景观的变化	学习更多知识，将陆地和水的相互作用应用到房屋设计与建造中
	第2课：运用设计图记录与建造	没有运动的比赛	Ⅱ	介绍了世界著名赛车选手鲍比·端霍在设计并制造他自己的"印地赛车"时的经历。	认识科学解决实际问题的价值	通过鲍比·端霍设计赛车时遇到的困难，激励孩子们在制作过程中要像鲍比·端霍那样不畏困难
	第5课：根据需要设计小车	月球漫步者：在月球上行走	Ⅰ	介绍了什么特点的车可以在月球上行走，并且介绍了月球漫步者	工程师提高，修改并改进设计来满足特殊的要求	使学生理解一种特殊小车装置——月球漫步者
运动和设计	第10课：测试空气阻力对小车运动的影响	雪莉·摩尔当尼——高速赛车手	Ⅱ	讲述了一名高速赛车手雪莉·摩尔当尼在比赛的历程中遇到的点点滴滴	空气的阻力是小车运动速度减慢的一个原因	了解为最大程度地减小空气阻力是如何设计赛车的，知道世界上有一名优秀的女高速短程赛车手
	第14课：计划我们最终的富有挑战性的设计	如何从普通小孩转变成工程师	Ⅱ	讲述了琳达·胡安是如何从一个普通的小孩转变成工程师的	工程师提高，修改并改进设计来满足特殊的要求	使学生更多地了解了设计职业，他们可能会对此产生兴趣，并在将来以此为职业

337

5 年级阅读材料分析

单 元	课 题	阅读材料	类 型	主要内容概述	指向的概念	价 值
微观世界	第 10 课：探索常见物体	和罗伯特·胡克一起去观察	IV	介绍胡克是怎样发明显微镜的	了解显微镜是如何被发明的	了解科学史，激发兴趣
生态系统	第 3 课：建造一个水族箱	浮萍，伊乐藻，海藻：它们为什么重要	I	介绍这三种植物的特点及对水族箱的作用	生态系统中的生产者	
	第 4 课：把动物放进水族箱	食蚊鱼：健壮的小型鱼；蜗牛：头长在脚的末端	I	介绍两种动物的特点	生态系统中的消费者	生物之间是相互依存的
	第 5 课：观察完整的水族箱	植物生长：种子如何焕发生命力	I	介绍种子发芽的条件和发芽的过程	植物的生命周期	
	第 6 课：把动物放入饲养所	等足类动物：三像一只龙虾；近距离观察蟋蟀	I	介绍蟋蟀和等足类动物的行为区别	动物的生命周期	
	第 8 课：破坏生态系统的平衡	酸雨背后的故事；农作物和仁当盐不再安全	II	介绍三种普通的环境污染物（酸雨、化肥和融雪盐）	自然和人造物体都会破坏生态系统的平衡	

续表

单元	课题	阅读材料	类型	主要内容概述	指向的概念	价值
生态系统	第14课:得出实验结论	切萨皮克海湾:濒危的生态系统	II	切萨皮克海湾的生态危机	污染物会影响生态系统的平衡	
	第15课:分析一个实际的环境问题	观点活页:普通市民、地产开发商、游船船主、渔民等	II	通过五组分别持有不同观点的人展示海湾污染问题	尊重实验结果,它可以帮助我们做出决定	保护生态平衡
	第5课:了解更多的关于淀粉的信息	没有淀粉的生活如何?可能会很艰难	I	介绍淀粉的作用和含淀粉的食物		
	第8课:了解更多的关于葡萄糖的信息	缺乏能量?吃这些吧	I	介绍葡萄糖的作用以及含葡萄糖的食物		
食品化学	第11课:了解更多关于脂肪的信息	关于脂肪的好消息	I	介绍关于脂肪的作用以及含脂肪的食物	在不同的食品中可发现其中含有的淀粉、糖、脂肪以及蛋白质的量是不同的	不同的营养素对人体有不同的作用,所以为了保持身体健康,必须合理饮食,均衡膳食
	第14课:了解更多关于蛋白质的信息	蛋白质:机体组织的构建者	I	介绍蛋白质的作用以及含有蛋白质的食物		
	第15课:研究食品营养成分表:联系	维生素	IV	介绍维生素各种类的作用以及各种维生素名称的由来		

续表

单元	课题	阅读材料	类型	主要内容概述	指向的概念	价值
漂浮与下沉	第8课：物体的大小影响它所受的浮力吗	船的设计	IV	介绍船的由来	浮力的大小与排开的水量有关	学以致用，与生活实际相联系
	第10课：在水中发生了什么	找到了！阿基米德发现浮力的故事	IV	介绍阿基米德是如何发现阿基米德原理的	物体在水中受到的浮力等于物体在水中排开水受到的重力	了解科学家的伟大发现
	第15课：设计液体比重计	普利姆索尔线的故事	IV	介绍吃水线为什么被立法，不同密度的水中的最高吃水线	作用于物体的浮力随它放入的液体的密度的不同而变化	从生活中揭示很多科学道理

6 年级阅读材料分析

单 元	课 题	阅读材料	类 型	主要内容概述	指向的概念	价 值
植物实验	第 1 课:关于实验,你知道些什么	威斯康星星速生植物	I	介绍了威斯康星星速生植物的来历以及威斯康星星速生植物生长所需的条件	植物需要土壤中的营养物质、光照和水分	在学生开始实验之前先了解即将研究的植物的特殊性,激发学生学习的兴趣
	第 2 课:识别变量,设计一次公平实验	威斯康星星速生植物的生命周期	I	介绍了威斯康星星速生植物是如何在一个相当短的时间内走完它所有生命周期的	营养物质、光照和水分的数量都会影响植物的生长	
	第 7 课:授粉和相互依存关系	蜜蜂和苔藓:相互依存	I	讲述了苔藓和蜜蜂之间的关系,以及它们是如何利用这种相互关系的	为了结出果实,对开花植物需要先进行授粉	了解苔藓和蜜蜂相互依存关系的复杂性
	第 14 课:两个向性实验	植物的向性	I	讲述了为什么植物的根向下生长而它们的幼芽却向上生长	植物的生长方向受地球引力和光照的影响	学习植物的向性知识
	第 15 课:关于植物的向性现象,我们所发现的	太空大豆案例	I	讲述了太空植物的生长情况和现象	植物的生长方向受地球引力和光照的影响	学生进一步分析资料

续表

单 元	课 题	阅读材料	类 型	主要内容概述	指向的概念	价 值
	第 2 课：建立一个影子的记录	太阳钟	IV	介绍了太阳钟日晷的使用难题及现今的使用状况	太阳投射形成的阴影可以用来测量和预测一天的时间	了解了我们所做的实验是有意义的，激发学生的兴趣
	第 3 课：是太阳在移动吗	由太阳光下的影子知道的	II	讲述了我们可以根据影子的长短来确定是否在危险区		了解自己做的事是很有意义的
测量时间	第 4 课：计算日子：设计一个日历	早期的历法	IV	讲述了很久以前各种早期文明制订的历法	自然现象的循环周期可以用来测量时间	
	第 5 课：预测月相	月亮传说：为什么月亮会有圆缺	IV	讲述印第安人和非洲卡拉伯里沙漠丛林居民关于月亮两个传说	月相的周期变化可以用来测量和预测一个月的时间	促使学生迫切研究月相形成的真正原因
	第 7 课：用水测量时间	水钟	III	介绍了古往今来人们使用过的许多不同种类的水钟	以固定速度发生变化的机械工具可以用来测量时间	使学生了解早期使用的水钟，提高学生学习的兴趣
	第 12 课：比较结果	伽利略和钟摆	IV	讲述了伽利略在比萨斜塔注意到吊灯有规律地来回摆动，于是他进行计算和观察最后发明了钟摆	摆的摆动周期可以用来测量时间	使学生了解了钟摆的来历

续表

单 元	课 题	阅读材料	类 型	主要内容概述	指向的概念	价 值
磁铁和电动机	第6课：使用指南针：哪个方向是哪一个极	动物会用到磁场吗	I	讲述了动物们如何寻找它们的路	磁铁有两个相反的磁极，这两个磁极可以用来确定方向	了解到地球磁场的作用，激发学生学习的兴趣
	第9课：设计实验来测量电磁铁的强度	这是关于谁的故事	IV	讲述了J.H.这个人物的一生，主要讲述了他做的关于电的实验	电路中的电流可以产生磁性，根据这个性质可以制作一个电磁铁	让学生感觉到他们也能成为神秘人
造纸技术	第2课：对纸的仔细观察	现代木材造纸业	V	讲述了纸的制造过程：收割木材，蒸煮，成纸	手工或用机器造纸的步骤包括：准备纤维，搅拌并准备好纸浆，设计纸的属性，压平，晒干，然后完成	让学生了解造纸业，使学生对造纸产生浓厚的学习兴趣
	第5课：回顾实验结果	书写媒介的历史：从泥土到今天	III	讲述了人们从没有纸写字到纸张发明之后人们的变化	纸是一种很重要的再生资源	了解纸的历史，拓展学生的知识面
	第10课：制造再生纸	循环报纸：你能够使用的信息	V	讲述了造纸业回收材料制造再生纸的过程	关于材料属性的科学和技术知识可以应用于造纸的设计策略	让学生了解循环报纸，提高学生学习的兴趣
	第14课：纸的变化：嵌入和浮凸	如何印制百万美元	V	纸币的制造过程：开始，模板制作，印刷	关于材料属性的科学和技术知识可以应用于纸币的设计策略	纸币是非常常见的，通过阅读增强学生学习的兴趣

第十一章

STC课程科学笔记应用的分析研究①

一、科学笔记研究的意义和价值

2006年9月，我校参与了由中央教育科学研究所小学科学教育研究中心组织的"探究式科学教育研究项目"实验，为期6年的美国STC课程实践和研究，使得参与该实验的3名教师、100余名学生得到了不同程度的发展，并促进了我校在课程改革进程中对课程的认识与理解。

2011年3月起，我们开始在课程实施中关注"科学笔记"的使用。以STC课程从1年级到6年级的24个单元"教师教学用书"为主要研究对象，结合课程实践和学生的发展，辅以边实践边分析总结的行动研究，对STC课程实施中科学笔记的运用进行了专门研究。

纵观STC课程小学阶段的24个单元，均在教师教学用书中对学生的科学笔记做了详细的指导：单元教学目标中有具体指向记录的内容；

---

① 本章为江苏省吴江市吴江实验小学课题组子课题研究报告，执笔者为吴莘萍、吴雯、朱琛、沈芳。

材料清单里有科学笔记、记录单的准备提醒；单元教学的重点分析里有学生笔记本使用的方法说明；教学策略中有记录方法指导策略的呈现（如维恩图的制作和使用等）；评价策略中涉及记录单、维恩图、学生写作等。具体到每一节课，教师教学用书中都详细地给出了记录单样表以及具体的记录方法指导。单元后测的内容不仅有学生记录，还根据年段给出了具体的评价指标……STC 课程认为，做科学笔记是学习科学的重要组成部分，有利于学生们回忆和反思，有利于提高学生们叙事的能力，有利于学生们对科学概念的建构，并且能为学生和教师提供一种独特的评价视角。由此可见，STC 课程将科学记录和写作能力作为学生科学素养的重要组成部分。

目前，我国越来越多的一线教师开始关注科学笔记对学生学习科学的重要性，但以教师的个体行为居多，可供参考的经验不多，尤其是缺乏可供借鉴的具体指导。对 STC 课程中科学笔记应用的研究，不仅有助于实验者对 STC 课程的深入理解，还可以为我国同行提供参考，让"科学笔记"真正成为孩子们最好的"科学教科书"。

二、STC 课程记录技能的培养及儿童思维发展

科学笔记是指学生在亲历各种科学探究活动的过程中，以各自独特的思维形式保存下来的，既能体现知识获得又能体现情感态度价值观的科学实践记录。如果把探究看作是一个面，那么科学笔记就是其中的一个点，它显示了学生亲历科学过程的印迹。做科学笔记能有效地促进学生探究能力的提高，加深学生对科学现象的理解，并能培养学生求实的科学精神与严谨的科学态度。

（一）STC 课程中学生记录技能的培养

STC 课程在教师教学用书中循序渐进地安排了学生进行科学记录的内容，遵循从集体到个人、从简单到复杂、从单一到多元、从现象记录到深度思考等原则，有步骤、分层次地引导孩子进行科学记录，有效地促进了孩子科学素养的提升。因此，依据 STC 课程对科学记录进行分析和梳理，挖掘其在科学记录方面的推进策略显得尤为重要。

我们对 STC 课程 24 个单元的教师教学用书进行了梳理和提炼，初步形成了达成目标分解表。该分解表纵向列出了与记录有关的 12 个方面，也是我们对学生科学记录培养的一些关注点。横向呈现了 1—6 年级不同阶段的发展要求（见附件：STC 课程中学生记录技能 1—6 年级的达成目标分解表）。

1. 从被动接受到主动建立

从科学笔记里，我们可以获得很多学生学习科学的信息，每一本科学笔记都承载着一个孩子多彩的世界；从科学笔记里，我们可以看到很多孩子科学素养提升的痕迹，每一本科学笔记都记载着一个孩子成长的足迹。为此，为孩子们准备科学笔记本记载孩子们自己的研究足迹，在小学科学教学中显得尤为重要。通过将散落在 STC 课程实施中的要求串联起来，我们发现，STC 课程中明确提出了学生准备科学笔记本的要求，在每单元的概述里总可以见到有关的提示。如 1 年级的第 1 个单元"天气"的教师教学用书中就明确要求：把本单元所有的记录单以及教师教学用书中的学生指导、阅读材料等装订成册，形成"我的天气笔记本"。再如第 2 单元的"比较与测量"中为孩子们准备了"我的比较和测量用书"，6 年级"植物实验"单元中则提到，鼓励学生使用对教师和学生都极有价值的笔记本，以反映他们的进步情况，并充分发挥科学笔记本的交流性，除了教师和同学，还可以与家长以及其他感兴趣的人分享研究的成果和取得的进步。

通过对 STC 课程 24 个单元的梳理，我们发现各单元除了在课程的具体实施过程中提出了记录的要求外，每个单元在概述里都对科学笔记本的准备与使用有相关的指导。

例如 1 年级"天气"单元的单元结构分析中，对"学生笔记本"是这样表述的："这单元自由选择的可消费的笔记本——'我的天气笔记本'已经印刷好了，笔记本是学生个人的，它把所有的记录单和教师教学用书中的学生指导装订成册……如果学生不用这本笔记本，你将需要为学生制作一本教师教学用书中的记录单和学生指导用书。学生可以保留他们的笔记本，将其作为对他们学到内容的提示。"

再如 3 年级"声音"单元的单元结构中有这样的表述："所有的记录单、图表、学生指导和阅读资料都是可以复印并与本单元的教学结合使用……学生的科学日记是学习成果的另一种类型，它们显现了学生在过去一段时间的思想、观点和问题。"

5 年级"漂浮与下沉"单元中亦有有关学生科学笔记的描述："学生准备一个科学笔记本，将记录整个单元学习过程中的个人想法……给每个学生复印一张记录单……告诉学生可以将记录单对折后放入科学笔记中。"

从上述材料我们不难看出，为了引导学生有效地建立自己的科学笔记，STC 课程采用了在低年级为学生提供科学笔记，引导学生填写并收集保存记录单的方法。随着记录能力的提升，学生不再满足于填写记录单，他们的观察更细致，想法更多，需要引导学生意识到这些也是科学笔记中可以记录的内容，于是 STC 课程在 2 年级的时候就逐渐告诉学生可以运用记录本中记录单的背面来说明和记录额外的观察结果（见附件）。按照这样的发展要求，从 3 年级起 STC 课程开始要求学生自己建立单独的科学笔记本进行记录，同时收集整理各类记录单、图表等，并完善自己的科学笔记本。我们认为，这样的安排让学生在被动接受记录文本的过程中逐渐成长，逐渐可以建立自己的笔记本，是符合孩子们的年龄特征、心理特点以及能力发展水平的。

科学学习初期，孩子们的书写能力、研究能力以及自我反思能力都不太强，STC 课程为孩子们提供了印刷成册的单元学习手册（笔记），主要通过记录单的方式引导孩子们确立记录的意识，形成记录的习惯，并逐渐培养保存记录的能力。

随着孩子们的成长，记录能力、阅读能力和个体实践能力的增强，课程对科学笔记本的要求有所提高，将科学日志这一拓展延伸性的要求发展为正式的要求。要求孩子们在完成学生学习手册（记录单为主）的同时，把课前预习所产生的问题、课后收集的相关资料、课外活动的内容也一一记录下来。这一阶段，STC 课程鼓励孩子们尝试对科学学习过程中记录单以外的其他信息和灵光一现的思考及时记录，通过个人的科学日记本，展现他们个性化的研究与思考。

到了高年级，孩子们的记录意识和记录能力都达到了一定的水平，STC 课程引导孩子通过一本科学笔记，将研究的全过程（思考和疑问、材料、为自己找到的真相或解释、需要深度探究的问题等）进行详细、真实而又清晰的记录。这样的记录能力是在前期不断指导和训练下形成的。记录本已经从最初的集中统一的学生手册，逐渐发展到以单元项目为主题的学生手册和科学日志的系统融合。每个单元的笔记都展示了孩子们探究过程中的所见、所思、所悟、所得，是孩子们获得的属于自己的独特的科学书。

2. 从班级到个体再到小组

与科学笔记的准备一样，STC 课程在记录主体的安排上也随着学生思维发展和能力提升的脉络不断变化。根据初次接触科学记录的学生心理准备的需要，课程通过班级记录、教师示范记录的集体记录方式对学生个体记录的发展从技术和情感上给予支持和保障，然后不断发展为以学生个体记录为主、班级记录为辅的第二层次。从 4 年级开始，记录的主体逐渐从个体向带有社会性发展的群体（小组）发展。下面是从 STC 课程教师教学用书中选取的几个教学流程片段，从中我们可以看出 STC 课程在该方面的思路。

第一层次：集体记录引导下的个体记录（一般时长约 1 个学期，2 个单元）。

以 1 年级"比较与测量"单元为例。

第 1 课"比较我们的相似处与不同处"。

准备工作：

●在记录单上写上标题"关于比较和测量我们知道些什么"，并在这张记录单上面记上今天的日期和课题。

●在第 2 张记录单上写上标题"我们的相似处和不同处"，并记录日期。

……

步骤：

●向学生介绍本单元的课程，让他们知道在接下来的 8 周时间里，他们将探索比较和测量。

●让学生思考关于比较和测量他们都知道些什么。几分钟后，全班分享想法，教师在"关于比较和测量我们知道些什么"的表格中记录这些想法。

●展示表格"我们的相似处和不同处"，让学生知道看事物哪里相似和哪里不同时，就是比较。鼓励他们寻找搭档进行比较。

●讨论分享后，教师在表格中记录学生的想法。

……

最后的活动：

学生传看记录单"我和我的搭档"，并在教师的指导下进行记录。

在该课的教学过程中，学生的科学记录能力是在教师的引导下逐渐发展的。教师通过准备班级记录单、记录他们的想法，潜移默化地对孩子进行科学记录的指导。如科学记录的前面要有标题、日期，要写上自己的想法等，为接触 STC 课程不久的孩子们搭设了科学记录的脚手架，然后安排孩子们照样子进行记录单的填写，让他们体会到成功的快乐，有效地保持了起始阶段学生进行科学记录的热情。此外，在该单元中安排的班级集体制作网络图，展现学生的前期了解和后期学习的新想法，是为学生科学日记的格式做的示范。

第二层次：个体独立记录（一般时长约 2 个半学期，4 个单元）。

以 1 年级下学期"生物"单元为例。

第 1 课"分享知识：关于生物我们知道些什么"。

●介绍本单元。说明在接下来的几个星期内，班级将观察和讨论有生命的物体。

●给每个学生发一张记录单"我的有生命的物体"，让学生独立做以下事情：

＊把你的姓名和今天的日期写在记录单上。

＊在记录单上画一个有生命的物体。

＊在这张图中加上你认为有生命的物体正常生活需要什么。

＊为图画的各个部分写上标签。

＊完成句子：我画了一只＿＿＿＿＿＿，我认为它需要＿＿＿＿＿＿。

……

●出示写有"我们的有生命的物体"班级记录单，记录学生们的回答。

在该课的教学流程中，我们可以清晰地发现记录主体已经悄然发生了变化，它要求学生在全班交流之前先独立画出生物并进行描述，提高了难度。经过一个学期两个单元的引领和示范，孩子们已经初步具备了独立记录自己想法的能力。孩子的思维技能在不断发展中，他们运用感官进行观察，并能从对一个特征的关注转换为对几个特征的同时关注。他们也正在形成将具体经验联系在一起的能力，而且经过了一个学期的科学学习，他们对自身以外事物的关注能力在逐渐提高，开始更多地倾听和表达，并开始进行简单的小组合作。这些都为他们独立记录自己思考的内容提供了保障。

第三层次：从个体记录到趋向合作研究的小组记录（一般时长 3 个学期，6 个单元以上，延续到中学）。

以 4 年级"动物研究"单元为例。

第 2 课"把动物邀请到教室"。

步骤：

让学生观察教室环境。

……

●让学生讨论以下问题：为了把青蛙、蜗牛和蟹带到教室，你需要知道些什么？

●在四人小组中，学生阅读与动物有关的信息，讨论在教室里怎样才能满足它们的需要。

●回顾小组角色和分工。

组长：统筹全局。

记录员：在活动中记录小组讨论的结果并整理供组员参考。

汇报员：依据记录员的记录，把小组意见向全班同学汇报。

调查员：负责研究过程中出现问题时向老师请教。

●设计最好的方案来帮助动物在教室里生存，记录并准备分享。

……

从 4 年级开始，STC 课程开始安排学生在科学记录时从独立自主走向小组合作。在这个年级中，学生是以四人小组的方式学习的。它给学生提供了表达自己想法的空间，并且可以从中得到反馈信息。同时，它给学生提供了了解他人想法的机会。在教师的指导下，学生的交流能力也得到了提高，学生会发现通过集体讨论可以学到很多东西。随着合作学习的展开，课程实施过程中的记录也由原来的个人独自完成后交流发展为选举记录员记录小组讨论的结果并进行整理。记录主体的发展变化，一方面是学生逐渐成长为社会化的人的一种需求，另一方面也是研究主题不断深化而促进学生思维深度发展的需要。

3. 在循序渐进的安排中不断提升难度

我们认为，STC课程教师教学用书中对科学记录形式的引入不仅遵循着由浅入深、从简单到复杂的原则，而且依托具体的研究主题逐渐呈现，注重了记录形式多样化和记录要求层次化的渐进安排。STC课程把记录形式的选择也作为学生思维发展的一个重要载体。

（1）丰富的记录形式。

从提笔记录开始，就涉及记录是以何种形式进行的。STC课程在安排中依据学生的年龄特点呈现了丰富的记录形式，主要有：简短的文字描述、生动的简图、简单的表格、问题记录表、想法和解释、柱状图、数据资料粘贴、实体测量记录、符号记录、曲线图汇总分析、班级网状图、维恩图、卡片日志（种植卡片、天气记录卡片）、班级故事、自编书籍杂志（如种子书籍）、绘图（从蝴蝶单元开始加强）、数据表、鸟瞰图、图纸设计、实验方案设计、工程图纸设计（景观的建造、小车设计图纸）、日志、研究报告等。这些丰富多样的记录形式可以让学生在亲历探究的过程中，将现象和发现记录下来，以获取证据。

（2）渐进的记录要求。

STC课程中记录的形式是多种多样的，根据学生的年龄特点和记录水平，将上述各类记录形式按照难易程度渐进地分布于24个单元中，其中文字和图画是记录的主要形式。

就文字而言，对写的要求是逐渐提高的。最初由于学生识字量有限，只要求学生用短语和词汇进行表达，需要使用句子描述的还会给出句子引导词予以引导。记录单上教师的提示也多以图画的形式表示。高年级，随着学生思维能力的提升、识字量的不断增加，对运用文字进行描述和记录不仅有数量上的，还有质量上的要求。例如，能使用正确的词汇表达，要关注观察描述和实际事物在多大程度上符合。

就图画而言，要求也是不断提高的。在低年级，图画表达为"简图"，要求较低，主要引导孩子们形成用图画记录的意识，养成用图画记录的习惯，对形象、精致程度要求不高。如下图所示，下左图是1年级学生绘制的关于"有生命的物体以及它的生活需要"的内容，显然技术含量不高，精致程度不够，需要加文字注解；下右图是1年级"比较与测量"单元中学生的实验数据记录，记录单是简图和数据的组合。

从 3 年级开始，图画开始表达为"绘图"，也称技术制图，并开始结合课程内容对这一记录形式进行具体的训练。训练分为两个步骤，首先是给已有的技术制图进行结构标注，如 2 年级"蝴蝶的生命周期"单元中就有这样的记录训练。

你能标记出毛毛虫各部分的构造吗？在各部分名字前面标有数字，请你将相应的数字标记在图中的方框内。

1. 前后足　　2. 头　　3. 眼睛　　4. 嘴　　5. 刚毛

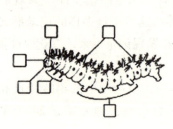 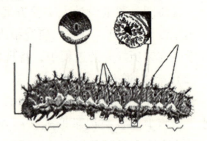

当学生对技术制图有一定的了解后，便开始尝试结合项目组织学生自行绘制技术制图，如 4 年级"动物研究"单元第 6 课"进一步观察招潮蟹"中有如下记录任务。

记录单 6 – B

姓　　名：

日　　期：

绘制招潮蟹的图

招潮蟹有一些很有趣的特点，招潮蟹身体的一些部分难以看到，因此需要仔细观察和绘画。使用铅笔以便在观察过程中进行修改，尝试找到招潮蟹嘴巴的位置。

进行技术制图远比简单的画图要难得多，那么如何引导学生进行技术制图呢？

首先要求学生进行细致的观察，用精细的线条记录对象的每个特点，将更多的精力倾注在细节上。

普通画图　　　　　　　　　　　技术制图

其次要求学生掌握技术制图的方法，如比例、形状等。

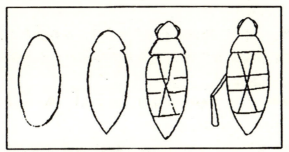

最后要求学生用标注为技术画图添彩。

此外，各种研究记录表的填写、各种图表的绘制也是按照从易到难的顺序编排，让孩子们跳一跳就能摘到果子，从而保持长久记录的兴趣。

STC 课程每一个新的记录方式的出现都遵循了两个原则：关注原有基础，关注现有困难。这为今后孩子们创造性地进行记录做好铺垫。

4. 把握节奏，关注本质，促进能力的提升

科学记录能力的发展需要得到评价的支撑。为此，STC 课程对学生科学记录的评价尤为关注，并通过具体的文字落实在每节课的评价指导以及单元评价指导中。例如 5 年级"微观世界"单元，几乎每一节课都有对记录内容的评价指导。

第 1 课：记录单是否显示了学生观察技能的不断发展。

第 2 课：所有的观察结果是否被清晰、完整、准确地表达出来。

第 3 课：记录细节是否准确清晰，写出观察结果的能力是否不断进步。

第 4 课：绘制的透过放大镜看到的图片是否清晰、准确、完整。

第 6 课：记录显微镜下物体的观察绘图是否清晰、准确、完整。

第 7 课：记录单是否反映了学生对"视野"概念的理解和掌握。

第 8 课：绘制的"头发丝"或"羽毛"是否反映了利用显微镜观察到的实际内容。

第 9 课：是否准确地记下了他们所观察的内容。

第 10 课：在"我所能看到的"一栏中的绘图是否能反映这一标本的实际内容。

第 11 课：关于洋葱的绘图是否清晰、完整、准确，是否可供你从中分析出标本的基本结构。

第 12 课："团藻"绘图是否与实际相符，各部分是否有标注。

第 13 课："赭纤虫"绘图是否与实际相符，各部分是否有标注，是否用句子进行描述。

第 14 课："醋鳗"绘图与标注、描述的句子是否包含活动方式、相对大小、颜色以及观察时的感受。

第 15 课：能否制出准确、完整、清晰的绘图（技术制图）。

第 16 课：能否从不同的角度画出干草和青草浸泡液中的微生物，是否做到准确、完整、清晰。

第 17 课：是否在修改原有记录单想法的驱使下重新做记录并进行比较。

单元评价：本单元的学生记录本除了包括记录图、书面描述、已经完成的记录单之外，是否还有学生的一些补充性调查、报告等。

我们对 STC 课程 24 个单元教师教学用书中关于科学记录的评价指导进行了梳理，认为 STC 课程的记录评价指导有以下两个特征。

（1）记录评价的节奏有疏有密，先密后疏。

STC 课程根据学生的年龄特点和课程内容，对学生的科学笔记进行了疏密相间的评价与指导。低年级是儿童接触科学记录的初期，教师对学生记录的关注以课堂评价为主，以集体交流反馈评价为核心，评价的节奏快，几乎落实到每节课上，给学生的指导也十分明确。例如2年级，学生关注的细节较1年级有所增多，学生可以记录下来的想法也增多了。但是低年级的科学记录本主要是教师下发的科学学习指导手册，没有多余的活页。教师可以及时进行课堂评价与指导，告诉学生可运用记录本中记录单的背面来说明和记录额外的观察结果。到了高年级，学生记录能力逐渐提升，教师鼓励学生平时要更多地将记录本带在身边，课后随时记录发现和想法。

（2）记录评价的指导立足现象，关注本质。

对记录进行评价的最终目的是提高学生的记录能力，促进学生对科学本质的理解。STC课程对记录的评价要点也遵循着从简单到复杂、从现象到本质的原则，并逐步推进。下面是1年级和5年级两个单元的记录评价要点。

1年级"比较与测量"单元科学记录的评价要点。

●记录单是否说明了学生区别异同的能力？

●学生在整个单元后的发现是否比第1节课的发现具备更多细节？

●学生是否选择了测量标准，是哪一种？

●学生是否在测量结果上标明了所使用的测量单位？

●学生的记录单上是否标明了姓名和日期？

●学生的记录单上是否有认真的预测和实测记录？

5年级"漂浮与下沉"单元科学记录评价的要点。

●学生是否写清了他们想法和问题中的细节？

学生是否说明了自己所做预测的原因？

学生的观察结果中是否有对体积影响小珠子沉浮的解释？

●对于他们的预测，学生提供了哪些好的理由？这些理由都是真实准确的吗？

学生有没有很好地应用弹簧测力计获得一致的测量结果？

学生是否开始认识到确定结果的重要性？

●学生有没有很好地确定每种物体的平均重量？

●关于物体的大小与重量的关系，学生有什么想法？

对于下沉的物体与其重量的关系，学生有什么想法？

●学生是否明白了物体的形状可以影响物体的沉浮情况？

学生分辨出新变量可以影响物体的沉浮吗？

学生能否分辨出相似设计的船，哪个下沉，哪个上浮？

学生能否分辨出不同设计的船，哪个下沉，哪个上浮？

分析实验数据时，学生会提及相关的实验现象吗？

学生的书面报告详尽吗？

●关于盐在水中溶解形成盐水，学生的观察结果是什么？他们的观察是否体现了他们对盐水是两种材料的混合物的理解？

学生记录他们的预测了吗？有没有理由说明他们将要验证的预测？

关于液体比重计是怎样浮在盐水上的，学生有怎样的预测和观察？

学生的整个笔记反映他们验证预测的技能了吗？

通过比较，我们不难发现，STC课程对学生科学记录的评价是逐渐深入的。在1年级，对记录的评价主要关注的是能否将观察到的信息记录下来；格式是否规范；是否有细节描述；是否能记录自己的想法；是否采用了新的记录方式进行记录；等等。到了5年级，记录评价更多的是关注记录的观察结果是否被清晰、完整、准确地表达；是否使用了新习得的词语；记录细节是否准确清楚；记录观察结果的能力是否不断进步；是否在科学记录本里记录了预测、想法；是否描述了预测的理由；是否具有了很好的形成假设的能力；是否把记录单、笔记本、阅读材料都作为获取信息的来源；是否对记录进行了整理和解释；等等。通过比较我们发现，对学生科学记录的评价是从关注记录现象（是否记录，是否记录了基本的内容）开始，逐渐向关注学生思维发展的（数据、想法、观念、解释）方向进行。这样的评价趋势势必会引导学生通过科学记录逐渐感悟科学的本质，体会记录的重要作用，以促进学生科学概念的建构，从而提高学生的科学素养。

此外，STC课程的科学记录讲究规范与个性的统一。规范说的是科学记录的基本格式，如日期、时间和标题被课程反复提示和强调，不断促进孩子思考为什么要讲究这些规范，引导他们理解统一的格式既可以方便自己查看和整理，又可以为与同伴和他人分享记录带来方便。个性表现在多个方面，例如每个孩子的记录本封面可以进行个性化装帧，以体现学生爱好、思维等的差异。

STC课程科学记录的其他价值也随着学生的成长逐渐体现。在低年级，主要表现为发展语言；到高年级，主要表现为发展思维，建构概念。例如，在比较和交流中修正原有的看法；为有理由的预测提供依据；寻找证据修正前概念；等等。

（二）STC 课程的科学记录促进了儿童思维的深度发展

1. 提供思维脚手架

（1）词汇与句法模型。

思维不仅用词语表达，它还通过词语得以存在。儿童在充分形成概念之前就开始运用词语，在词语的帮助下与他人相互了解，词语在儿童未达到充分发展的概念水平以前充当着交流的工具。STC 课程在设计中充分体现了这些观点。例如"岩石和矿物"单元的第 1 课，学生在科学笔记本上记下用来表述岩石性质的名词，并在后续的学习中建立了一个可以用来描述岩石的形容词词汇表。课程还鼓励学生在学习过程中不断增加新的词汇，利用这些词汇来描述岩石的性质，根据所描述的性质对岩石进行分类。学生在记录中所形成的这份词汇表，可以帮助学生准确而及时地区分不同的岩石，修正和完善对岩石的看法，并在同伴间进行有效的交流，从而促进思维的发展。

言语结构对思维发展的作用也得到了 STC 课程的重视。例如 1 年级的"固体和液体"单元中，设计了给孩子的科学日记准备的引导词，如"我认为钢球是一个固体，因为＿＿＿＿＿＿＿＿＿""我认为胶是液体，因为＿＿＿＿＿＿"这就是在利用言语结构帮助学生发展思维方面进行的积极引导。

（2）网络图与维恩图。

网络图以图形的形式记录观点，主题或核心内容位于中心。这类图形能呈现有关认识和核心概念之间的关系，能帮助学生认识他们关于某一主题已经掌握的知识，并尽可能多地进行联想。STC 课程在科学记录中大量采用了这种形式。

例如 5 年级"生态系统"单元第 5 课"观察完整的水族箱"。

为了帮助学生想象水族箱中的关系，你要用一种特别的方式——网络图，来记录他们的观察结果。

●首先在大白纸的中间写上主题"水族箱"。

●让学生知道他们要讨论水族箱中的生物和非生物及彼此间相互依存的关系，然后在纸上写上生物和非生物。

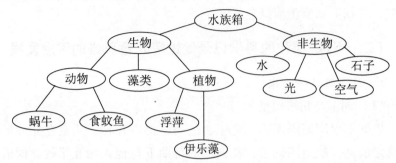

●要求学生提供具体的内容，并补充到网络图上，为了方便起见，让他们把生物分成植物、藻类和动物，然后将其列在所属类别的下面。

●继续扩展网络图，直到生态系统中的每位成员都已经被包括在内。

●帮助学生理解水族箱中"依赖和相互依存"的概念，从非生物开始，如提问：水族箱中哪种生物需要水，然后以水为起点，画一个箭头，箭头指向各种生物，表明依赖关系。再用这种单向箭头表明其他生物间的依赖关系。

●到伊乐藻和蜗牛时，画一个双向箭头，表明两者都从对方处获取食物。用这种双向箭头表明其他相互依存的关系。用"?"表明学生还不能确定的关系。

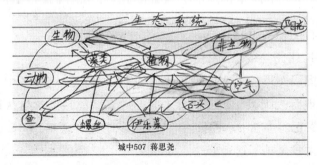

城中507 蒋思尧

●请学生注意所有标有双向箭头的关系，让他们知道这些都被认为是一种相互依存的关系。

●擦去一个圆圈中的物体，如蜗牛，要求学生说出如果蜗牛消失了，生态系统中的哪几种物体会受到影响。

"生态系统"单元第7课"连接饲养所和水族箱"。学生在回顾第5课的网络图后要为饲养所制作一张类似的网络图。

● 首先，给学生3—4分钟和他的同伴讨论饲养所的网络关系。

● 然后，让每个学生在科学笔记本上迅速画出网络图的轮廓。

● 最后，全班学生共同讨论，制作这张新的网络图。

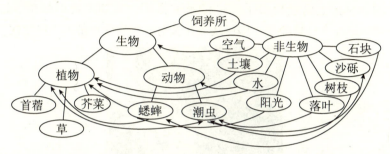

维恩图在分类、分组和比较信息方面是一个很有效的工具。对于维恩图这种思维工具，STC课程进行了有序指导。在1年级"固体与液体"单元中，从第3课将物体放在维恩图上再写上物体的名字，发展到第6课直接将固体的名字写在维恩图上。而到了2年级的"变化"单元第9课"把盐水变成晶体"时，则要求学生用维恩图来比较盐水"蒸发前"与"蒸发后"的相同与不同。

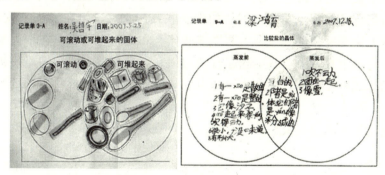

（3）K/W/L模式。

STC课程每个单元都用到了"K/W/L"的模式，"K""W""L"分别是"know""want""learn"三个单词的首字母，即"已经知道了什么""还想知道什么""学会了什么"。如1年级"生物"单元"淡水蜗牛"一课，在美国的课例中，我们看到教师在指导学生记录与表达时用到了"K/W/L"作为"脚手架"，在上课一开始就出示了"K/

W/L"。"K/W/L 分别是什么?"学生在明确这一问题后进行思考,"在
K 这组,你们要写出两件你知道的关于蜗牛的事情","我希望你们能选
出一件事情粘在后面的大图(班级记录)上"。在后面的教学中又提出
了"K/W/L 中的 W 指什么?""L 指什么?"可以看出"K/W/L"作为
"脚手架"贯穿并指引着整个课堂教学活动。在经历了这样的三个环节
后,科学笔记上已经形成了一个记录的框架,犹如大树的枝干。这棵
"大树"是否"枝繁叶茂"则反映了儿童对科学概念理解的不同层次。

2. 外化思维的过程

(1)呈现思维的起点。

STC 课程将"头脑风暴"引入课堂,鼓励学生通过写来思考,在
每个单元的起始课中,强调持开放的心态、不做批判地接受各种观点,
努力把自己的观点与其他同学的观点联系起来。学生在"头脑风暴"
中毫无保留地表达对一个主题知道些什么和在思考什么。在个人笔记
本上写下个人关于某一主题原有的知识和各种想法,然后通过班级讨
论后形成班级记录。在这些活动中,呈现了学生关于这些主题的思维
起点。如 6 年级"磁铁和电动机"单元,就通过头脑风暴展现了学生
对电动机不同的认识水平。

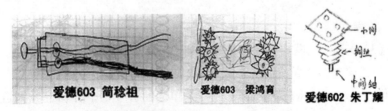

(2)循着思维的箭头前进。

维果茨基将儿童的思维发展分为四个层次:混合思维(把同时看
见的物体或事件笼统地混在一起,而不管它们间有无内在联系)、复合

思维（通过一个或几个共同特征把物体或事件联系起来）、前概念思维（所讲的话似乎与成人的概念思维相似，但仍以具体事实为基础）、概念思维（把一个抽象概念和另一个抽象概念联系起来而不夹杂具体事物），儿童的思维是沿着概念发展的道路向着概念思维前进的。

在STC课程中，学生的认知是在一个单元的学习中逐步地、缓慢地发展的。如"漂浮与下沉"单元，对于"你认为是什么原因使物体上浮或下沉的"问题，学生通过"头脑风暴"在起始课上进行了讨论，一个学生在其科学笔记上形成了下面的记录。

你认为是什么原因使物体上浮或下沉的？　（2010年11月8日）

物体重的沉，轻的浮；

物体大的沉，小的浮；

物体的密度使物体上浮或下沉；

物体与水的比重；

与形状有关，如船；

浮力与重量有关系；

空气使物体上浮或下沉。

随着学习的深入，该学生在其笔记上又出现了很多新的想法。

物体在水中的沉浮可能和放的方式有关，和用的力度也有关；（2010年11月15日）

我发现纸吸水后会下沉；（2010年11月15日）

沉浮有时和大小无关；（2010年11月29日）

沉浮有时与轻重无关；（2010年11月29日）

密度比水小的浮，比水大的沉。（2010年12月13日）

可以说，当学习者开始清晰地表达某个知识时，他们也就真正学会了知识。该学生科学笔记中的记录，反映了他的思维以及对科学概念不断建构的过程。这些笔记真实地呈现了学生认知发展的脉络。从这些记录中，我们可以看到，虽然由于年龄的原因儿童并未形成完全概念性的思维，但是在这一过程中儿童有了从"复合思维"水平向"前概念思维"水平的突破，思维获得了深度发展。

（3）对记录进行反思，明晰"来路"。

学习科学反复证明了反思在深层理解学习中的重要作用。学习科学研究的重要主题之一是如何支持学生进行有效的反思。STC 课程对记录的反思包含两个层面。

一是课堂层面。在每课的学习之后，要求学生围绕"你对什么感到好奇？你想检测什么？主要的观点是什么？重要的细节有哪些？这与你的生活有什么关联？什么地方是你不理解的？"在科学笔记本上记录反思。5 年级"微观世界"单元，要求学生标出记录单上没有疑问的各个问题，并提供证据证实自己的观点，标出需要修改或需要完善的观点，并说出自己的理由。

二是单元层面。"头脑风暴"呈现的是儿童在进入某一主题时的状态，属于前测；学习之后对先前记录的改正、改进或删除，属于后测。这一过程能够促进学生对学习进行反思。

例如"岩石和矿物"单元从第 2 课开始，不断鼓励学生对之前的学习进行回顾。

●启发、鼓励学生复习回顾记录单"岩石——我的观察记录"，让他们思考第 1 课中所研究的岩石的一种性质。

●让学生回顾学第 2 课时在笔记本上记了些什么。可参考下列问题：

＊你是根据什么对岩石进行分类的？

＊有没有岩石可以分到好几个组中？

＊有没有岩石分到哪个组中都不合适？

●让学生复习、回顾记录在记录单 1–A 和科学笔记本上有关岩石的信息。

……

●让学生回顾、复习第 5 课中的观察结果，可以思考下列问题：

＊你所研究的各种矿物间有什么不同？

＊各种矿物之间有什么相似之处？

……

●让学生思考一下，在已进行的实验和已研究的性质中，每种矿物最有趣或最有意义的信息是什么？

……

●让学生与同伴一起复习矿物概况表上的信息，并找出每一种矿物最有代表性的性质。可以通过下列问题帮助学生思考：

＊你是怎样描述矿物以使他人能够将其与其他矿物区分开来的？

＊有没有描述矿物没有什么作用的性质？

＊哪些性质在描述矿物时最有用？

……

●回顾班级准备口头报告的过程，然后将学生的注意力集中到他们在报告中可能用到的资源上来。这些资源包括科学笔记、阅读材料、岩石信息卡片。

通过这样一节课后的思考以及对单元学习过程中记录的分析与对比，学生能够从课堂和单元两个层面反思整个单元的学习过程，明白自己"原来在哪里"，"现在在哪里"，从"此岸"到"彼岸"，这一路是如何走过来的，明晰新的概念是如何发展并逐渐形成的。

三、实验的初步效果

通过上述研究，我们认为，科学笔记的使用能够在学生科学素养的培养方面发挥重要作用。

（一）科学笔记的有效使用能促进学生探究能力的提高

学习科学，必须要有一定的探究能力，这些能力是不可能靠教师的讲解来获得的，必须在相应的实践活动中才能得到发展。在观察、调查、实验等实践活动后形成研究记录的过程中，要运用概括、抽象等逻辑思维，演绎、推理、归纳、分析、判断等能力在这一过程中也将得到发展。因此，STC课程引导孩子踏踏实实地做好每一次科学笔记，为深度探究提供详细的信息资源，为学生的研究、交流和归纳、总结提供依据，有利于学生的回忆和反思，更好地培养和发展学生的科学探究能力。

（二）科学笔记的有效使用能加深学生对科学现象的理解

科学笔记是将研究对象所蕴含的丰富信息转化为学习者自身理解的有效载体。学生在教师的引导下进行亲自实践，再将自己的发现进行梳理后记录在案，这就是主动探索新知识、获取新知识。因此，做科学记录无疑能促进学生加深对科学现象的理解，也是使学生牢固掌握知识的有效途径。同时，在动手做的过程中，形成的内部思维语言可转化成书面文字或图画形式，再在交流汇报中转化成口头语言进行表达，从而使学生的思维更富有逻辑性。

（三）科学笔记的有效使用能培养学生求实的科学精神与严谨的科学态度

在做科学笔记时，学生需要面对真实问题，要遵循事物本身的发展脉络，实事求是、尊重事实、准确记录，它属于情感、态度与价值观的范畴。情感、态度与价值观既是科学学习的动力因素，影响着学生对科学学习的投入、过程与效果，又是科学教育的目标。培养学生的情感、态度与价值观，不能像传授知识那样直接"教"给学生，而是要创设情境，通过参与活动，日积月累，让学生感受、体验与内化。要求学生在科学学习的过程中所做的科学笔记可靠、可信、真实、有效，科学笔记准确、严谨、科学、规范，是 STC 课程培养学生情感、态度与价值观和求真的科学精神的体现。

（四）科学笔记的有效使用能帮助学生提升科学学习的成就感和自信心

科学笔记鼓励学生的创造性。鼓励学生在笔记本上画和写，从而增强学生有条理的叙事能力以及写作能力。通过做记录，学生获得了组织材料、清晰地表达自己实践的机会，有利于将隐性思维显性化。科学笔记是学生成长的足迹，科学笔记可以使学生产生一种成就感。他们在学习科学时的自信通过图画、数据、结论和思考等体现出来。

（五）科学笔记的有效使用既为学生又为教师提供了一种独特的评价视角

科学记录有助于教师了解学生研究活动的进展和研究能力，如他们的观察是否全面，实验是否合理，测量是否准确；搜集、整理信息、进行合理解释的能力如何；学生参与科学学习活动是否主动积极，是否持之以恒，是否实事求是，能否尊重事实、尊重证据；等等。由此，教师也可及时发现并纠正学生研究中的错误或者改变指导策略。它既是一种可以用作评价学生对科学理解程度的工具，同时也是学生归纳和获得发现能力的体现。科学笔记是用探究的手段让儿童将问题形成框架寻找答案，对关于主题的科学解释和错误概念加以鉴别，并对进一步的实践加以提示。科学笔记也是与其他学生和教师进行交流的一种有效手段。

四、对我国教学实践的思考

STC 课程中科学笔记的有效使用对学生科学概念的深度建构、交流沟通技能的发展、认知策略和科学推理能力的提升等多方面有着积极的促进作用。在 STC 课程的课堂上，伴随着科学探究全程的科学笔记已成为其课程的显著特点之一，并且在 STC 课程的实施中从记录文本的准备到记录方法的指导等诸多方面作了精心的安排、有效的指导，对我们进行科学教学实践有一定的借鉴意义。由于我国与美国在课程设置、教学方式等诸多方面存在不同，特对在我国实施科学笔记提出如下建议。

（一）坚持人人记录

如实验效果中所述，科学记录对学生科学素养的形成有着重要的作用，所以，在平时的教学实践中，我们要有意识地将科学记录的重要作用辐射到每个学生，充分发挥记录的作用，真正促进每个学生科学素养的发展。要达到这个目标，需要对每个学生提出准备科学笔记本的要求，要求每个学生都能建立自己的科学笔记本。诚然，学生存在差异，部分学生的记录本也许会不尽如人意，但是我们要确立真正的儿童立场，对每个学生充满信心。即使是记录方面存在困难的学生，只要在教师的鼓励和同学的帮助下持续进行记录，也一定会形成良好的科学素养。

（二）加强记录指导

科学笔记中的有效记录离不开教师对学生的悉心指导。因此，教师在每节课的备课中都要关注学生科学笔记的使用，对科学记录的指导也要纳入备课内容，除了对记录的方式、方法进行细致的准备外，什么时候提醒学生写姓名、标时间等，都要有细致的安排。教师要认识到科学记录能力的培养是科学教学的一个重要方面，要贯穿在每节课中，并且要延伸到课外。教师的有效指导可以让学生在潜移默化中学会记录，并体验成功和快乐。

（三）确保充足的时间

学生良好记录能力的形成一定是以充足的时间为保障的。在平时的教学中，经常会因为赶进度，或者不重视，匆匆走过场，忽略了给学生进行记录的时间。长此以往，学生的记录兴趣会下降，记录能力得不到有效提升，科学素养的发展也会大打折扣。我们应当鼓励，并且给学生时间，让他们在开展研究之前、之中、之后在笔记本上进行记录。我们不能奢求学生 30 秒钟归纳出想法，学生记录时间必须设计在课程之中，怎样与课程结合却有所不同。有时要留出特定的时间让学生记录想法，有时需要隐含在调查研究中。如果学生没有时间记录想法，他们的笔记就可能变成只是数据日志。为此，我们要从改变教学理念开始重新审视自己的课堂，将学习的主动权交给学生，将相对完整的时间留给学生，从而让教师有更多的时间和精力投入到对个体的观察和指导之中。此外，我们可以积极尝试从课程内容的角度与其他学科联合，共同开展教学，如语文、数学、综合实践等，要善于从他处借时间给孩子们完成记录。

（四）分享解读记录

学生持续进行科学记录的动力最初主要来自于外界。当学生在科学记录的过程中体会到成功和快乐时，就会产生源源不断的动力。所以，我们提倡在学生记录后教师要创设学生充分交流记录的机会，让他们表达自己在活动中的发现，分享自己获得成功的体验。其中，集体分享比小组分享更具有价值，这是因为让记录成果在集体面前展示、共享，需要学生把在动手做的过程中形成的内部思维语言转化成具体的图画和符号，再在交流中形成口头表达语言，这使学生的思维更富有逻辑性。STC 课程每节课的教学环节中，我们都会发现当学生以个人或小组等方式记录他们的研究和记录后，一定会安排学生进行班级交流，并且利用记录单等方式记录学生的交流内容，分享记录带来的进步。

最后，我们要写下"做好教师记录"这句话。因为在 STC 课程中，每个单元对学生的评价建议里总有教师记录的踪影。在课堂教学流程里总有"记下学生表现"的提示，总有提供的一些评价观察的小建议，要求教师对教学对象进行观察记录。教师所做的观察和记录是评价学生的重要信息来源，这是对学生的科学记录研究过程中意外发现的另一个值得研究的课题。

附件：

STC课程中学生记录技能1—6年级的达成目标分解表

年级	1	2	3	4	5	6
学习主题	"天气" "比较与测量" "固体和液体" "生物"	"变化" "平衡与称重" "蝴蝶的生命周期" "土壤"	"植物的生长和发育" "声音" "化学实验" "岩石和矿物"	"动物研究" "陆地和水" "运动和设计" "电路"	"生态系统" "食品化学" "微观世界" "漂浮与下沉"	"磁铁和电动机" "测量时间" "造纸技术" "植物实验"
文本准备	为学生准备笔记本（推荐使用活页记录卡片），教师印发的记录单（可装订成日记本的形式）	为学生准备笔记本、记录单，阅读标料，学生指导说明，绘图纸	学生自己建立笔记本（装有活页页和纸袋和纽扣等）	学生自己建立笔记本（可依据教师建议准备活页页或者合订本）	学生自己准备笔记本	学生自己准备笔记本
记录主体	1.从集体到个人，从班级图表到个人记录单 2.通过班级记录单向学生示范如何运用图画和文字进行初步的记录	1.个人独立记录与同伴讨论后记录相结合 2.班级记录并存	1.个人独立记录与同伴讨论后记录相结合 2.班级记录并存	1.个人为主，逐向小组合作记录推进 2.班级记录并存	个人为主，和同伴一起观察和记录，在记录上逐渐体现合作学习	个人为主，和同伴一起观察和记录，在记录上逐渐体现合作学习

续表

年级	1	2	3	4	5	6
记录格式	强调日期,时间,下学期开始增加标题	明确标注日期的重要性,并指导学生如何为自己的记录本做一个个性化的封面	继续强调标注名字和日期的重要性	1. 继续强调标注名字和日期的重要性 2. 关注记录内容的完整性	1. 继续强调标注记录日期的重要性 2. 关注记录内容的完整性	1. 每页只记录一项内容,每项内容都要注明日期 2. 写出实验结论和实验分析的全过程;用文字对图表、表格和曲线加以说明 3. 在写出答案的同时,要写上相对应的问题。同时,对每一项记录的流程进行初步划分:(1)问题;(2)材料;(3)寻找证据;(4)需要继续探究的问题

续表

年级	1	2	3	4	5	6
记录内容	通过观察获得的信息,观点和想法,实验观察,新的观察发现,科学写作（种植植物,养育动物以及测量的经历）,新的问题	单元学习前的见点与想法,各类观察结果,预测和实测与内容,收集的数据,生成的问题,感悟,想和经历,观察日志,编书,编杂志	1.单元学习前的观点与想法,生成的新观点和想法,对教师提出的问题的回答,设计的实验记录表 2.收集的阅读材料以及阅读后的摘记与感想 3.科学探究写作 4.自我评价或书面测试	1.观察结果,绘图,图标,表格 2.各阶段的观点与想法,产生的新的问题以及解决策略 3.阶段自我评价 4.问题的答案以及实验报告 5.科学日志	1.学习过程中各个阶段的问题,想法,观点,研究预测和观察实验结果 2.阶段学习过程中的写作任务（如写信给低脂类产品公司） 3.单元学习总结或学习报告 4.阅读材料的摘录与写作 5.独立制订的各类实验计划 6.阶段自我评价	
记录语言	1.案出描述性。用词语描述和比较,用短语描述,写故事 2.使用明喻	1.用生成的句子进行描述,用符号记录观察结果,用符号标注结果,尝试写小诗 2.使用比喻	1.用几个句子总结阶段发现 2.尝试用教师提供的开头与词进行记录 3.使用恰当的词汇记录,并画图标记 4.不使用比喻 5.使用分类性语言,非主观性语言	1.使用新学的合适的词语汇编进行记录,同词与画行图标记 2.使用符号绘制电路图	1.强调在笔记本上写一些句子来回答问题或展示想法 2.使用"+""−"记录检测结果	

续表

年级	1	2	3	4	5	6
形式与方法	以文字和图画的形式呈现，以记录单为主：贴标签、标数字，涂色记录数据，制作立体图片，制作维恩图，实验研究数据维恩图，制作网络图，用纸条高度图表，制作植物生长故事，编写故事	制作维恩图、条形图、线图、数据表，绘图，给图画做标注	1.绘制科学草图（强调清晰、完整，不追求艺术性）2.用纸带测量植物的生长高度并粘贴制图	1.引进技术绘图 2.绘制电路图 3.设计并记录日程记录表 4.绘制鸟瞰图 5.设计工程图纸（景观,小车）	1.使用网络图 2.显微镜下观察结果绘图与标注 3.绘制设计图（船）4.使用图表和图例 5.自行设计实验记录表格	1.画草图 2.完成实验设计表 3.给家人写信 4.口头和书面报告
对记录的指导	通过讨论交流集体完成班级记录单并进行示范。统计问题图表如何在自己的记录本上记录问题；制作班级网络图示范科学日记的格式；制作"班级天气日历记录"教给学生统计和分析数据的方法，并示范如何根据数据写总结写示范。记录什么内容的指导（观点、想法）。记录中姓名、日期、标题的书写。如何写具体维恩图的制作。如何进行待人观察记录	1.强调在日志或记录内容的最上角写日期 2.告诉学生可以运用记录本中记录单页面的背面来说明和记录额外的观察结果 3.提醒在实测前进行预测并记录 4.条形统计图等上端写标题，把名字写在图表的下方 5.利用则记录进行创作	1.科学草图的绘制如何做到清晰、完整和准确 2.提示将每次记录的话页记录和写之相关的材料及时放到科学笔记内 3.对于研究过程中产生的新问题或新想法，可用不同颜色的笔记录，并要标明日期 4.对于自己在科学笔记中记录的问题，对已知不正确的想法上画横杠，对已经回答的问题作标记	1.说明观察记录表是一种日程记录表，要记录每一个细节 2.明确告诉那学生，要像科学家那样停在实验过程中不停地记录 3.说明画下或拍摄下实验器材，也是另一种形式的实验报告 4.说明各类资料，包括模型的装配图等都可以作为研究记录保存 5.强调在整个单元学习中要坚持记录	1.指导技术绘图 2.通过发放样例的方式指导学生如何设计自己的科学笔记本的第一页 3.要求在科学拓展阅读过程中及时记录新问题 4.告诉学生要将小组实验和讨论的内容抄写到自己的科学笔记中 5.强调记录实验数据，要及时记录观测过程中验结束后再记录 6.指导如何记录预测，从而能会出现什么现象到关注预测理由	

续表

年级	1	2	3	4	5	6
记录时机	讨论交流后，项目研究过程中、课后观察记录	在1年级的基础上拓展：有新的想法时	趋向于问题研究的全程	趋向于问题研究的全程	趋向于问题研究的全程	趋向于问题研究的全程
记录价值	1. 持续统计数据和分析数据 2. 记录语言的发展 3. 通过记录本上的前后描述进行比较	1. 强调定时对记录进行回顾，感受进步，发展思维 2. 提供查阅记录，意识到保存记录匀重要 3. 对记录的数据进行分析并解决面前的问题 4. 从个人研究使用拓展为相互交流	1. 使用科学笔记可以回顾所学内容，为下阶段学习想法集中想法 2. 看同学的记录，在比较和交流中修正 3. 可以使用笔记本记录的信息鉴别判断末知事物（岩石、化学物质）	1. 单元后测中对记录进行回顾总结，可以对前面提出的问题进行回答，将各种观点进行比较 2. 记录可用于研究过程中对方案设计的修正和改进	1. 交流笔记本内容，可以为有理由地预测提供依据 2. 复习科学笔记，可以对比前测和后测中的想法，寻找证据修正前概念，帮助形成科学概念 3. 进行科学写作时，记录可以提供研究过程资料	

续表

年级	1	2	3	4	5	6
记录评价	是否将观察到的内容反映到记录单上,是否记录规范,是否提出了想法和解释,是否显示了学生的努力,反映了学生的成长	1. 从关注记录的完整性(日期,时间,观察结果,测试结果,观察展现)到关注的内容,观点和文的程度是有多么精确,技能是否有进步 2. 书面记录和图画记录是否能表明在观念,技能方面的进步 3. 是否能把本单元中前面的记录运用到后面的研究中 4. 是否在记录中反映出有价值的信息	1. 在记录单上显示的内容是否接近实物,科学草图的绘制是否完整,清楚,准确 2. 记录本的质量怎样,格式是否规范,持续记录的能力如何 3. 描述是否客观,是否用分类式的语言,是否不是主观语言,而不是主观语言,是否用了新获得的词汇 4. 组织和记录结果方面是否有进步,能否通过写作和绘画来交流探索的结果,记录是否详细 5. 是否阅读了记录摘要 6. 关注特殊学生的进步,给他们足够时间 7. 学生在思考主题时的研究主题时,获得了成长 8. 学生是否关注了科学笔记的价值	1. 学生记录的想法有多详细 2. 讨论中的口头陈述能否正确反映书面记录 3. 设计方案是否有用 4. 在根据图纸进行建造的过程中,是否按方案操作了。如果与设计不同,是否对此作出了报告进行了描述 5. 记录单和绘图是否体现了绘图技能的提高	1. 观察结果是否清晰,完整,准确地表达出来,是否使用了新习得的词语,记录细节是否准确清楚,做出观察结果的能力是否不断进步 2. 是否在科学笔记本里记录了预测,想法,是否描述了预测的理由,很好地作出假设的能力 3. 是否把记录单,笔记本,阅读材料都作为获取记录进行整理的来源,通过对记录进行整理和解释,形成科学概念	

附　录

STC 课程单元模块分布

年级	生命与地球科学		物质科学和技术	
K—1	生物	天气	固体和液体	比较与测量
2—3	蝴蝶的生命周期	土壤	变化	平衡与称重
	植物的生长和发育	岩石和矿物	化学实验	声音
4—5	动物研究	陆地和水	电路	运动和设计
	微观世界	生态系统	食品化学	漂浮与下沉
6	植物实验	测量时间	磁铁和电动机	造纸技术
6—8	人体系统	灾难性事件	物质的性质	能量、机械和运动
	生命体：从宏观到微观	太空中的地球	光	电能和电路设计

STC 课程年级与相应的科学推理能力

科学推理能力	年级					
	1	2	3	4	5	6
观察、测量，识别物体的不同属性	★	★	★	★	★	★
寻求证据，识别变化的模式和周期		★	★	★	★	★
确定事物的因果关系				★	★	★
设计和操作控制变量的实验						★

STC 课程各单元与美国国家科学教育内容标准的关系

STC 课程（1—3 年级）与美国国家科学教育内容标准的关系

年级 / 单元主题	1 年级				2 年级				3 年级			
	生物	天气	固体和液体	比较与测量	蝴蝶的生命周期	土壤	变化	平衡与称重	植物的生长和发育	岩石和矿物	化学实验	声音
探究科学												
进行科学探究必需的能力	●	●	●	●	●	●	●	●	●	●	●	●
对科学探究的理解	●	●	●	●	●	●	●	●	●	●	●	●
物质科学												
物体和材料的性质			●	●		●	●	●		●	●	●
物体的位置和运动			●	●				●				●
光、热、电和磁			●				●					
生命科学												
生物的特征	●				●	●			●			●
生物的生命周期	●				●				●			
生物与环境	●				●	●			●			
地球与空间科学												
地球材料的性质						●			●	●		●
天空中的物体		●								●		
地球与天空的变化		●										

续表

年　　级	4 年级				5 年级				6 年级			
单元主题	生物	天气	固体和液体	比较与测量	蝴蝶的生命周期	土壤	变化	平衡与称重	植物的生长和发育	岩石和矿物	化学实验	声音
科学与技术												
技术设计能力		●		●	●	●	●	●	●			●
对科学与技术的理解	●	●	●	●	●	●	●	●	●	●	●	●
区分天然和人造物体的能力	●								●	●	●	
与个人和社会密切相关的科学												
个人健康	●	●	●		●		●		●			●
人口特征与变化		●				●				●		
资源种类	●		●		●	●			●	●		
环境变化	●				●	●						
地方问题中的科学和技术		●	●					●	●			●
科学史是人类科学的事业	●	●	●	●	●	●		●	●	●		●
统一的概念和过程												
系统、序列与组织	●	●	●	●	●	●	●	●	●	●	●	●
证据、模型与解释	●	●	●	●	●		●	●	●	●	●	●
稳定、变化与测量	●	●	●	●	●			●	●		●	
演变与平衡					●	●		●	●	●		
形式与功能	●		●	●	●				●			●

STC课程（4—6年级）与美国国家科学教育内容标准的关系

年级	4年级				5年级				6年级			
单元主题	动物研究	陆地和水	电路	运动和设计	微观世界	生态系统	食品化学	漂浮与下沉	植物实验	测量时间	磁铁和电动机	造纸技术
探究科学												
进行科学探究必需的能力	●	●	●	●	●	●	●	●	●	●	●	●
对科学探究的理解	●	●	●	●	●	●	●	●	●	●	●	●
物质科学												
物体和材料的性质		●	●	●	●	●	●	●				
物体的位置和运动		●		●				●				
光,热,电和磁		●	●		●						●	
物质的性质及其变化					●		●	●				●
运动与力				●						●	●	
能量的转换			●	●						●	●	
生命科学												
生物的特征	●				●	●						
生物的生命周期	●				●	●	●					
生物与环境	●	●				●						
生命系统的结构与功能	●				●	●			●			
繁殖与遗传	●				●				●			

续表

年级	4年级				5年级				6年级			
单元主题	动物研究	陆地和水	电路	运动和设计	微观世界	生态系统	食品化学	漂浮与下沉	植物实验	测量时间	磁铁和电动机	造纸技术
调控与行为	●				●				●			
种群与生态系统						●						
生物的多样性与适应性	●				●				●			
地球与空间科学												
地球材料的性质		●	●	●		●						
天空中的物体			●	●							●	
地球与天空的变化		●										
地球系统的结构		●				●						
地球的历史												
太阳系中的地球		●							●	●		
科学与技术												
技术设计能力	●	●	●		●	●	●	●		●	●	●
对科学与技术的理解	●	●	●		●	●	●	●		●	●	●
区分天然和人造物体的能力	●	●	●		●	●	●	●				
与个人和社会密切相关的科学						●						
个人健康											●	

续表

年　　级	4 年级				5 年级				6 年级			
单元主题	动物研究	陆地和水	电路	运动和设计	微观世界	生态系统	食品化学	漂浮与下沉	植物实验	测量时间	磁铁和电动机	造纸技术
人口特征与变化												
资源种类	●	●	●				●					
环境变化	●	●				●						
地方问题中的科学和技术		●	●	●	●			●				
人口、资源与环境		●			●	●						
自然危害		●				●						●
风险与收益	●	●	●	●	●	●	●	●		●	●	●
社区的科学与技术	●	●	●	●	●	●	●	●	●	●	●	●
科学史与科学的本质	●	●	●	●	●	●	●	●	●	●	●	●
科学是人类的事业	●	●	●	●	●	●	●	●	●	●	●	●
科学的本质	●	●	●	●	●	●	●	●	●	●	●	●
科学史	●	●	●	●	●		●	●	●	●	●	●
统一的概念和过程												
系统,序列与组织	●	●	●	●	●	●	●	●	●	●	●	
证据,模型与解释	●	●	●	●	●	●	●	●	●	●	●	●
稳定,变化与测量	●	●	●	●			●	●	●	●		●
演变与平衡	●	●	●	●	●	●		●		●		●
形式与功能	●	●	●	●	●				●	●	●	●

主　　编　郁　波
编　　者　（按音序排列）

　　　　　陈雪姣　程　伟　杜　明　胡程怡　黄卫华　金　娜
　　　　　李家绪　刘树鑫　沈　芳　施昌魏　孙风雷　田　玥
　　　　　童海云　王　芩　王庆志　吴韦萍　吴　雯　吴旭聪
　　　　　谢彬林　薛　昆　易传发　张艳红　张玉梅　朱　琛
　　　　　朱映晖

出 版 人　所广一
责任编辑　李　伟　马明辉
版式设计　北京博祥图文设计中心　杨玲玲
责任校对　贾静芳
责任印制　曲凤玲

图书在版编目（CIP）数据

STC课程实验——基于实践的课程研究／郁波主编
— 北京：教育科学出版社，2013.6
　ISBN 978 - 7 - 5041 - 7661 - 5

　　Ⅰ.①S… 　Ⅱ.①郁… 　Ⅲ.①科学知识—教学研究—
中小学 　Ⅳ.①G633.72

　　中国版本图书馆CIP数据核字（2013）第103141号

STC 课程实验——基于实践的课程研究
STC KECHENG SHIYAN　　JIYU SHIJIAN DE KECHENG YANJIU

出版发行　教育科学出版社

社　　址　北京·朝阳区安慧北里安园甲9号　　市场部电话　010 - 64989009
邮　　编　100101　　　　　　　　　　　　　编辑部电话　010 - 64989521，64989523
传　　真　010 - 64891796　　　　　　　　　网　　址　http://www.esph.com.cn
经　　销　各地新华书店
制　　作　北京博祥图文设计中心
印　　刷　保定市中画美凯印刷有限公司　　　版　　次　2013年6月第1版
开　　本　169毫米×239毫米　16开　　　　印　　次　2013年6月第1次印刷
印　　张　24.5　　　　　　　　　　　　　　印　　数　1—2000册
字　　数　330千　　　　　　　　　　　　　定　　价　62.00元